“十三五”国家重点图书

改革开放40年中国猪业发展与进步

猪肉产品加工与流通

主编　徐宝才
主审　张树敏

中国农业大学出版社
·北京·

内 容 简 介

本书重点介绍中国猪肉产品加工与流通的技术进步和产业升级，以改革开放为主线反映猪肉产品加工与流通发展历程。本书主要内容包括猪肉加工基础、生猪屠宰加工的技术进步、肉制品加工的技术进步、肉品贮藏与保鲜的技术进步、猪肉质量安全保障和肉品加工设备的技术进步等。本书在阐述猪肉产品加工与流通技术发展变化的同时，对未来猪肉产业模式的发展方向具有一定的指导意义。

本书是对中国肉品加工近40年所取得的技术成果的系统总结，对于畜牧、食品加工相关领域的研究人员及应用技术人员有很好的参考价值。

图书在版编目(CIP)数据

改革开放40年中国猪业发展与进步. 猪肉产品加工与流通 / 印遇龙等主编；徐宝才分册主编. —北京：中国农业大学出版社，2018.10

“十三五”国家重点图书

ISBN 978-7-5655-2107-2

Ⅰ.①改… Ⅱ.①印…②徐… Ⅲ.①养猪业-产业发展-研究-中国②猪肉-食品加工③猪肉-贮运 Ⅳ.①F326.33②TS251.5

中国版本图书馆CIP数据核字(2018)第228578号

书　名 改革开放40年中国猪业发展与进步
猪肉产品加工与流通

作　者 徐宝才 主编

策划编辑 丛晓红　赵　中　　**责任编辑** 冯雪梅
封面设计 郑　川　黄海滔
出版发行 中国农业大学出版社
社　址 北京市海淀区圆明园西路2号　　**邮政编码** 100193
电　话 发行部 010-62818525，8625　　读者服务部 010-62732336
编辑部 010-62732617，2618　　出　版　部 010-62733440
网　址 http://www.caupress.cn　　**E-mail** cbsszs@cau.edu.cn
经　销 新华书店
印　刷 涿州市星河印刷有限公司
版　次 2018年10月第1版　2018年10月第1次印刷
规　格 787×1 092　16开本　11印张　275千字
定　价 388.00元(全九册)

编审委员会

总策划人 孙德林

主　　编 印遇龙　李　职　云　鹏　邓近平　张从林

副 主 编 张荣波　黄瑞华　许典新　吴买生

委　　员 鲁绍雄　李继良　殷宗俊　李千军　穆淑琴　孙世铎
单　虎　朱连德　周伦江　贺东昌　王伟伟　万昭军
沈富林　乔松林　曹洪战　胡安戟　周继平　李清宏
吴志君　苗玉涛　徐宝才　张树敏　刘　娣　郑小明
尚以顺

主编单位 国家生猪产业技术创新战略联盟
中国农机学会机械化养猪工程分会
广西扬翔股份有限公司
北京市生猪产业技术体系创新团队

本册主编 徐宝才

主　　审 张树敏

副 主 编 高　观　李春保

主编单位 江苏省生猪产业技术体系创新团队
（江苏雨润肉食品有限公司）

主审单位 吉林省生猪产业技术体系创新团队

编写人员 （以姓氏拼音排序）
白红武　扶庆权　顾千辉　黄　明　李　聪
李　琦　李新福　王光宇　王蓉蓉　闫文杰
于倩倩　周　辉　祝长青

序

国庆之后，孙德林先生来到我的办公室，系统介绍了即将出版的《改革开放40年中国猪业发展与进步》一书并邀我做序，我为之一振。

这部系统记录中国改革开放40年养猪业巨大变化的恢宏著作，就像中国养猪人的“系谱”，描述了我国猪产业在遗传改良、营养与饲料科学、猪场设计与环境控制、疫病防控与生物安全和猪场管理等各方面的技术进步，述说着一代代养猪人的情怀。

1978年全国生猪出栏1.6亿头，到2017年全国生猪出栏6.89亿头；猪肉消费从改革开放初期人均约15 kg，到现在人均约40 kg。由于养猪业的发展，我们彻底改变了中国人动物性蛋白质食品供应不足的局面，实现了猪肉自给自足，这是一个开天辟地的飞跃。这样的成果来之不易，感恩于党领导下的改革开放政策的引领，感恩于亿万养猪从业者脚踏实地、持之以恒的勤奋努力。

中国养猪业经历了从分散饲养发展成规模化与集约化生产的过程。改革开放初期，中国养猪还不能称之为产业，40年来，我们学习借鉴国外先进工艺设计，从机械化养猪到工厂化养猪，再到现代化和智能化养猪，我们走了一条引进、消化、吸收与创新的道路。在猪种方面，我们也是从中国地方猪品种到培育新品种、引进国外高产高效猪种，再到实现中国地方猪品种与外来猪品种杂交，生产安全、优质猪肉的生产模式。在育种技术上，我们从常规体尺测定到动物数量遗传学在育种上的应用，再到现在高科技生物技术在养猪生产中应用，实现了育种手段上跨越式的发展。

该书（全9册）是养猪科学家与企业家联袂打造的成果，体现了合作共赢的理念，表达了养猪接力棒的传承。我们还不是养猪强国，目前任务还很艰巨，未来任重道远，需要我们继续努力创新，加快提高养猪生产力水平。新一代养猪从业者的胸襟、抱负、视野和理念决定着中国养猪业未来的发展，我们将拭目以待。

作为中国畜牧战线的一名科技工作者，拿到沉甸甸的书稿，我真是心潮澎湃。看到一个个熟悉的中青年科技工作者，看到飞速发展的中国养猪产业，我感到骄傲与自豪，在无比的喜悦中快乐地分享着。在此将该书推荐给广大养猪界的朋友们，以此感谢勤苦付出的编委团队。祝大家猪业新程，再立新功！

中国科学院院士
中国农业大学教授

2018年10月于北京

前　言

习近平总书记在2018年新年贺词中说:“改革开放是当代中国发展进步的必由之路,是实现中国梦的必由之路。”中国改革开放40年,改变了中国,影响了全球。在这一历史进程中,中国肉类加工业经历了翻天覆地的变化,国内肉类加工企业抓住机遇,初步完成全球布局,实现了工业化、产业化、规模化和国际化经营,这是新的历史起点。当前,世界经济稳定复苏,中国消费回暖,宏观形势有利于肉类产业继续发展壮大。

猪肉作为中国人摄取蛋白质的重要肉食品备受社会关注。改革开放前,猪肉屠宰属于松散管理,各县级以上单位主要是食品公司管理,活体收购主要是检验猪病和寄生虫,除县级屠宰场外,在广大农村还是以自宰为主。改革开放初期猪肉也仅凭一个动物检疫蓝色印章就流向市场上到老百姓餐桌。近20年来,中国生猪屠宰行业加大规范力度,大型城市力度更大。取缔了小型屠宰场,由大型屠宰企业承担屠宰任务。猪肉产品流向市场过程也是由农业、商业、工商、城管、食品卫生等部门协同管控下进行的。运输方面也实现了相对稳定的产业链或专有冷链系统。

猪肉深加工是改善和丰富人们生活的主要手段。伴随着国外企业进入中国和国外猪肉加工产品进入中国超市,中国猪肉产品深加工产业得到空前的发展。

本书试图全面、系统地介绍中国猪肉加工与流通发展历程及产业升级与技术进步。本书是国家生猪产业技术创新战略联盟、中国农机学会机械化养猪工程分会、广西扬翔股份有限公司和北京市生猪产业技术体系创新团队组织的《改革开放40年中国猪业发展与进步》一书之《猪肉产品加工与流通》分册。该分册由江苏省生猪产业技术体系创新团队为主编单位,吉林省生猪产业技术体系创新团队为主审单位,江苏省现代农业(生猪)产业技术体系首席专家黄瑞华教授给予指导。江苏省生猪产业技术体系创新团队岗位专家、江苏雨润肉食品有限公司徐宝才研究员担任主编，吉林省生猪产业技术体系创新团队首席专家、吉林省农业科学院张树敏研究员担任主审。

本书结合江苏雨润肉食品有限公司加工技术发展经验，由全国多所院校和企业共同参与编写，对于肉食品加工与流通及相关领域的科研及技术人员有很好的参考价值。

《猪肉产品加工与流通》分册编写组

2018年7月

目　录

第 1 章
绪　论

本章内容提要

肉类工业在食品工业乃至整个国民经济中占有重要地位。中国是畜牧业生产和畜禽加工业大国，畜牧业资源和肉类生产在全球占有重要位置。中国肉类产业自改革开放以来一直保持了快速发展势头，肉类产量以 5.33%的速度持续增长，从 1990 年以来，中国肉类总产量始终在世界各国中处于首位。我国肉类工业近年来也取得了长足的进步。特别是在一些规模化企业中，具有国际先进水平的生产装备和工艺技术得到应用，这不仅缩小了与先进国家的技术差距，提高了生产效率，推动了中国肉类的工业化和现代化进程；更重要的是促进了产品结构的调整，各种在冷环境中加工的生鲜肉类，以及各种现代西式肉制品从无到有，由少到多，丰富了市场上肉食的品种，改善了居民生活质量（工业和信息化部消费品工业司，2017）。

1.1　我国肉类加工业的发展历程

中国肉类工业包括畜禽的屠宰，肉的冷却、冷冻与冷藏，肉的分割，肉制品加工与副产品综合利用以及肉的包装营销。随着中国肉类生产的发展和肉类消费水平的提高，肉类生产、加工、贮藏、保鲜、包装、运输等方面都有了很大发展，肉类加工科技水平和质量显著提高。

改革开放 40 年以来，我国肉类食品产业从落后到发展快速，百姓肉类消费从贫乏到日益富足，从凭“肉票”定量买肉到“想吃就吃”。1952 年全国肉类人均占有量为 5.95 kg，至 2012 年，中国人均肉类占有量达到 62.7 kg。中国肉类加工业经过几十年的建设，特别是改革开放以来的快速发展，已基本形成了集畜禽养殖、屠宰分割加工、肉制品深加工、禽类蛋品加工、副产品综合利用加工、冷冻冷藏加工及物流配送批发零售于一体的产业体系。肉类加工业 40 年的发展历程折射出百姓生活的变迁。

我国肉制品的生产历史悠久，具有3 000年的加工史，是饮食文化的重要组成部分。品种主要有腌腊、酱卤、烧烤、干制和肠类制品。传统名特产品有：四川香肠、金华火腿、宣威火腿、南京板鸭、德州扒鸡、月盛斋酱牛肉等。

旧中国时期，经济极端落后，现代肉类食品产业几乎是一片空白。除上海、青岛、天津、武汉、哈尔滨等城市有几家机械化屠宰厂外，全国基本上沿用原始落后的屠宰方式，由个体屠商和私人商户采用"一口锅、一把刀"的方式杀猪卖肉，卫生条件极差，市场供求和价格波动性很大。

我国肉制品加工业在新中国成立后才真正发展起来，大致分为以下五个阶段：

第一阶段：1949—1976年，计划经济阶段。

新中国成立后，党和政府积极关怀肉类食品产业发展。国家就肉类食品产业发展给予了一定扶持，制定了促进猪、牛、羊及禽的养殖、加工及疫病防治等方面发展的相应政策和指导意见，引领产业不断发展。1949年，我国生猪、牛、羊存栏量分别只有5 775.2万头、4 393.6万头、4 234.7万头，到1977年分别增长到29 177.7万头、7 039.8万头、16 135.7万头。

1958年，我国从苏联及西方国家引进屠宰初加工技术、设备和工艺，建立了郑州肉联、武汉肉联、北京肉联、上海肉联等肉类联合加工厂。在这个阶段，国家对肉类产品实行统购统销。农业部门负责饲料加工和畜禽养殖，商业部门负责屠宰加工和批发销售。为了稳定肉价，国家对肉类加工企业实行财政补贴，以补偿企业进销价之间的差额。

第二阶段：1977—1988年，以需求拉动生产阶段。

1985年，我国取消生猪派购后，全国多数大中城市还继续实行平价定量供应办法。据中国肉类协会提供的数据，直至1992年实行市场经济后，随着畜禽生产的进一步发展，各地陆续放开肉类市场，才最终取消了平价定量供应。当时肉类食品行业通过改革发生的主要变化是：国有企业统一经营变为多渠道流通；国有企业由从属于政府机关，变为自主经营、自负盈亏的经济实体。

同时改革开放政策促进了我国经济的发展，改善了消费者的生活水平。人们对肉类的需求增长迅速，肉类加工业迎来了供需两旺的繁荣时期。为满足市场需求，各地政府开始着重实施菜篮子工程。通过财政补贴大力扶持肉类企业，一批大中型肉类企业由此获得资金，对技术设备方面进行改造，从国外引进一批国际先进的设备和加工工艺，推动了我国肉类加工业的发展。1986年，洛阳肉联厂（春都的前身）率先引进第1台西式火腿肠生产线，研制出我国历史上的第1根火腿肠。与此同时，漯河肉联厂（双汇的前身）变粗加工为精加工，生产分割肉出口到前苏联，到1990年发展成为最大的肉类出口基地。

第三阶段：1989—1996年，艰苦创业阶段。

在这个阶段我国计划经济体制开始逐渐转变为市场经济体制，国有经济增长缓慢。各地政府大幅减少对肉类加工企业的财政补贴并逐渐开放肉类市场，与此同时各类私营民营资本开始进入肉类产业，而大多国营肉类企业由于对政府部门的依赖性较高，一时无法适应直接参与市场竞争这一重大变化，纷纷陷入困境。

但其中有一部分企业如河南双汇、山东诸城外贸等在绝境中抓住了国内外市场变化的良机逐步发展起来。从1991年开始，双汇、郑荣先后开始转型，大力引进火腿肠生产线，到1995年，春都、双汇、郑荣三大品牌主导全国肉制品的市场。1994年，雨润以低温肉制品在安徽迅速发展起来，金锣也开始加入火腿肠行业。随着竞争的加剧，春都、郑荣和双鸽等企业纷纷陷入困境，被挤出了行业前列。与此同时国外一些大型肉类企业也开始通过合资合作的方式进入国内市场并建立起一批有一定规模和技术含量的合资企业。这些企业的发展带动了我国肉制品加工业的一场深刻变革。

第四阶段：1997—2002 年，走向成熟阶段。

在此阶段，一些国有肉类企业开始转型，有的企业退出屠宰加工业开办肉类批发市场，有的从加工类转向贸易类。在国有企业衰败的同时一批民营企业崛起并发展壮大。如南京雨润、山东金锣等肉类加工企业已从单一的小厂发展成为产业集团，并挤入全国肉类企业十强。肉类加工行业开始走向成熟，肉制品种类逐渐丰富。

从 20 世纪 90 年代初开始，以小包装冷却分割肉以及火腿肠和中式肉制品为代表的产品得到了发展。1997 年肉制品品种已有 500 余种，200 万 t 左右，占肉类总产量的 3.88%，主要有腌腊、酱卤、烧烤、油炸、干制等传统中式制品及香肠、火腿等西式制品。而西式肉制品也为国人所接受，已占肉制品份额的 40%。但是中国肉制品产量较小，远不能满足国内肉类生产与消费的需求。2002 年底，我国从德国、日本、美国等国家共引进了高温火腿肠生产线 700 多条，连续自动真空包装机、肉类斩拌机、自动充填结扎机等多项先进的生产装备，还学习吸取了国外肉类工业的前沿技术，如腌制技术、乳化技术和无烟熏工艺技术等，并延伸到畜禽屠宰领域，使我国肉类加工技术向世界先进水平靠拢。在引进肉类技术装备的过程中，我国肉类加工机械行业迅速崛起，通过合资合作、测绘仿制、自行研发，国产化的肉类机械日益增多，市场份额不断扩大。

第五阶段：2003 年至今，自主创新、产业化阶段。

2008 年全国肉类总产量增长至 7 278.7 万 t，成为世界上最大的肉类生产国。2010 年，国家 10 部门联合推进食品工业企业诚信体系建设，并选择肉类加工行业先期试点，肉类食品质量安全保障工作得到进一步加强。

党的十一届三中全会以来，我国肉类食品产业在改革开放的进程中快速发展。进入 21 世纪之后，低温肉制品、发酵肉制品、工业化生产的中式肉制品等技术含量高的新产品不断出现（周映霞，2009）。在市场导向的作用下，我国畜禽屠宰和肉类加工的技术装备保持快速发展势头。我国开发研制的具有自主知识产权的猪、牛、羊、禽屠宰加工设备整体技术性能已接近甚至部分超过进口设备；真空滚揉机、斩拌机、盐水注射机、肉丸机、灌肠机、拌馅机、冻肉切片机、切丁机、活化嫩化机、绞肉机，以及各类蒸熏炉、杀菌锅、成型机、包装机等，已经进入系列化生产阶段，形成了向自动化、标准化方向发展的技术基础。

在改革开放过程中，我国肉类行业涌现出一大批在全国或区域影响力大、示范性强、贡献突出、年销售额在百亿元以上的大型现代化龙头企业。如双汇集团、雨润集团、金锣集团、新希望集团、众品集团、皓月集团、唐人神集团、六和集团、宝迪集团、诸城外贸等。自 2010 年起前三大集团已连续几年跨入中国企业 500 强行列。

1.2　我国肉类加工行业的现状

2016 年我国全年肉类总产量 8 540 万 t，其中，猪肉产量 5 299 万 t、牛肉产量 717 万 t、羊肉产量459万t、禽肉产量1 888万t、禽蛋产量3 095万t、牛奶产量3 602万t、年末生猪存栏43 504万头、生猪出栏68 502万头。2017年全国猪肉产量达到了5 340万t,猪肉占我国肉类总量的60%以上,大约占世界猪肉产量的一半。

目前,我国肉类生产已形成了相对稳定的综合生产能力和以需求为导向的调整机制。集中表现在:生产区域集中,重点产区中北方比重上升,东部经济发达地区肉类生产减少,产业集中带初步形成。2016年,全国规模以上屠宰及肉类加工企业4 046家,其中:牲畜屠宰企业1 400家、禽类屠宰企业814家、肉制品及副产品加工企业1 832家,全国规模以上蛋品加工企业200家。屠宰量前十省中四川居首,占到全国的14%,其次是山东、广东、河南、江苏等省。精深加工技术设备产能等强势企业主要为河南双汇、江苏雨润、临沂金锣、山东六和、诸城外贸、大成食品、河南众品等30余家,加工产品4 000余万t,其中高温火腿近1 000 t,西式低温产品2 000余t。猪肉产品原料肉或鲜态分割肉占90%以上,精深加工率不到10%,主要集中在长江流域、中原、东北和两广等地区,占全国总量的80%以上(王卫,2017)。中部(河南、河北、山东)加工能力约占30%,西部(四川、重庆)占25%,沿海(江苏、广东)占20%,东北成为新产区。当前,中国的肉类加工业已基本建立起以现代肉类加工业为核心,涵盖畜禽养殖、屠宰及精深加工、冷藏储运、批发配送、商品零售及相关服务的完整产业链,在行业规模、技术水平和产业素质等方面取得了突破性的进步,全行业已呈现经济效益逐年好转的积极态势。

经过几十年的摸索和自主创新,特别是改革开放以来通过与国外先进加工技术交流,我国肉类加工业取得了长足的进步。但是,我国肉类工业技术水平与发达国家之间还存在明显差距。加快大型肉类食品企业的发展步伐,逐步推广国际先进水平的生产装备和工艺技术,从整体上提升肉类生产水平,确保食品安全是今后刻不容缓的任务。

1.冷却肉生产技术

冷却肉加工全程质量控制体系初步建成,但质量安全控制技术仍有待完善。冷却肉生产是我国肉品加工业近年来取得的巨大成就之一,是我国生鲜肉生产的技术革命。我国肉品加工企业传统的生鲜肉产品为热鲜肉和冷冻肉,而国外生鲜肉产品则基本上全部为冷却肉。目前,中国鲜肉消费结构呈现了从热鲜肉到冷冻肉,再从冷冻肉到冷却肉的发展趋势,形成了"热鲜肉广天下、冷冻肉争天下、冷却肉甲天下"的格局。但是我国产品结构比重不合理,冷加工及冷链物流设施不足,冷却肉市场占比较小,肉制品产量只占肉类总产量的15%,而且目前发展比较快的调理肉制品更低,与发达国家肉类冷链流通率100%、肉制品占肉类总产量比为50%的水平相比差距很大,且国外生鲜冷却肉已经向更加精细加工如切丝、切片、调味、裹涂等的调理制品发展(罗欣,2013)。我国生鲜肉加工由于缺少宰前管理、屠宰、分割、包装、贮运和检测等系统的工程化技术,产品存在微生物污染严重、汁液损失大、易褐变褪色、货架期短等质量安全问题。

2.西式肉制品加工技术

肉类加工工艺和设备的不断创新和应用集成是西方低温肉制品快速发展和普及的原动力。如德国通过将盐水注射、滚揉、斩拌、灌肠、杀菌、包装等技术以及生物防腐、辐射、超高压、抗菌包装和新型气调包装等高新技术装备集成和工程化,使本国低温肉制品生产工艺、装备及其低温肉制品的种类和品质处在世界领先水平。有些国家还突破了一些低温肉制品的加工关键技术,如食品的热杀菌技术在杀菌保鲜的同时,能够较好地保持肉制品固有的色泽和风味,极大减少了因高温杀菌对产品带来的不良影响,生物防腐技术和天然防腐剂的应用也在低温肉制品的开发和保藏中显现出更大的潜力和应用前景。欧美等国在低温肉制品生产中严格规定了产品中非肉添加物的含量、产品的标签和标识等，实现了低温肉制品生产的标准化。另外结合肉类加工工艺技术，西方国家还不断研究、完善和开发肉类加工设备，在肉类加工机械方面处于世界领先地位，这也极大地促进了相关国家肉类产业的快速发展和肉品质量的国际竞争力。

目前，我国低温肉制品已经占到西式肉制品总量的60%，低温肉制品加工技术与工艺正逐渐接近，甚至部分已经达到国际先进水平，但低温肉制品加工过程中的质量控制技术、保鲜技术等仍需要进一步完善。另外，我国西式肉制品中，低档次品种在高温制品中比重偏高，仍是肉制品消费的主要形式。低温制品中高档次偏低，而在欧美等发达国家中，低温肉制品占肉制品总量的95%以上。

3. 传统肉制品加工技术

从20世纪60年代开始，意大利、西班牙、法国等先后对干腌火腿的传统工艺和品质进行了较为系统的研究，在此基础上完成了传统工艺的现代化改造，基本实现了机械化生产，大大提高了生产规模和效率。在基本保留了干腌火腿传统风味特色的同时，使其更加适应现代食品低盐、营养、美味方便的消费理念。西班牙 Serrano 和 Iberian 火腿的传统和现代工艺产品已得到消费者的高度认同，并得到欧盟原产地命名保护许可。

我国传统肉制品历史悠久、品种丰富，是我国饮食文化的重要组成部分。与西式肉制品相比，我国传统肉制品具有色、香、味、形俱佳的特点，深受广大消费者的喜爱。然而，千百年来由于一直采用传承技术进行手工作坊式生产，加工过程不规范，产品包装落后，产品标准不统一，产品质量不稳定，安全没有保障，不适应大规模标准化工业生产需求。为保护和发扬光大我国传统肉制品加工技术，从“十五”到“十三五”期间，通过对传统肉制品现代化改造技术立项支持，系统研究并初步阐明了干腌火腿的风味形成机制，在此基础上，研发了自动滚揉腌制、控温控湿干燥成熟等工艺及装备，在金华火腿、板鸭、风鹅等传统肉制品工艺技术方面取得了显著成效。中式肉制品正由传统的作坊制作向现代工厂化生产迈进，在保鲜、保质、包装、储运等方面获得突破。但风味是衡量我国传统肉制品质量和商品价值的重要指标，我国传统酱卤制品风味形成的机理、香辛料及老汤成分对产品品质的贡献、熟肉制品的新型保鲜技术等科学和技术问题有待进一步研究。

4. 其他类肉制品加工技术

发酵肉制品、调理肉制品和功能性肉制品以其特有的风味、便捷、营养等优势受到越来越多消费者的青睐，开发潜力巨大。在发酵肉制品加工方面，意大利、美国、西班牙等国已进入了人工发酵的工业化生产，并具相当的规模。混合型微生物构成的各种成品发酵剂已经充分商业化，并且涌现出了很多具有独立知识产权的著名品牌。同时发酵剂的培养和制备技术，如微胶囊化、特定菌株发酵的筛选方法、发酵剂浓缩技术、菌种保藏和抗冻技术都相当成熟，发酵肉制品产品种类也很多。在调理肉制品加工方面，目前市场上主要的冷冻调理肉制品常因冷冻、解冻而易造成调理肉制品汁液损失、颜色劣变、口感差等问题，影响产品贮运和销售。我国发酵肉制品的发酵剂产业化生产、调理肉制品的色泽保持和微生物控制及延长货架期、功能性肉制品的配方设计和功能性评价等技术问题有待进一步研究。

5. 肉类食品可追溯技术

肉品跟踪追溯技术是通过耳标及信息编码技术对动物生产中饲养、屠宰、加工、包装、贮藏、运输、销售等环节进行跟踪与追溯，从而实现肉品安全质量的全程控制。这一体系包括耳标追溯系统、编码追溯系统、电子数据库等。国外已经得到了比较广泛的发展和应用，很多细则列入国家的法律体系里，取得了很好的成效。肉品质量安全的跟踪追溯包括动物宰前的生长追溯系统和宰后分割肉的跟踪系统。不同国家在应用跟踪追溯技术时其侧重点有所不同。宰前追溯以澳大利亚NLIS的电子耳标追溯技术最为完善，宰后跟踪以德国CSB条形码跟踪系统最为实用、可靠。目前，我国的肉类食品可追溯技术与国外的还不具可比性，对于食品的跟踪和追溯只是少数，应用RFID进行食品安全保障的更少，只在部分城市的部分重要食品类别上开展。

6. 微生物预报及检测技术

微生物预报技术主要根据腐败微生物和致病微生物的生长、死亡和残存的特征模型，预测其在肉品中的生长繁殖时间，从而在不进行微生物检测的条件下，快速对产品安全性和货架期进行预测，实现从原料、加工到产品贮存、销售等各个环节的计算机智能化管理和监控。微生物预报技术可作为HACCP定量分析工具，协助定量微生物风险评估的操作，客观评估肉品加工工艺的操作，量化、优化和提高肉类加工中的卫生质量，也可作为肉制品加工中实施栅栏技术的依据。该技术的先进性体现在其具有“前瞻性”，即在任何时间，都可以根据某一种或某几种微生物的特征模型预测到肉品的货架期，便于厂家和销售部门做出正确的销售决策，确保肉品的质量安全。该技术在美国、欧洲、澳大利亚等国家已经得到了广泛的应用，并且取得了良好的效果。目前世界上已开发的微生物预报软件多达十几种，其中信息容量最大、涵盖微生物种类最多的微生物预测系统是美国的Combase系统，它集合了上述各系统所有的优点，是目前使用率最高的专家系统，现已开发出针对企业的用户界面。我国肉品微生物预测技术刚刚起步，目前只建立了部分腐败和致病微生物的模型。

发达国家在肉类病原菌以及污染物检测技术方面已建立了在线监测技术，与传统检测方法相比，可及时提供企业生产过程中需要的信息，大大提高了生产效率。现代检测技术不断采用各种领域的新技术，以实现现代检测要求。如光谱分析技术、人工嗅觉和人工味觉检测技术、超声波技术、计算机视觉等在肉类食品质量和安全检测中迅猛发展。近红外光谱(NIR)技术是发展相对较为成熟的光谱分析技术之一，作为无损快速检测技术在肉品行业中已得到广泛应用，该技术能实现生鲜肉快速、在线、准确无损检测，是各类生鲜肉品质安全分析的重要技术之一。近红外光谱早先主要被用于肉品的化学成分分析，其后，该技术用于感官特性(肉色、大理石花纹)、气味、风味、多汁性、嫩度等肉类品质的检测。以PCR基因扩增技术、免疫学技术和生物芯片技术为代表的生物检测技术近年来在食品安全检测中蓬勃发展。我国在快速检测技术方面也进行了初步的研究。

1.3 我国肉类加工行业的发展趋势

随着市场经济的发展，我国肉品的生产与消费将保持持续发展的态势。同时，随着人们生活水平的提高，对肉品的需求也会有所增加，这将促进我国肉类加工业的发展。因此，我国肉类加工业必须紧跟市场的脚步，研发符合人们口味的肉制品。

1. 传统产品加工实现现代化技术改造

我国传统肉制品种类繁多，味道鲜美且各有特色，随着改革开放后经济的迅速发展，人们对传统肉制品的需求也大大增加，但是传统肉制品生产工艺落后远不能满足消费者需求。于是开始引进国外先进的生产设备、技术以及各种管理制度。随着技术和制度的改进，实现了传统肉制品规模化加工和质量安全保障，逐渐适应了当今社会快速发展的消费市场。

2. 西式肉制品的品种不断增加，低温肉制品的开发受到重视

西式肉制品在中国呈现快速增长势头，除在已流行的各类香肠、蒸煮火腿外，培根类、肉糕类等越来越被消费者接受。我国传统熟肉制品大多为 95～100℃加工的中温制品，1980 年后 121℃高温杀菌的罐头制品逐渐增多，1990 年后的几年内，115℃以上的高温火腿肠成为发展的主角。随着中国经济的发展及冷链流通的出现，西式低温肉制品以其良好的风味和营养逐步受到青睐（张佳敏，2010）。伴随冷链的健全和营养水平的提高，这类肉制品将成为中国未来肉制品发展的主要趋势。

3. 产品开发注重营养健康

增加中高端肉类食品供给、发展营养健康和民族特色食品。利用肉类资源开发具有调节机体功能、提高免疫力和智力、延缓人体衰老、增强体质和抵抗力的功能肉食品是新世纪研究的主要课题，特别是开发老年、儿童保健肉制品和绿色肉制品具有广阔的前景。

第2章
猪肉加工基础

本章内容提要

在猪肉加工前首先要了解其组织结构、化学成分、感官特性以及适合其加工的辅料与包装。猪肉有许多俗称，如胴体，是指猪在屠宰放血后，去除头、蹄、尾、皮、内脏后所剩余的部分，在形态学上可划分为骨骼组织、肌肉组织、脂肪组织和结缔组织。猪肉富含多种营养成分，主要包括蛋白质、脂肪及少量碳水化合物等物质。对猪肉及肉制品的选择，大都从色、香、味、嫩度等几个方面来分析。在猪肉加工过程中所用到的辅料与包材种类有很多，需要根据不同的加工工艺进行合理的选择。

2.1 原料肉

2.1.1 肉的组织及化学成分

2.1.1.1 肉的组织

肉在形态学上可划分为骨骼组织、肌肉组织、脂肪组织和结缔组织。

1.骨骼组织

按其性质可分为硬骨、软骨两大类，硬骨按其形状又分为管状骨和扁平状骨；按骨质构造的致密度可分为密质骨和疏松骨。其中疏松骨具有巨大的食用意义，它在熬煮时可得到22.65％的油脂和31.85％的胶原物质。成年猪骨骼含量比较恒定，变动幅度较小，猪骨占胴体的5％～9％。

2. 肌肉组织

是肉在质与量上最重要的组成部分。可分为横纹肌、心肌、平滑肌三种。横纹肌是附着在骨骼上的肌肉,心肌是构成心脏的肌肉,平滑肌分布在消化道、血管壁等处。用于肉制品加工的主要原料是横纹肌,占动物机体的 30%~40%,占整个胴体重量的 50%~60%。横纹肌是由多数的肌纤维和比较少量的结缔组织,以及脂肪细胞、腱、血管、神经纤维、淋巴结或淋巴腺等按一定秩序排列构成。肉制品加工时主要研究的是横纹肌。

3. 脂肪组织

大多附着在猪的皮下、脏器的周围和腹腔等处,具有储存脂肪、保持体温、保护脏器等作用,若脂肪组织沉积于肉中,可使肉的柔软性、致密度、滋味及气味等明显提高。

4. 结缔组织

在猪的体内分布极广,在肉内构成肌腱、筋鞘、韧带、肌肉组织的肉外膜。它的主要功用是赋予肉以伸缩性和韧性。结缔组织是由少量的细胞和大量的细胞外基质构成,后者的性质变异很大,可以是柔软的胶体,也可以是坚韧的纤维。其重量占胴体重量的 9.7%~ 12.4%。

2.1.1.2 化学成分

肉的成分因动物种类有所不同,一般成分主要包括水分、蛋白质、脂肪及少量碳水化合物等物质。另外,肉中还会有其他各种非蛋白质含氮化合物、无氮有机化合物等。见表 2-1。

表 2-1 猪肉的标准成分(每 100 g 可食部分中) g

名称	水分	蛋白质	脂质	碳水化合物	灰分
肩肉	71.6	19.3	7.8	0.3	1.0
通脊	65.4	19.7	13.2	0.6	1.1
腹肉	53.1	15.0	30.8	0.3	0.8
腿肉	73.3	21.5	3.5	0.5	1.2
猪皮	46.3	26.4	22.7	4.0	0.6

1. 水分

水分是肉中含量最多的组分,约占 70%,所以水分对肉质的影响很大。例如,加热时容易脱水的肉为保水性差的肉,保水性差的肉的风味比保水性好的肉风味要差。肉的水分不仅与风味有关,它还与肉的保存性、色调等有关系。通常把肉中水分的状态分为结合水(占总水分 5%)、不易流动的水(占总水分 80%)和自由水(占总水分 15%)。肉中的水分含量随脂肪的积蓄而变化,含脂肪率高的肉有水分含量降低的倾向。水分含量可影响微生物的繁殖。

2. 蛋白质

去脂肪层的新鲜肉中的蛋白质含量为 20%左右。肌肉中的蛋白质,可根据其溶解性进行分类。肌浆中的蛋白质约占肌肉蛋白质的 30%,它是水溶性肌浆蛋白和在低盐溶液中可溶性球蛋白的总和。肌原纤维蛋白质,常称为肌肉的结构蛋白,它直接参与肌肉的收缩过程,也称为肌肉的不溶性蛋白,占肌肉蛋白质总量的 50%左右。肉基质蛋白质约占肌肉蛋白质总量的 10%,主要有胶原蛋白、弹性蛋白、网硬蛋白。它们构成了结缔组织,其数量与肉的硬度有关,其中胶原蛋白的含量最多。

3. 脂质

在肉的可食部分中,不同部位脂质含量的变动最大,性质差别也大。

各类脂肪的融点也多不相同:猪脂为33～46℃。所以以猪肉为原料的火腿、香肠不经加热,直接食用时,嚼起来很香,就是因为猪脂的融点和人的体温接近造成的。其他的原料产品冷食较困难。

另外还有非蛋白质含氮化合物、不含氮的有机化合物及其他一些无机物、维生素、酶等。特别是无机物对肉的保水性和脂质腐败等都有影响,因为其可保持细胞液的盐类浓度,参与酶的作用等,所以其在肉品加工上起重要作用。

2.1.2 肉的感官性质

2.1.2.1 肉色

对肉及肉制品的评价,大都从色、香、味、嫩度等几个方面来评价,其中给人的第一印象就是颜色。肉的颜色主要取决于肌肉中的色素物质——肌红蛋白和血红蛋白,如果牲畜放血充分,前者在肉中比例为80%～90%,占主导地位,所以肌红蛋白的多少和化学状态的变化造成不同肌肉颜色深浅不一,肉色千变万化,从紫色到鲜红色,从褐色到灰色,甚至还会出现绿色。

肌红蛋白(Mb)本身是紫红色,与氧结合可生成氧合肌红蛋白,呈鲜红色,是新鲜肉的象征;Mb和氧合Mb均可以被氧化生成高铁肌红蛋白,呈褐色,使肉色变暗;有硫化物存在时Mb还可被氧化生成硫代肌红蛋白,呈绿色,是一种异色;Mb与亚硝酸盐反应可生成亚硝基肌红蛋白,呈亮红色,是腌肉加热后的典型色泽;Mb加热后蛋白质变性形成球蛋白氯化血色原,呈灰褐色,是熟肉的典型色泽。参见图2-1。

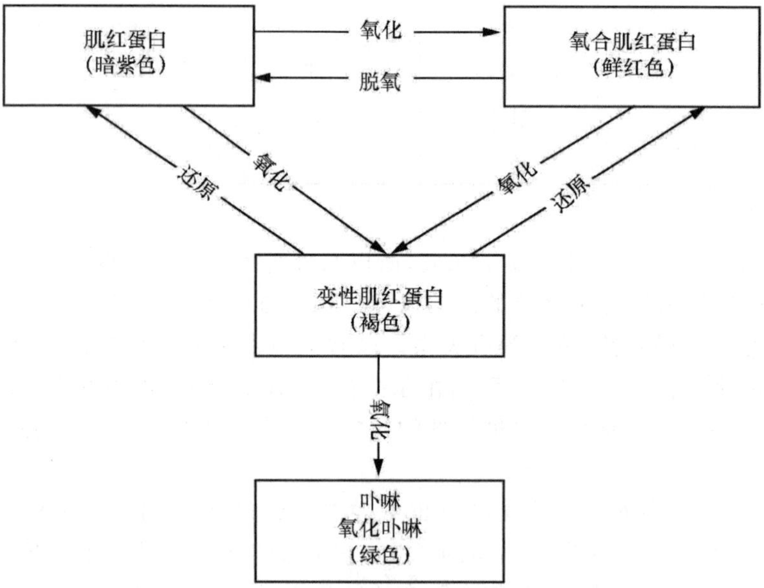

图2-1 肌红蛋白氧化原理

氧合肌红蛋白和高铁肌红蛋白(即变性肌红蛋白)的形成和转化对肉色泽的影响最为重要。因为氧合肌红蛋白为鲜红色,代表肉新鲜,为消费者所钟爱。以上转化受氧气量和温度的影响,所以屠宰后的胴体冷却时在7℃左右条件下放置一会儿,以促进肉产生理想的红颜色,此操作称作增艳。而高铁肌红蛋白为褐色,是肉放置时间长久的象征。如果不采取措施,一般肉的颜色将经过二个转变。第一个是紫色转变为鲜红色，第二个是鲜红色转变为褐色。第一个转变很快，在置于空气 30 min 内就发生，而第二个转变快则几个小时，慢则几天。快慢受环境中 O_2 压、pH、细菌繁殖程度、温度等诸多因素的影响。减缓第二个转变是保色的关键，采用真空包装、气调包装、低温存贮、抑菌和添加抗氧化剂等措施，可达到以上目的。

2.1.2.2　嫩度

嫩度是肉的重要感官指标之一。肉质太软或太硬都不受人们的欢迎。决定和影响嫩度的因素很多，主要决定于肌肉的组织结构及成分和死后结构蛋白的生物化学变化等。

由于屠宰后的肉 ATP 酶减少和活体时的肌肉收缩，同时肌动蛋白和肌球蛋白的结合加快，形成硬化。随着时间的推移，带骨肉受其反作用的抗拉强度作用引起肉的切断，小片化，使肉的嫩度逐渐增加。肉嫩度的不同是由于各种肉中粗细不同的肌原纤维和肌纤维构成肌肉的纤维数和纤维的长度不同造成的。一般纤维太长、构成数越多越硬，纤维越短越软。另外，肉的嫩度也受结缔组织存在量和各种硬质蛋白构成比的影响，肉中结缔组织量因动物种类、部位、营养状态等而不同。同一头猪，前肩、肋腹肉比后腿、背部肉的结缔组织要多，另外瘦肉率高的猪较瘦肉率低的猪结缔组织量要多。

2.1.2.3　持水性

肌肉中 70%是水，其中大部分呈比较容易游离的状态，所以将烹调过的肉放入口中咀嚼时，这些水分就和肉中的可溶性蛋白和气味成分一起流出，使人感受到鲜美的风味。肉的风味受其所含汁液的多少和流出难易程度的影响，这样的肉品性质称作多汁性或汁液性。

肉品中给肉提供汁液性的是不易流动的水和游离水，其中特别重要的是不易流动的水。我们把保持肉的这种不易流动水的能力称作持水力或持水性。持水力大，即持水性高时，不易流动水的比例就变大，肉的汁液就丰富。讲到持水性，就必须再了解一下肉的 pH。

在肉类加工业中了解关于 pH 的知识和它与肉品质量的关系是十分必要的，目前对肉品质量的认识主要是通过 pH 的测量，这样的测量是快速的、容易的和可靠的。

pH 对肉品的影响包括：色泽、嫩度、口味、持水力、保质期。在活体肌肉中的 pH 在中性点以上，pH 约为 7.2，宰后由于糖酵解的作用使乳酸在肌肉中累积，pH 下降，肌肉 pH 下降的速度和程度对肉的颜色、持水力、蛋白质溶解度以及细菌的繁殖速度等均有影响。正常的肌肉糖酵解是缓慢的，pH 在宰后 24 h 内最终降至在 5.8～5.3 的范围内。如果肌肉 pH 在宰后 45 min 后快速下降至 5.8 以下，就产生了 PSE 肉，这种原料肉因 pH 下降过快造成蛋白质变性、肌肉失水、肉色灰白，持水力很差。还有一些肌肉在宰后糖酵解太少，pH 只下降零点几，24 h 后仍然保持在 6.2 以上，我们称其为 DFD 肉，这种原料有很好的持水力，肉色深但是存放期短。pH 下降的速度与牲畜遗传因素和牲畜宰前、宰杀过程中受到的刺激、压迫有关。PSE 肉和 DFD 肉的特征如表 2-2 所示。

表 2-2　PSE 肉和 DFD 肉的特征

特性	PSE 肉	DFD 肉
pH 下降	快	慢，并不充分
pH	＜5.8	＞6.2
色泽	苍白，光亮	深色

续表 2-2

特性	PSE 肉	DFD 肉
坚硬度	软	坚硬
持水力	弱	强
滴水性	多	少
保存期	有时候减少	肯定减少
嫩度	降低	较好

在 pH 最终下降到底部后，停留一段时间然后开始上升。如果肉存放时间过长，微生物开始繁殖直至肉腐败发臭。pH 在爬升过程中受到温度、细菌状况、空气和肉的种类的影响。

原料肉的质量决定了加工出产品的最终质量，有一些质量因素（腌制效果、保存期、口味）是由低 pH 原料造成的，因而需要高 pH 原料（较强的持水性）来平衡正常原料肉。尽管 PSE、DFD 肉与正常的肉有区别，但是我们仍然可以使用它们，利用其特点。例如：PSE 肉持水性差，不适合用于加工熟香肠和火腿。DFD 肉有好的持水性，所以它们不适合加工生火腿和生香肠。可以在正常肉中混合一部分 PSE 和 DFD 肉使用，最多不能超过原料肉总量的 20%。见表 2-3、2-4。

表 2-3　PSE 肉（pH＜5.8）

在以下产品中可以加入	在以下产品中不能加入
生香肠（一般肉混合）	罐装火腿
熟香肠（一般肉和 DFD 肉混合）	烟熏火腿
涂抹香肠	生香肠（全部 PSE 肉）
	熟香肠（全部 PSE 肉）
	自然肉排

表 2-4　DFD 肉（pH＞6.2）

在以下产品中可以加入	在以下产品中不能加入
熟香肠	煮熟的腌肉
熟火腿	生火腿
烤肉	生香肠
烧烤肉	包装产品
	带骨火腿

2.1.2.4　风味

肉的风味大都通过烹调后产生，生肉一般只有咸味、金属味和血腥味。肉的风味由肉的滋味和香味组合而成。滋味是非挥发性的，主要靠人的舌面味蕾（味觉细胞）感觉。香味是挥发性芳香物质，主要靠人的嗅觉细胞感受。当肉加热后，前体物质反应生成各种呈味物质，赋予肉以滋味和芳香味。这些物质主要是通过美拉德反应、脂质氧化和一些物质的热降解这三种途径形成。熟肉中与风味有关的物质已超过 1000 种。

生肉的香味很弱，但加热后，肉能生成很强的特有风味。这是由于加热所导致肉中的水溶性成分和脂肪的变化造成的。肉在烹调时的脂肪氧化(加热氧化)原理与常温脂肪氧化相似，但加热时的脂肪氧化由于热和能的存在使其产物与常温氧化大不相同，常温氧化产生酸败味，而加热氧化产生风味物质。当把肉加热到80℃以上时有硫化氢产生，随着加热温度的提高，硫化氢含量也增加，同时增加的还有游离脂肪酸的量，因而认为加热温度对风味影响较大。同时随着温度的升高所产生的美拉德反应也给肉增加了特有的香味。

肉的风味还受加热时间影响，有报道说在3 h以内，随时间的增加风味也增加，更长的时间则减少，因此加热时间(杀菌时间)要适度。

2.2　辅料与包材

2.2.1　调味料

2.2.1.1　食盐

食盐(salt)常有“百味之王”的美称。在肉制品中加入食盐，可以提高肉制品的保水性、黏结性及产品风味，且一定程度上抑制细菌繁殖(降低水分活度)。另外由于食盐含有水溶性杂质较多(M_2SO_4、MCl、KCl等)，易发生吸潮现象，所以要妥善保管。食盐按加工与否可分为原盐(粗盐)、洗涤盐、再制盐(精盐)。

粗盐(crud salt)：又称大盐，有较多的杂质如$MgCl_2$、KCl、$MgSO_4$、$CaSO_4$和一些微量元素(如：硼、硅、锂、碘)以及泥沙等，不宜直接食用，可用于腌制食品。

洗涤盐(washed salt)：粗盐经饱和盐水洗涤后的产品，杂质减少很多。

再制盐(refined salt)：用粗盐溶解为卤水，经过除杂质处理后，再蒸发，结晶而成，杂质较少，NaCl含量在90%以上。颗粒细小，色泽洁白，为现行常用食盐。另外还有一种特等再制盐，NaCl含量在99.2%以上，用于医药、卫生方面。

碘盐(iodised salt)：在再制盐的基础上强化了碘的食盐。这类的盐还有很多如：加锌盐、胡椒盐等。食盐含量超过15%～20%时，大多数微生物停止生长。一般肉制品中NaCl含量仅占1.8%～3%，起不到抑制微生物繁殖的作用。

硝盐(nitrate)：在肉制品加工中用于原料肉发色的成品盐，它混合有0.5%的亚硝酸钠和99.5%食盐，有使用方便和安全的优点。

2.2.1.2　食糖

在肉制品中常用的食糖品种很多，有白糖、红糖、饴糖、葡萄糖等。糖可赋予甜味和助解作用，并能增添制品的色泽。一般认为浓的糖液对微生物有抑制作用，因为它能够降低水分活度，减少微生物生长所需的自由水，并由于渗透压的作用，导致细胞壁分离，从而获得抑制细菌繁殖。

白糖(white sugar)：主要成分是蔗糖含99%以上，能使肉品保持原色，缓冲咸味、提味、增鲜，在肉制生产中加入量为0.5%～1%。在烧烤类和中式香肠类中的糖量一般为0.7%～3%，甚至可达5%～10%。

红糖(brown sugar):有多种颜色,以色浅黄红而鲜明、味甜浓厚者为佳。含蔗糖约84%,含游离果糖、葡萄糖较多,甜度较大。由于未脱色精制,杂质较多,容易结块。可用作着色、调味,多用在红烧、酱、卤制品中。

饴糖(maltose):又称糖稀,主要是麦芽粉(50%)、葡萄糖和糊精(30%),一般在烤制品中用手涂搽表面以增色。

葡萄糖(glucose):为白色粉末。甜度略低于砂糖,在肉制品中使用量为0.3%~2%时最为适合,或按2倍于糖量使用,另外还有调节pH和氧化还原的作用。

山梨糖醇(sorbitol):白色颗粒或结晶粉末,甜度较低。有提高浸透性,使食品纹理细腻,增加保水力等作用。

2.2.1.3 酒

分白酒、黄酒、葡萄酒、啤酒和果露酒五类,主要成分是乙醇和少量酯类。可以去膻除腥,给肉制品以特有的醇香气味和增加制品的复合味。

白酒(distilled spirit):有浓香型、酱香型、清香型、复香型和果香型之分,在中式肉制品中是必不可少的调料。一般为1%~2%,但在用塑料肠衣包装的灌制品中,以不加酒为宜,特别不能使用黄酒,易产生酸味等不良气味。

葡萄酒(wine):葡萄经过发酵、贮存、冷热处理后制成的酒。葡萄酒一般分为红葡萄酒、白葡萄酒、香槟酒和药制葡萄酒四大类,红葡萄酒又分为深红、紫红与玫瑰红等几种。葡萄酒怕晒、怕冻,如经常长时间日晒,葡萄酒的色素会因日光中紫外线的作用而退落,发生沉淀。葡萄酒中由于含有蛋白质和果胶,在严冬季节,蛋白质很易凝结,使酒浑浊现象。因此需存放在8~25℃的环境中,堆放时最好平着放,使酒与塞接触,这样可使木塞经常处于潮湿膨胀状态,减少空气进入瓶内的机会,保持酒的质量。

葡萄酒在加工中式肉制品时不大使用,但在一些高档的西式制品中常添加葡萄酒增加产品风味。白葡萄酒一般用于鱼类等白肉类,红葡萄酒一般用于红肉类、野味。葡萄酒也为微生物营养提供很好的碳源,所以在发酵制品及干制品中被广泛地使用。需特别注意的是开瓶后葡萄酒要尽快用完,以防葡萄酒变酸。

啤酒(beer):啤酒种类繁多,按酿制过程中糖化麦汁的浓度分,有12°和14°啤酒。按酒精含量分,酒精含量在3.5%以上(即糖化麦汁在12°以上的啤酒)或以下,糖化麦汁在7°~8°,酒精含量一般在2%以下。按颜色深浅区分,有黄啤酒、褐啤酒、白啤酒和黑啤酒。

啤酒还有生熟之分,生啤酒又称鲜啤酒,保留了活的酵母菌,味道鲜美,但不能久存,散装一般气温下不能过夜。熟啤酒中的酵母菌已被加温杀死,不会继续发酵,稳定性较好,可较长期贮存,但一般也不超过半年。啤酒的质量好坏可从香味、透明度和泡沫(注入杯中能产生充足的泡沫,且持久不落,这就说明啤酒新鲜)程度进行感官检验。

啤酒不仅是优良的饮料,而且也是肉制品加工中绝妙的调味品,能制作出众多的别有风味的产品,如:加工冻猪肉、排骨等中式产品时,可先用少量啤酒将肉腌制10~20 min,再用清水冲洗一下,可去除腥异味。

黄酒(yellow wine):用糯米、大米或黍米为主要原料,通过酒药、麦曲的糖化发酵,最后经压榨制成。在中式肉制品加工中,应用黄酒的方法有两种,一是加工前用酒拌渍;一是加工时淋入。但在西式肉制品中不宜使用,因为低温处理不能给制品带来香味反而会产生酸味。

露酒(liqueur):以白酒、食用酒精、葡萄酒或黄酒为酒基,按一定比例加入糖料、香料和着色剂等配制而成。常见的有玫瑰露酒、青梅露酒、朗姆酒等。露酒的酒精度数一般要高于发酵原酒，多为20°～40°，糖度也较高，一般在15%以上，多的可达30%，因此露酒的口味较好，较适于肉制品的制作。

朗姆酒(run)：用甘蔗酿造加入了一些香料，如杜松籽、大料、薄荷等香料的预调酒，用于高档发酵及干制的肉制品，如色拉米等不超过1%。

2.2.1.4 酱油

有酿造酱油和配制酱油。我们要求使用的是酿造酱油，它是以粮食及其副产品豆饼、麦皮为原料酿造而成的。它的使用量要根据最终产品的色泽和盐分的要求综合考虑。酱油(soy)中所含食盐能起调味与防腐作用，所含的多种氨基酸能增加肉制品的鲜味，所含的多种酯类、醇类能增加肉制品香味，其自然生成的色素对肉制品有良好的着色作用，使制品呈美观的酱红色，在香肠等制品中还有促进成熟发酵的良好作用。

食盐含量16%～18%，细菌总数不超过5×10^4个/mg，大肠菌群≤30个/10 t。

2.2.1.5 酱

酱(soy sauce)有豆瓣酱、辣酱、甜酱、黄酱等品种。多是以各种粮食为原料经发酵酿造而成的。具有多种酱的特殊气味和滋味，比酱油有更强的香味，多在中式肉品生产中添加，有增色、调味、去异味的作用。但由于国家标准中对酱没有提出细菌指标，且因是发酵产品芽孢数比较多，所以在使用中要慎重，可考虑采用先期杀菌处理的方法来保证产成品的安全。其食盐含量一般为20%～22%。

2.2.1.6 味精

味精是植物性蛋白质的谷蛋白加水分解后，得到的氨基酸和谷氨酸的单钠盐。有粉状和结晶粒状两种形状，有谷氨酸钠含量60%、80%、95%及99%等不同规格，根据原料肉种类、鲜度以及其他调味品和食盐用量，其用量也不同，在一般肉制品中用量为0.1%～0.8%，在餐饮界要高一些，可达1%～2%。味精的安全性比较有争议，在第19届国际食品添加剂法规委员会会议上对它做出评定，认为“是安全、无毒，可以按需要量使用，不规定每日容许最大摄入量”，所以在做配方时可适当多加一些，以适口为度。

另外肌苷酸钠也是用合成法或发酵法制的。它通常与谷氨酸钠一起使用，它的鲜味效力大于谷氨酸钠10～20倍。此外还有核酸关联物质，如鸟苷酸钠、胞苷酸钠和尿苷酸钠都是将酵母的核糖核酸进行分解制成的，使用量仅为谷氨酸钠的1%～5%，鸟苷酸钠有蘑菇香味，其香味很强。

2.2.2 香辛料

香辛料是一类能够给食品呈现具有各种辛香、麻辣、苦甜等典型气味的食用植物香料的简称，可提供令人愉快的气味和滋味。主要产区在热带国家和地区，但大规模工业生产仍局限于少数几个国家和地方，如南亚和东南亚主产黑、白胡椒，斯里兰卡主产肉桂，中国主产肉桂、八角、茴香、小豆蔻，印度、巴基斯坦生产辣椒和姜黄，牙买加是生姜、众香子的生产基地。

香辛料种类很多，也广泛应用于烹饪食品和食品工业中，其主要作用是调香、调味及调色。香辛料中有丰富的营养物质(矿物质和挥发油)，还具有散寒、温中、行气的药理功效。香辛料所含的呈味物质可以刺激味蕾或嗅球，使人产生香、辛、麻辣、苦、甜等滋味(表2-5)。

表 2-5 香辛料的用途分类

特点	名称
辛辣味香辛料	胡椒、辣椒、芥末、姜
苦味香辛料	陈皮、砂仁、草果
香气型香辛料	百里香、月桂、小豆蔻、香菜籽、牛膝草、鼠尾草、杜松子、迷迭香、香草、山柰、白芷
香和味兼具的香辛料	肉豆蔻、肉豆蔻种衣、肉桂、众香料、丁香、洋葱、大蒜、花椒、孜然、小茴香、香芹菜、柠檬、草果
着色型香辛料	红辣椒、姜黄、藏红花、栀子黄

2.2.2.1 使用方式

1. 整体物

即原形保持完好的完整香辛料，不经任何加工，如月桂叶、芝麻籽，使用时一般通过在水中与食物一起煮制，使气味和滋味溶于水中，让食物吸收，达到调味的目的，这是最传统、最原始的使用方式。

2. 粉碎物

香辛料经过晒干、烘干等干燥过程，再经粉碎机粉碎成不同粒度的颗粒状或粉状。使用时一般直接加到食品中混合。这里面还包括一些预混合香辛料。目前品质较好的是应用超低温粉碎技术的产品。

3. 抽提物

将香辛料通过蒸馏萃取等工艺，将香辛料的有效成分——精油，提取出来。通过稀释后形成液态油，使用时直接加到食品中去。目前品质较好的是超临界萃取技术的抽提物。

4. 胶囊型

将提取物放入含有阿拉伯胶和糊精等胶体赋形剂的水溶液中混合、乳化，得到水包油型的乳胶体，最后通过喷雾干燥，制成有胶层包裹的粉末状制品，具有分散性比较好、抑臭效果好、香味不易挥发、产品不易氧化、质量稳定的特性。

5. 吸附型

使香辛油、合油树脂吸附在食盐、乳糖、葡萄糖或淀粉钠等赋形剂上的一种类型。产品易氧化，香气易挥发，因此在贮存和使用时要多注意。

2.2.2.2 香辛料的贮藏与使用

香辛料产生香气的挥发油是香气的主要成分，在贮存时，随时间延长，香辛料挥发油的损失越多，持香性变差，调味料的效用变小，粉碎贮藏的香辛料更是如此。另外，由于香辛料来源于世界各地，并且是由许多小农场种植和收获的，有些是野生的，微生物污染程度较严重，杂质含量多，只要湿度稍大一些，就会引起霉变，温度稍高一些就会生虫。因此香辛料的等级标准也难以确定，一般把香辛料的湿度作为重要指标之一。所以入库前一定要充分干燥，然后贮存在干燥、避光、通风、防蝇、防鼠之地，并要分别堆放，密闭保存。另外，香辛料易发霉，发霉后黄曲霉毒素含量提高，因此，发霉的不能使用，故在贮藏中要特别注意防霉。

香辛料在使用前要先杀菌，以免影响制品的保质期，可采用蒸汽杀菌，干燥后粉碎，这种方法香气损失较大。环氧乙烷处理或进行^{60}Co辐射，粉碎香辛料中的环氧乙烷的残留量不允许超过 50 mg/kg，辐射量不能超过 300 kg。

由于化学工业的发展，国内外已经有很多用人工合成的方法制造的化学香辛料，或用从植物香辛料中提取有用的成分制成化学香辛料，应用于肉制品，其效果总不如天然的风味好，还有一个回归自然、食用安全的因素，所以我们提倡使用天然香辛料。

不同的原料有相对适宜的香辛料，表 2-6 列举了一些供参考。

表 2-6　与猪肉相适宜的主要香辛料

类别	主要香辛料
猪肉	胡椒、肉豆蔻、肉豆蔻种衣、丁香、月桂、香草、葱、大蒜、姜、茴香、小豆蔻

2.2.2.3　典型香辛料的介绍

1. 姜(ginger)

原产于亚洲东南部，我国南方各省均有栽培，以广东、福建等省最多。姜的芳香成分为挥发油，含量 1%～3%，有特殊的香辛辣味。老姜常作调味品，去腥解腻，嫩姜多用于炒菜。生姜需新鲜饱满，组织脆嫩，含纤维少，不霉烂，香辣味强，无杂臭味。其用量一般为 0.1%～1%。以块大、丰满、质嫩者为佳。姜粉需干燥，无杂质，不霉变，香辣味浓郁。

2. 胡椒(corn)

气味芳香，有刺激性及强烈的辛辣味。原产于印度尼西亚，后移植我国南方。分布于台湾、广东、广西和云南等地，分黑胡椒、白胡椒与绿胡椒，果实为圆球形核果。把刚成熟而未完全成熟的胡椒果实或自行脱落下来胡椒的果实经堆积、发酵、晾干，果皮皱缩变黑，称黑胡椒。白胡椒的加工是把颜色呈青黄而有点变红的成熟浆果去掉皮晾干即成，以个大、粒圆、坚实、色白、气味峻烈者为佳。胡椒有粉状、碎粒状和整粒状三种使用形式。一般加入量为肉重的 0.3% 以下(黑胡椒的用量可略多一些)。

黑胡椒比白胡椒香辣。在肉制品生产中一般都加胡椒，除极少数灌肠和煮肉汤用整粒之外，通常磨成粉末掺入，粉状胡椒的气味易挥发掉，因此保存时间不宜过长。绿胡椒用于装饰用，也有一定的芳香与辣味。

3. 辣椒(paprika)

辣椒品种繁多，其形状大小因品种不同也有很大差异，一般来说，圆形的灯笼椒是甜椒，长圆锥形的羊角椒是半辛辣椒，圆锥形的小羊角椒是辛辣椒。辣椒中辣味的主要来源是辣椒碱中的辣椒素。辣椒性辛、热、辣，在调味时能使制品香味倍增，并能增强制品的鲜红色泽。辣椒粉的一般使用量为 0.1%～0.7%，在使用时最好能再配合一部分香气型的香辛料混合使用，效果更佳。

4. 花椒(prickly ash)

产于我国北部和西南部，属植物青椒和花椒的果皮。习惯上把花椒的果皮称为“大红袍”，粒大、色红、味重。青椒的果皮称为“小红袍”，粒较小、色淡黄、口味较香。青椒的辛麻味比花椒重，而芳香气不如花椒。一般用量为 0.05%～0.2%。花椒的用途可居诸香料之首，有强烈的芳香气，味辛麻而持久，生花椒味麻且辣，炒熟后香味才溢出，多与八角协同使用。

5. 八角(anis)

北方称大料，南方称大茴香，生于温暖湿润的山谷中，多为人工栽培，主要产于广西、广东、福建、云南等省区。是一种常绿乔木植物的干燥成熟果实，有八个角，以个大、杂质少、碎瓣少、含水量低、放在口中咀嚼感到茴香及微甜稍辣者质量好，是酱卤肉制品必用的香料。能压腥去膻，增加肉的香味，一般用量为0.05%～0.3%，有一定的防腐作用。

6. 小茴香（fennel seed）

也称茴香，产于甘肃、内蒙古、山西等地。其气味辛香、温和，带有樟脑般气味，微甜，又略有苦味和炙舌之感，一般用量为0.05%～0.3%。是肉品加工中常用的香料，以粒大、饱满、色黄绿、鲜亮、无梗、无杂质为上品，并是五香粉调料的主要原料之一。

7. 砂仁(fructus amomi)

又称小豆寇、阳春砂，主产于斯里兰卡、印度等国，我国广东、广西、云南、福建的亚热带区也有出产，以广东阳春县所产最著名，一般用量为0.005%～0.01%。以个大、坚实、仁饱满、气味浓厚者为佳，是肉制品加工中主要调味香料。含砂仁的制品食之清爽可口，风味别致，并有清凉口感。

8. 桂皮(cinnamon)

分为中国、斯里兰卡、西贡与印度尼西亚桂皮，西贡桂皮香气最浓，印度尼西亚桂皮最次。桂皮以外皮灰褐色、内皮红棕色、断面紫红色、皮肉厚、油质多、辛味强、味甜、嚼之无渣、无虫、无霉斑者为上等品，粉末呈红棕色，有愉快香气。在烹饪中可以增香增味，使用面很广，如用于烧鱼、五香肉、煮茶叶蛋，还可用于咖啡、红茶、泡菜、糕点、糖果之中。与砂糖配合后口味协和，一般用量为0.03%～0.3%。

9. 肉豆蔻(nutmeg)

又称肉果、玉果、肉蔻，红褐色至深棕色。种仁质坚，有浅色纵行沟纹及不规则网状沟纹，断面呈大理石样花纹。粉末呈棕红色、味香辛，有强烈芳香气。保管时用瓶装，防潮湿，一般用量为0.05%～0.25%。在肉制品加工中加入，肉豆蔻有很强的调味作用，为酱卤制品必用的香料，也常在高档灌肠制品中使用，是配制咖喱粉的原料之一。在热带广为栽培，主要产于巴西、印度、马来西亚等地，我国不产。肉豆蔻精油中含有4%左右的有毒物质——肉豆蔻醚，如食用过多，使人麻痹，产生昏睡感，有损健康，少量使用，具有一定的营养价值。

10. 草果(amomum tsaoko)

是植物草果的干燥成熟果实，椭圆形，紫褐色，种子破碎时散发特异的香气。主产于云南、贵州等省。以粒大饱满、质干洁净为佳，保管于通风干燥场所。一般用量为0.03%～0.1%。

11. 丁香(clove)

原产于非洲摩洛哥，主要产于坦桑尼亚、菲律宾、印度尼西亚、斯里兰卡等国，我国广东、广西也有栽培。丁香具有特殊的浓厚香味，味辛微辣，用量不能多。有公丁香和母丁香。花期在6—7月，在花蕾含苞欲放且由白转绿并带有红色时采收晒干的为公丁香，呈浅紫褐色；在开花后1～2个月，即7—8月果熟，浆果红棕色，稍有光泽，椭圆形的为母丁香，一般用量为0.01%～0.06%，但丁香对亚硝酸盐有消色作用，所以只在少数灌肠中使用。丁香以个大、完整，油性大，气味浓厚者为佳。

12. 陈皮(orange peel)

为柑橘类的干燥成熟果皮，即橘皮，分陈皮和广陈皮两类。陈皮味辛苦而芳香，嚼之稍麻舌。以色泽金黄、质干洁净、香气浓郁者为佳，注意防潮。在肉制品生产中用于酱卤制品，可增加复合香味。一般用量为0.05%～0.3%。

13. 山柰(kaempferol)

又称沙姜，为植物山柰的根茎，属姜料，根叶皆如生姜，有樟木香气。在肉制品中有抑腥增香的调味作用，一般用量为0.02%～0.1%。以洁净、干燥，外皮红黄色，切面内部凸出，色白，气味芳香，粉性足，辣味浓者为佳。作为香料可用在肉脯加工中，是制作扒鸡、熏鸡的必备增香料，也是西式调味料的原料之一。

14. 迷迭香(rosemary)

具有清香凉爽气味和樟脑气，略带甘苦味。原产于地中海沿岸，目前在我国各地花圃中偶有零星栽培。迷迭香料是用一种多年生常绿小灌木的叶片及嫩枝加工的。在国外主要用作食品调味，另外在复合调料、糖果、饮料、冰淇淋、焙烤食品中均有应用，一般用量为0.01%～0.05%。

15. 孜然(cumin seed)

又称安息茴香，有野生或种植的。是植物一年生草本植物的果实，有黄绿色与暗褐色之分。具有独特的薄荷、水果状香味，还带适口的苦味。咀嚼时有收敛作用。原产于地中海地区和中国。可用于糕点、洋酒、泡菜等的增香及肉制品的解腥，一般用量为0.05%～1%，是咖喱粉的原料之一。

16. 姜黄(turmeric)

为多年生草本植物的根茎。有近似甜橙与姜和良姜的混合香气，略有辣味和苦味。在肉制品中有着色发香作用，一般用量为0.05%～0.5%，是配制咖喱粉的主要原料之一。

17. 鼠尾草(sage)

又称荜拔，是一年生草本植物的叶子，产于欧洲及日本和中国。芳香味与孜然相近，在西式火腿和香肠中常有使用，是制作猪肉产品时不可缺少的调味料，一般用量为0.05%～0.1%，鼠尾草和月桂叶一起使用可去除羊肉的膻味。

18. 葱蒜类(onion garlic)

(1)洋葱(onion)　其味辛、辣、温，辛辣味强烈。洋葱富含糖分。小的洋葱叫胡葱，比洋葱的含糖量还大，是西式菜肴中不可缺少的辅料之一。另外洋葱有较强的杀菌作用，一般用量为1%～5%。

(2)葱(chive)　有特殊的辣味和刺激性，有北方的大葱与南方的小葱之别，一般来说小葱葱香味更浓，但产量低。葱在中式肉制品中是不可少的调料，一般用量为0.5%～5%。

(3)大蒜(garlic)　有多瓣蒜和独头蒜，从皮色上看，有紫皮和白皮的不同，一般来说以独头的紫皮者为好。大蒜在肉制品加工中能体现很强的提味、增香作用。大蒜的辛辣味在加热的过程中消逝，但能使肉制品形成特殊的滋味和香气，并使蛋白质易于人体消化吸收。在肉制品中一般都捣成泥后加入，一般用量为0.06%～2%。

19. 五香粉(five flavour powder)

也是一种混合香料。基础料为花椒、八角、茴香、桂皮。其配方因地区的不同而不同。

20. 咖喱粉(curry)

是一种混合香料。是以姜黄、白胡椒、芫荽籽、小茴香、桂皮、姜片、八角、花椒、芹菜籽等配制研磨成粉状的混合物，颜色为黄色，味香辣。其配方因地区的不同而不同。

2.2.3 包装材料

2.2.3.1 肠衣(casing)

肠衣是为火腿、香肠成型，把肉料直接装入的一次性包装材料的总称。肠衣的种类很多，性质各有不同。大致分为人造肠衣和天然肠衣两种，或从食用性分为可食肠衣和非可食肠衣。

1. 天然肠衣

天然肠衣是用山羊、绵羊、猪、牛的肠子、肚子、膀胱、拐头等加工制成的。这种肠衣透气性、弹性、黏着力都很好，可以食用，还可以烟熏、干燥和蒸煮，烟熏后能表现良好的色泽，能保持独特的风味和自然的外观形态。哈尔滨大红肠、广东腊肠、早餐肠、维也纳肠、法兰克福肠、北京小肚等都是用此种肠衣进行灌制的。天然肠衣的缺陷是粗细长短尺寸不一致、易破损、机械适应性差，由于肠衣本身就是微生物生长的良好环境，故易被污染，所以这种肠衣需装入洁净的塑料容器中，并用足够的食盐均匀覆盖，在冷藏条件下(0～10℃)存放。肠衣使用前提前24 h清洗，并用冷水浸泡备用。

肠衣保质期为半年，肠衣直径的表示方法一般采用双数，这是一种行业习惯，φ26以下为羊肠衣，φ18以下为鸡肠衣，φ28以上为猪肠衣。

肠衣的色泽通常为白中略黄，越白越好。用天然肠衣加工的产品在加热时不能超过85～90℃，其中羊肠衣不能超过78℃，否则肠衣会爆。

2. 胶原肠衣

胶原肠衣是用家畜的皮、肠、腱为原料制成的胶原蛋白肠衣。这种肠衣卫生、透气性、机械强度都较好，粗细长短统一，规格多样，可以食用，可烟熏和蒸煮，烟熏时上色均匀，且适合机械化生产，省时省力。这种肠衣的缺点不如天然肠衣的口感好，皮膜较厚硬。中式香肠、热狗、鸡尾肠等都是用此种肠衣进行灌制的。主要供应商有DEVRO、NIPON和NUTRIN公司。肠衣贮存在避光、阴凉的地方，环境温度在0～20℃，可保存1年。肠衣使用前24 h和开包装后未用完的肠衣最好是保存在冷藏库内。

3. 纤维素肠衣

纤维素肠衣(玻璃纸)是用纤维素黏胶直接吹成的肠衣。透气透水，可印刷，机械强度好，压缩肠衣适合高速自动化生产。此种肠衣不可食。压缩肠衣在使用前不需要进行处理，可直接灌装。纤维素肠衣分为小直径肠衣和大直径肠衣，小直径肠衣主要生产如热狗、鸡尾肠等，大直径肠衣主要生产如啤酒肠、摩塔台拉等，主要供应商有VISKASE和TEEPAK公司。纤维素可加工成环形、球形。NALO公司是较早生产纤维素肠衣的工厂(1929年)。它的产品有普通伸缩性(NALO SCHMAL和NALO KRANZ)、高深缩性(NALO GLI、NALO BIG、NALO ML)、有限伸缩性(NALO M、NALO SCHMAL)。其中NALO KRANZ是环形肠衣，NALO GLI、NALO BIG是球形肠衣，切段印刷肠衣需要浸泡30 min，没有用完的肠衣存放在冷藏条件下，可以存放3 d。肠衣保持原包装，在环境温度15～25℃，避光的条件下，可保存1年(切段肠衣2年)。

4. 纤维肠衣

纤维肠衣是用纤维素黏胶再加一层纸张加工而成的产物。机械强度较高，可以连续打卡；

对烟具有通透性，对脂肪无渗透；不可食用，可印刷；在干燥过程中自身可以收缩。这种肠衣在使用之前应先浸泡(印刷的浸泡时间应长一些)，应填充结实(填充时可以扎孔排气)达到标准的灌装直径要求，烟熏前应先使肠衣表面清洁并完全干燥，否则烟熏颜色会不均匀，熟制后可以喷淋或水浴冷却。纤维肠衣由于具有出色的直径均一性，适用于加工各式烟熏冷切香肠、各种干式萨拉米或半干式萨拉米香肠、烟熏香肠、熟香肠、烟熏火腿和通脊火腿，也用于切片定量包装的产品。主要供应商有 NALO、FUJIMORI、NATURIN 公司。NALO 公司生产的纤维肠衣包括 NALO FIBROUS P、NALO FIBROUS I、NALO FIBROUS N、NALO FIBROUS S 等，P 代表剥离性非常好，I 代表黏着性较好，适用于熟萨拉米，N 为普通型，适用于一般香肠火腿，S 代表产品表面粗糙，促进细菌的生长，适用于生萨拉米。这类肠衣使用前需要浸泡 20 min，压缩肠衣还需增加浸泡时间，没有用完的肠衣存放在冷藏条件下，可以存放 3 d。肠衣保持原包装，在环境温度 15～25℃，避光的条件下，可保存 2 年。

5. 纤维涂层肠衣

纤维涂层肠衣(Nalo Top) 是肠衣中最有档次的产品，并且具有多种优点，且价格也贵。它是用纤维素黏胶与一层纸张压制，并在肠衣内面涂上一层聚偏二氯乙烯而成。此种肠衣阻隔性好，在贮存过程中可防止产品水分流失，加强了对微生物的防护；收缩率高，外观饱满美观，可以印刷，剥皮性良好；但不能烟熏、不可食用。使用前应先用温水浸泡大约 30 min，灌装时应填充结实(不能扎孔)，没有用完的肠衣存放在冷藏条件下，可以存放几日，可以蒸煮达到所需的中心温度，然后用冷水喷淋或水浴冷却。适用于各类蒸煮肠如冷切，火腿。使用此种肠衣的产品，不需要进行二次包装。肠衣保持原包装，在环境温度 15～25℃，避光的条件下，卷装可贮存 6 个月，压缩筒状装可贮存 12 个月，切段装的则可保存 2 年。

6. PVDC 肠衣

聚偏二氯乙烯肠衣(PVDC)：这类肠衣是用氯乙烯和偏二氯乙烯的共聚物薄膜制成的筒状或片状肠衣。这类肠衣可高效阻断水分和氧气，可耐 121℃湿热，耐寒，耐酸、碱、油脂性也很显著，无吸水性，具有优美的光泽。此肠衣适合于高频热封灌装生产的火腿、香肠(如火腿肠、鱼肉肠等)。生产这种肠衣的厂家以日本的吴羽化学、旭化成和美国的陶氏为代表。这种肠衣也大量用于高温灭菌制品，适合常温保藏。

7. 尼龙肠衣

聚酰胺肠衣(Nylon)：也称尼龙肠衣，是用尼龙加工而成的单层或多层肠衣。单层产品具有透气、透水性，一般用于烟熏类和剥皮切片肉制品。多层肠衣不透水、不透气，可以印刷，不被酸、油、脂等腐蚀，不利于真菌和细菌生长，在蒸煮过程中还可以收缩，可压模加工成不同形状制品，具有较强的机械强度和弹性，可耐高温杀菌。使用前应先用 30℃水浸泡，灌装时要填充结实(不可扎孔)，蒸煮后可用喷淋或水浴冷却。适用于制作各种熟制的香肠、火腿、肝香肠、猪肉肠、快速切片肠、鱼肠等。主要生产厂商有 NALO、吴羽、NATURI 等公司。产品存放在阴凉、干燥的地方。

8. 聚酯肠衣

聚酯肠衣：这种肠衣不透气、不透水；可以印刷；具有很高的机械强度；不被酸、碱、油脂、有机溶剂侵蚀；易剥离。分为收缩性和非收缩性两种。收缩性的肠衣，热加工后能很好地和内容物黏合在一起，可用于非烟熏、蒸煮香肠类、禽肉卷、蒸煮火腿、切片肉类、新鲜野味、鱼等的包装及深冻食品的包装等。此外，还有专门用于包装烤制肉制品的聚酯膜，如用于烤鸡的包装膜。当然，这种薄膜也可用于微波食品、半成品的包装等。聚酯肠衣使用前不需要水浸，灌装时要灌结实，但不能扎孔。灌装后，为了保证肠衣收缩，应把肠放入95℃以上的热水中保持几秒钟。熟制时温度80～85℃，熟制后应喷淋或水浴冷却。非收缩性的肠衣主要用于包装生鲜肉类和生香肠等不需加热的肉品。

9. *着色膜或着色肠衣*

着色膜或着色肠衣：肠衣里面复合可食性胶原蛋白层，用食用色素印刷。能给产品创造出独特的个性。特别适于干燥和半干产品如色拉米。

10. *各式香辛料肠衣*

各式香辛料肠衣：肠衣内表面均匀地涂上一层香辛料。可以简便而可靠地生产各种蒸煮火腿、香肠、肉块，经过蒸煮、冷却，蛋白质凝固后香辛料会转移至产品上。它能抑制微生物，延长产品的货架期。

11. *收缩袋*

一般是由多种成分共挤而成的筒状薄膜，使用时需通过封口制袋再用。其透湿性良好、氧气遮蔽性也良好，热收缩率为23%～40%且可印刷。经过热收缩后薄膜贴于产品表面，能很好地突出产品的外观显现产品的色泽，有助于延长产品保质期。

表 **2-7** 各种肠衣的性能

品种	规格范围（肠衣直径）/mm	机械性能	食用性能	阻隔性能烟熏/透气/水	尺寸稳定	印刷性	前处理	热处理性（适宜）/℃	热收缩性
羊肠衣	16～26	较差	最好	好	较差	不可	冷水浸泡24 h	72～76	较差
猪肠衣	24～38+	中等	最好	好	较差	不可	冷水浸泡24 h	76～90	较差
猪大肠	45～60	较差	好	中等	较差	不可	冷水冲洗	76～90	较差
小直径纤维素	17～31	最好	不可	最好	好	可以	冷藏温度存放	76～84	中等
小直径胶原肠衣	18～28	最好	好	最好	好	不可	冷藏温度存放	76～78	中等
纤维肠衣	34～173	最好	不可	好	好	可以	35～40℃温水浸泡	78～84	好
大直径纤维素	30～190	好	不可	最好	中等	可以	35～40℃温水浸泡	76～78	好
纤维涂层肠衣	42～125	最好	不可	不可	最好	可以	35～40℃温水浸泡	76～84	最好
尼龙肠衣	36～110	最好	不可	不可	最好	可以	35～40℃温水浸泡	76～84	好
聚酯肠衣	40～300	好	不可	不可	最好	可以	不需要	＜220	中等
PVDC(ED)	38～140	最好	不可	不可	很好	可以	50℃温水浸泡	＜120	好
PVDC	片径＞50	最好	不可	不可	很好	可以	不需要	＜120	最好
收缩袋 CRYOVAC	38～140	最好	不可	不可	很好	可以	不需要	76～84	最好

第3章
生猪屠宰加工的技术进步

本章内容提要

改革开放以来,我国生猪屠宰加工业经历了三个发展阶段:

第一阶段是1979—1985年(经济体制改革初期)。农民有了生产经营的自主权,国家取消了以生猪为主的统一派购制度,推动了肉类生产的快速发展,出现了一批民营肉类加工企业。第二阶段是1986—1995年(经济体制改革关键时期)。国营肉联厂转制成民营企业,牲畜养殖得到快速发展,畜产品价格和贸易市场进一步放开,肉类工业步入快速发展轨道。第三阶段是1996年至今(市场经济初期)。冷却肉加工得到快速发展,涌现出雨润、金锣等一批大型冷却肉加工企业。南京农业大学联合相关企业、高校和科研院所,系统研发了冷却肉加工技术、装备和标准,显著推进了冷却肉产业的快速发展。

3.1 生猪宰前运输及待宰管理

在推行定点屠宰前,生猪一般就近屠宰为多,宰前运输距离较短。而近年来生猪管理放开后,跨省长距离收购调运生猪非常普遍,不仅对猪肉的品质产生了显著的影响,对疫病防控来说也是一个巨大的挑战。恶劣的运输条件会导致动物死亡,死亡率最高可达0.5%,对动物福利也有重要影响。

3.1.1 运输

过去,政策上强调就地屠宰,因此,生猪运输一般都是近距离运输。近距离运输常采用的交通工具有三轮车、拖拉机和单层卡车等，运输途中车厢通风性较好，虽然存在路况差、车辆设施条件差等问题，但因距离近造成皮伤等物理性伤害较轻，总体而言，生猪在近距离装、卸车时所受应激较小。但近些年来，规模化屠宰厂的大量兴起，导致当地猪源供应严重不足，跨省跨地区调运成为常态。为了降低综合运输成本，大装载量的多层车厢运输得到广泛的应用。但多层车厢运输存在两个问题：一是生猪在装、卸车时常常需要使用工具推赶猪只，生猪应激较严重，PSE肉发生率较高；二是下层车厢通风性较差，且易受到来自上层车厢的粪便污染。为了防止下雨或其他恶劣天气对猪造成的伤害，通常在运输车辆上配备一些遮挡材料。

运输对生猪死亡率和猪肉品质都有很大影响。随着运输距离和时间的增加，动物死亡率会升高，肉品品质也会明显下降。长时间或长距离运输过程中，动物不能得到充分的休息和食物饮水供应，会出现极度疲劳、饥饿、脱水等应激反应。运输距离达到700 km，运输时间(牲畜从装载地到卸载地的时间)超过8 h时，生猪机体生理平衡遭到破坏，动物产生严重的应激反应。近距离运输(运输距离在110 km以内，运输时间3 h以内)和待宰静养能够显著降低PSE肉发生率。

运输密度也对动物应激和猪肉品质有重要影响，具体影响因素主要包括两个方面：一是用于动物站立或者躺下的地面面积，即所谓的装载密度；二是承载动物的车厢高度。如果路途远、路况差、气候炎热，不仅要考虑躺卧休息的空间，还需要考虑在运输车上安装饮食、进食的设施，运输密度必须小些。对于多层公路运输车辆，应尽可能增加层高，使动物有足够站立的空间，提高通风效果，减少动物应激。运输密度过高，会阻碍生猪躺卧，导致动物疲劳和肌肉损伤，限制了生猪体热的散发，增加动物的呼吸作用，最终影响猪肉的品质。运输密度(运输时每头生猪所需面积大约为每100 kg体重0.42 m^2)取决于动物体重大小、运输时的天气和运输距离。动物体型越大，其需要的空间就越大，冬天短途运输时，可适当增加运输密度。此外，混群装载易使生猪发生打斗而造成皮肤的损伤，影响肉的品质。

近年来，大型企业非常重视运输对猪肉品质的影响，在长途运输过程中增加休息饮水，同时对运输车辆的通风、温湿度控制等方面做了很大改进，显著提升了动物福利和肉品品质。

3.1.2 装卸

装载和卸载是运输中最易引起应激的环节。在此过程中驱赶方式尤其重要，尽管相关标准已提出明确的操作规范，要求提供动物福利，但我国生猪行业并没有引起足够的重视。常见的问题有：

(1)使用电棒电击猪的敏感部位，如眼、嘴、耳、肛门、腹部或生殖器官等。

(2)采用棍子、金属管、皮鞭等鞭打动物，或采用拧尾、捻鼻等，对动物造成显著的疼痛或伤害。

(3)大声喧哗或恐吓驱赶动物。

目前，为了适应新形势下动物福利要求，部分企业改进了待宰圈的装卸系统和驱赶系统，增加动物自动前行的意愿，降低了动物应激。主要创新之处在装卸平台的自动升降系统、单向窄长赶猪通道等。

3.1.3　禁食静养

针对生猪长途运输和装卸过程中受到的脱水、电解质失衡、肌糖原消耗过度、能量负平衡等应激，国家法律法规和标准都规定宰前需要进行充分的休息，即所谓的禁食静养，以减少生猪在运输途中的应激反应，改善动物福利，降低异质肉发生率，提高猪肉的品质。宰前静养是指屠宰之前的一段时间内停止喂食，但给予足量的饮水，让生猪得到充分休息，减少生猪应激反应的一种改善生猪福利和猪肉品质的手段。

适当的宰前禁食静养，能够让生猪得到充分的休息，从应激状态中恢复，减少肌糖原含量，防止宰后肌肉 pH 过度下降，减少 PSE 肉的发生率，改善猪肉色泽及食用品质。禁食静养可以减少生猪在运输途中的死亡和重量损耗，减少内脏内容物量和处理成本。

禁食静养的不足之处在于重量损失。停食后动物活体重量损失为每小时 0.2%。为此，企业在静养中，通常会给动物补充电解质来降低损耗。此外，待宰过程中混圈也会造成生猪之间相互撕咬，造成皮肤损伤。长时间禁食可能会造成能量物质，尤其是肌糖原的过度消耗，导致宰后猪肉的极限 pH 过高，产生 DFD 肉。

静养时间和密度会影响静养效果。禁食静养 12 h，可使宰后 PSE 猪肉发生率控制在 4.5%，猪肉品质(如颜色、持水力)得到显著改善。静养密度过大，生猪由于拥挤产生严重应激，宰后猪肉品质会发生明显劣变；静养密度过小，则会增加企业成本。目前，规模化生猪屠宰场都建有与产能相配套的禁食静养圈舍，也制定了相关的管理规范，缓解了宰前应激。

3.2　生猪屠宰加工工艺

改革开放 40 年，我国生猪屠宰工艺发生了翻天覆地的变化，由早期的“一把刀，一口锅”的落后模式，发展到 20 世纪 80—90 年代的半机械化模式，再到目前的机械化自动化模式。这不仅与我国经济社会发展、国外先进技术引进有关，而且也与我国科技自主创新有关。但不同工艺环节的先进程度不尽相同。

3.2.1　致昏

早期屠宰工艺中没有致昏工序，后来由于动物福利的需要，西方国家提出了致昏的要求，并研发了相关设备，我国引进国外设备的同时，引进了该技术工艺。所谓致昏，是指应用物理或化学方法，使生猪在宰杀前短时间内处于昏迷状态，减少痛苦，避免动物在宰杀时挣扎而消耗过多的糖原。致昏方式由手动的电击晕发展到自动化的电击晕，以及近年来的气体致昏。

3.2.1.1　电击晕

通过电流麻痹生猪中枢神经，使其晕倒。该致昏方式经济、高效。电击时电流、电压强弱直接影响生猪福利及肉品质量。最小推荐击晕电流为 1.25 A，电流作用时间不少于 3 s。电流通过生猪脑部使动物处于无意识状态，并使生猪心跳加剧，全身肌肉发生高度痉挛和抽搐，可以达到良好的放血效果。三点式电击晕是目前规模化屠宰企业最常用的方法，使动物骑在特定的设备上两个电极位于头部，第三个电极位于胸部（图3-1），目前该设备已可实现电极准确自动定位、击晕参数自动调节，从而极大地降低逃逸率（应用后实际发生率0.05%以下）、断骨率（应用后实际发生率2%以下）和PSE肉发生率（10%以下）。

图3-1 托腹三点式电击晕机

3.2.1.2 气体致昏法

气体致昏是利用二氧化碳、氩气及其混合气体使动物失去知觉。目前该方法在欧洲较为普及。从动物福利角度，该方法是生猪致昏技术的发展方向。当动物在80%以上二氧化碳密闭室中静置15～45 s，就完全失去知觉，并维持昏迷状态2～3 min。

该系统主要是将通过自动驱赶通道的生猪按4～8头进行分组，赶入装载箱中，通过链斗式升降机进入致昏室，之后提升至放血平台上（图3-2）。由于该成套设备比较昂贵，在国内推广面不大，只在正大、双汇、华统等少数大型屠宰场应用。为了实现良好的致昏效果，二氧化碳浓度以80%较为适宜。

由于二氧化碳致昏会导致肝脏、肺脏等可食性组织有瘀血等问题，对企业造成一定经济损失，所以限制了其使用。

图3-2 二氧化碳致昏系统

3.2.2 放血

生猪应在致昏后 30 s 内被放血，以免苏醒挣扎引起肌肉出血。

放血时刀口的位置非常关键，常采用心脏穿刺法。一般情况下，生猪的放血量为活重的 1.5%～5.8%。放血充分的条件下，60%的血液流出，20%～25%的血液在血管中，10%的血液在肌肉中。

传统放血方式无法收集血液，造成大量浪费，多数情况下直接排入水体环境中，造成严重的环境污染。近年来，国内外开发了真空采血系统，该系统包括血液采集筒、抽真空装置、搅拌装置、采血刀消毒装置、采血装置、采集筒回转支承装置等，可有效收集血液，避免环境污染等问题。为了防止血液凝固，真空抽血过程中必须加入抗凝剂(2.5%枸橼酸钠溶液，与血液按 1∶10 混合)，通过搅拌混合。

3.2.3 烫毛

烫毛是在热水或蒸汽作用下，使毛根及周围毛囊的蛋白质受热变性，毛根和毛囊易于分离，从而方便煺毛。烫毛有烫池式、运河式和蒸汽式等方式。通常情况下浸烫时间为 3～8 min，浸烫水温 60～68℃，可根据品种、个体大小、年龄和气温等适当调整水温和烫毛时间。当前，运河式烫毛应用广泛，其优点在于猪屠体不脱钩，随屠宰线自动前行，生产效率较高。蒸汽烫毛是通过带导流板隧道结构，实现了多点温度在线监控和蒸汽流速、流向、温度的自动调节，在猪胴体表面形成均匀蒸汽流，烫毛效果好，避免了二次交叉污染，但由于运行成本较高，目前尚未得到广泛的应用和推广。

3.2.4 煺毛/剥皮

改革开放初期，屠宰厂多数采用手工刮毛，效率非常低，但胴体表面非常光净。20 世纪 90 年代中后期，采用机械化褪毛，褪毛效率有了极大的提高，但机械褪毛工艺的一次性净毛率并不理想，后续需要燎毛和修整等配套工艺。机械褪毛分为滚筒式打毛和齿轮式刮毛两种方式。滚筒式打毛主要是利用上下两组相反的滚筒，将烫好的猪屠体送入撞辊，滚筒上突出的钝齿将毛褪掉；齿轮式刮毛是使屠体腹部向下，通过装有弹簧的刮刀或旋转的齿轮刮除猪毛。为了提高效率和褪毛效果，当前部分企业采用新型的连续隧道式打毛机，可实现多台串联使用，褪毛率可达 95%以上，破损率 1%以下。也有部分企业根据市场需要，采取剥皮工艺，生产红条肉。分手工剥皮和机械剥皮两种方式。

3.2.5 火焰燎毛

燎毛是打毛工艺的补充，通过火焰除去胴体表面的残毛。火焰燎毛炉可根据生产需要配备 44、68、88 或 132 个燃烧头，燃烧头的位置保证火焰均匀地烧过猪胴体。大部分企业采用简易的酒精喷灯进行燎毛。值得注意的是，火焰燎毛炉需安装排烟烟道和温度探头，保证烟气的温度稳定在允许的范围内。火焰燎毛后需要进行刮黑和清洗处理。

3.2.6 去头、开膛、劈半

这几个操作环节，过去都主要是手工完成，效率低下，但目前部分企业已引进先进的装备，实现了自动化和智能化。

3.2.6.1 去头

主要是手工操作，在第一颈椎或枕骨髁处将头去除。也有企业使用去头剪机械手，但由于成本问题，尚没有得到普及。

3.2.6.2 开膛去内脏

沿腹中线切开腹壁，用刀劈开耻骨联合，锯开胸骨，取出白脏（胃肠等）和红脏（心肝肺等）。开膛之前，一般需要进行雕圈（即肛门的剥离）。目前，这些操作主要采取手动的方式。最近，部分企业使用开喉、雕圈和锯耻骨自动一体化设备（图3-3）。通过红外线自动检测肛门、耻骨和咽喉的位置，自动化的刀具进行同步操作，同时，劈胸骨和摘除内脏也可进行自动化操作。

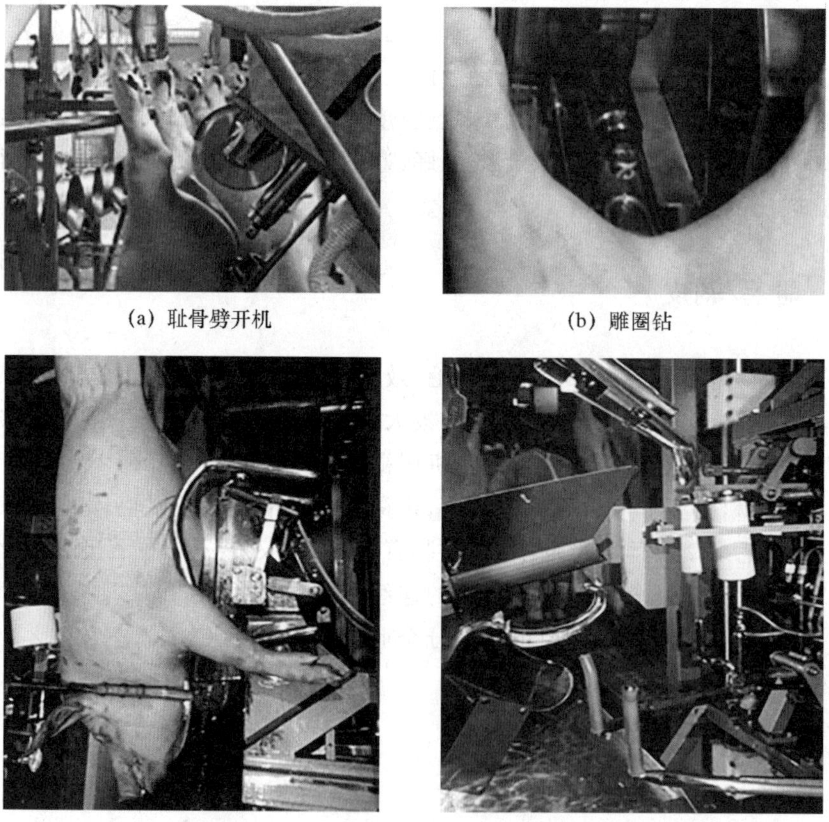

(a) 耻骨劈开机　(b) 雕圈钻

(c) 胸骨自动劈开锯　(d) 内脏自动摘除机

图3-3　开膛去内脏

红脏、白脏和胴体三线采用非接触式电磁场波动驱动输送系统。控制系统采用主/从控制方式，实时检测三线编码器的输出脉冲并比较其累计脉冲误差，调节红、白脏线变频电机的输出速度，同步误差控制在 5 mm 内。

3.2.6.3　劈半及胴体修整

沿脊柱正中线将胴体锯开成两半，剥离脊髓，用水冲洗胴体，去掉血迹及附着的污物。传统劈半采用手工砍刀将胴体一劈两半，后来采用手工电动锯，目前部分企业采用全自动劈半锯，不仅省时、省力，也可降低人工污染。

3.2.6.4　检验盖章

目前，大多数企业采用手工盖章，也有部分企业采用灼刻法。欧洲研发出一种新型胴体检验和追溯验章打印机，该打印机与企业的 ERP 系统相连，并通过触摸屏操作面板，内置打印控制器，程序逻辑控制系统（PLC）、打印机伺服驱动和全面数据系统之间有操作界面（图 3-4）。采用喷墨打印头打印，打印的图案和文字内容通过企业 ERP 确定。

图 3-4　胴体自动盖章系统

3.2.7　喷淋减菌

喷淋减菌主要是通过在胴体表面喷淋有机酸来降低微生物污染。胴体在入冷库前经过 2.5%～3.0%的乳酸喷淋，初始微生物总数可降低到 1×10^4 cfu/cm^2 以下，实现微生物有效控制。部分企业采用手工喷淋，另有一些企业采用机械化喷淋减菌。喷淋减菌设备是由配液系统、储存系统、加压系统、喷淋系统以及控制系统组成。能实现自动化操作，准确控制喷淋的时间、压力等。其中喷嘴的孔径大小和喷嘴的数量最为关键，一般雾化颗粒直径控制在 20 μm 以下，分两组六路较为合适，胴体受喷面积可达 95%以上。最新设计的斜动式喷嘴，可使受喷面积达到 100%（图 3-5）。

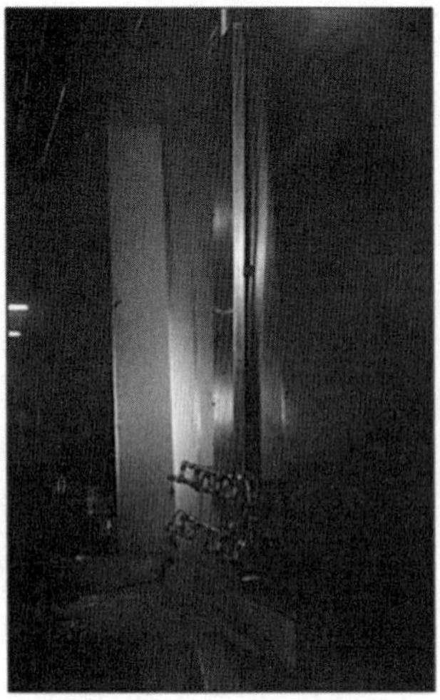
乳酸喷淋减菌装置

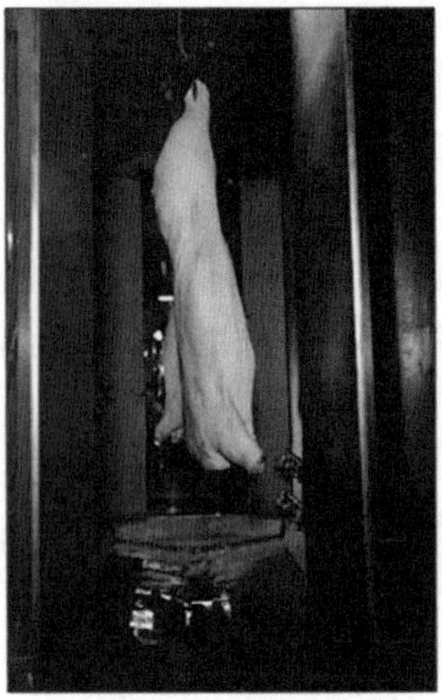
乳酸喷淋减菌作业前

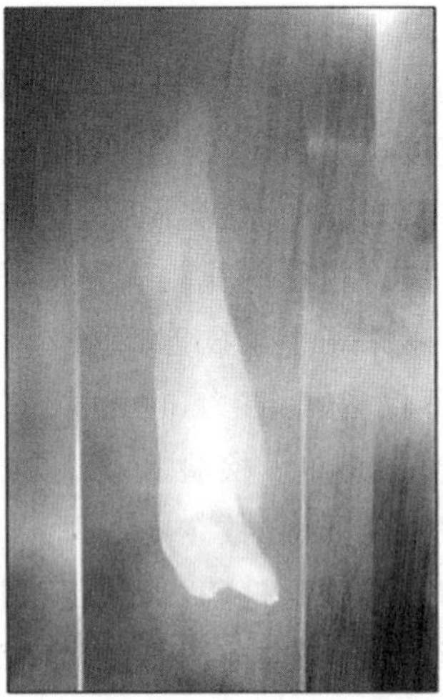
乳酸喷淋减菌作业中

图 3-5　猪胴体乳酸喷淋装置

3.2.8　胴体冷却

胴体冷却是冷却猪肉加工的重要环节，具有多重作用：降低胴体温度，延缓微生物生长、实现肌肉僵直收缩和解僵，但冷却过程中胴体表面水分蒸发，引起重量损失。

冷却方式包括一段式和两段式两种。所谓一段式冷却，是将胴体在－1.5～7℃冷库中冷却至猪后腿肉半膜肌深层温度为－1.5～7℃，一般冷却时间为16～24 h，这种冷却方式在国内比较常用。两段式冷却是将胴体先在－15℃的冷库中移动式冷却1～2 h，再转入常规冷库（－1.5～7℃）冷却至猪后腿肉半膜肌深层温度为－1.5～7℃，这种方式在国外比较常用，国内仅有小部分企业采用。两段式冷却的优点在于胴体表面会快速形成干膜，使冷却干耗有所下降，微生物得到一定程度的控制，但运行成本较高。通常情况下，猪胴体冷却干耗在2.0%左右，如果空气温度低，风速快，胴体间隔大，冷却干耗会高些，而空气温度高，风速慢，胴体间隔小，冷却干耗会低些。

为了降低冷却干耗，国内外常采用雾化喷淋冷却。雾化喷淋的目的主要是为了增加空气湿度，降低胴体的蒸发损失。常用的喷淋参数为喷淋时间8～12 h，每次40～60 s，间隔时间30～50 min，水温2～4℃，喷淋量为胴体重的0.8%～1.2%，压强为0.78 MPa。新一代雾化喷淋系统在雾粒产生方式、喷嘴及控制等方面做了很大改进，如由传统的压力式喷雾方式变成气液混合式，产生的雾粒大小更为均一；喷嘴由原先的固定式改为摆动式，可使空气场中雾化更均匀；采用自动化控制系统，可降低人力成本（图3-6）。

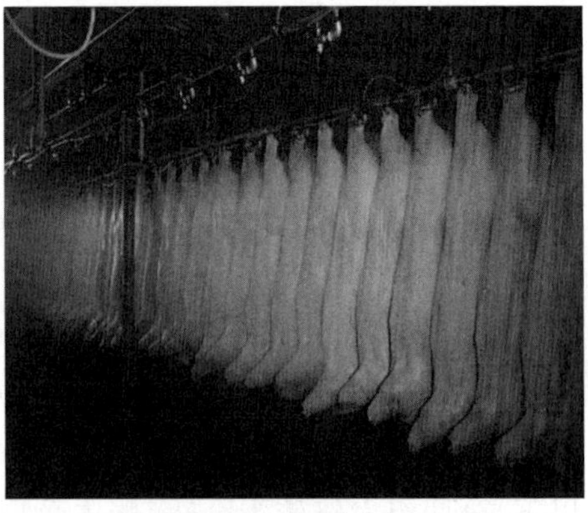
图 3-6　猪胴体雾化喷淋冷却系统装置

3.3　胴体分级分割技术

3.3.1　胴体分级技术和标准

猪胴体分级包括质量分级和产量分级，其中产量分级更为重要。传统胴体分级是人工主观评判，存在评判人员个体间差异大、主观性强等问题，近年来，部分企业引进智能化分级仪。无论是主观评判还是机器分级，都是基于特定的分级标准。

3.3.1.1　猪胴体分级标准

我国于2008年制定了《猪肉等级规格》，采用两套分级方案。在该标准中，包含了胴体规格等级、胴体质量等级、胴体综合等级。

根据背膘厚度和胴体重或瘦肉率和胴体重两套评定体系，将胴体规格等级从高到低分为A、B、C三个级别(图3-7)。胴体重分为带皮和不带皮两种。

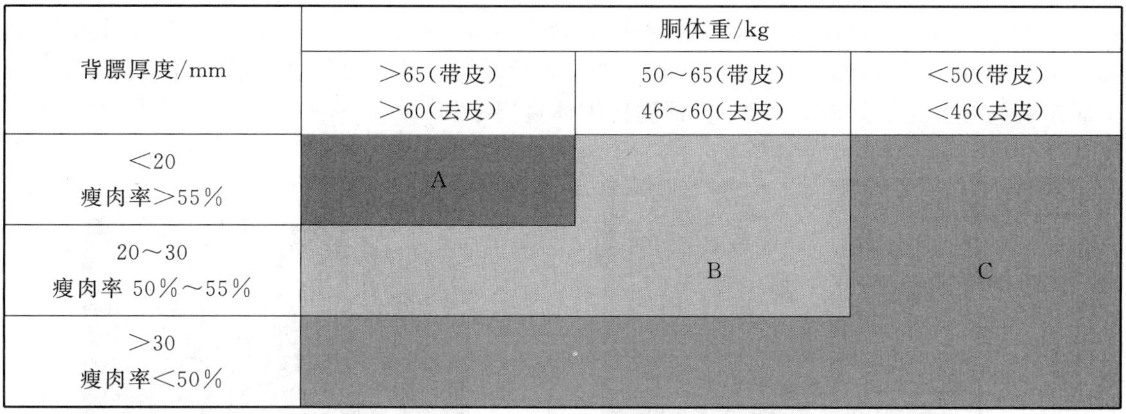

图3-7　猪胴体规格等级图

根据胴体外观、肉色、肌肉质地、脂肪色将胴体质量等级从优到劣分为Ⅰ、Ⅱ、Ⅲ三级(表3-1)，如果有一项指标不符合要求，应适度调低等级。

表3-1　胴体质量等级要求

项目	Ⅰ级	Ⅱ级	Ⅲ级
胴体外观	整体形态美观、匀称，肌肉丰满，脂肪覆盖情况好。每半胴体允许表皮修割面积不超过1/4，内伤修割面积不超过150 cm^2	整体形态较美观、较匀称，肌肉较丰满，脂肪覆盖情况较好。每半胴体允许表皮修割面积不超过1/3，内伤修割面积不超过200 cm^2	整体形态、匀称性一般，肌肉不丰满，脂肪覆盖一般。每半胴体允许表皮修割面积不超过1/3，内伤修割面积不超过250 cm^2
肉色	鲜红色，光泽好	深红色，光泽一般	暗红色，光泽较差
肌肉质地	坚实，纹理致密	较为坚实，纹理致密度一般	坚实度较差，纹理致密度较差
脂肪色	白色，光泽好	较白略带黄色，光泽一般	淡黄色，光泽较差

根据胴体规格等级和胴体质量等级将胴体综合等级分为AⅠ、AⅡ、AⅢ、BⅠ、BⅡ、BⅢ、CⅠ、CⅡ、CⅢ，其中AⅠ为一级，AⅡ、AⅢ、BⅠ为二级，BⅡ、BⅢ、CⅠ为三级，CⅡ、CⅢ作为四级（表3-2）。

表3-2　胴体综合等级表

规格	质量		
	Ⅰ	Ⅱ	Ⅲ
A	AⅠ（一级）	AⅡ（二级）	AⅢ（二级）
B	BⅠ（二级）	BⅡ（三级）	BⅢ（三级）
C	CⅠ（三级）	CⅡ（四级）	CⅢ（四级）

3.3.1.2　猪胴体分级技术

国内大多数企业采用人工主观分级，仅有少数企业采用自动分级技术。自动分级技术包括视觉图像技术、超声波技术、光电探针技术等。

视觉图像分级技术主要通过高清摄像头获取猪胴体的部分性状，经过高性能图像显示卡，将其转化为数字图像并通过工业计算机再现出来。通过系统的图形处理软件识别胴体结构，计算出胴体瘦肉率及各分割肉块的瘦肉含量（图3-8）。目前该套系统主要在欧洲国家应用，尤其是德国、法国等，我国先后也有企业引进了该套系统。其主要原理是根据臀中肌膘厚和臀中肌末端到脊髓边缘处的垂直距离，预测猪胴体瘦肉率。

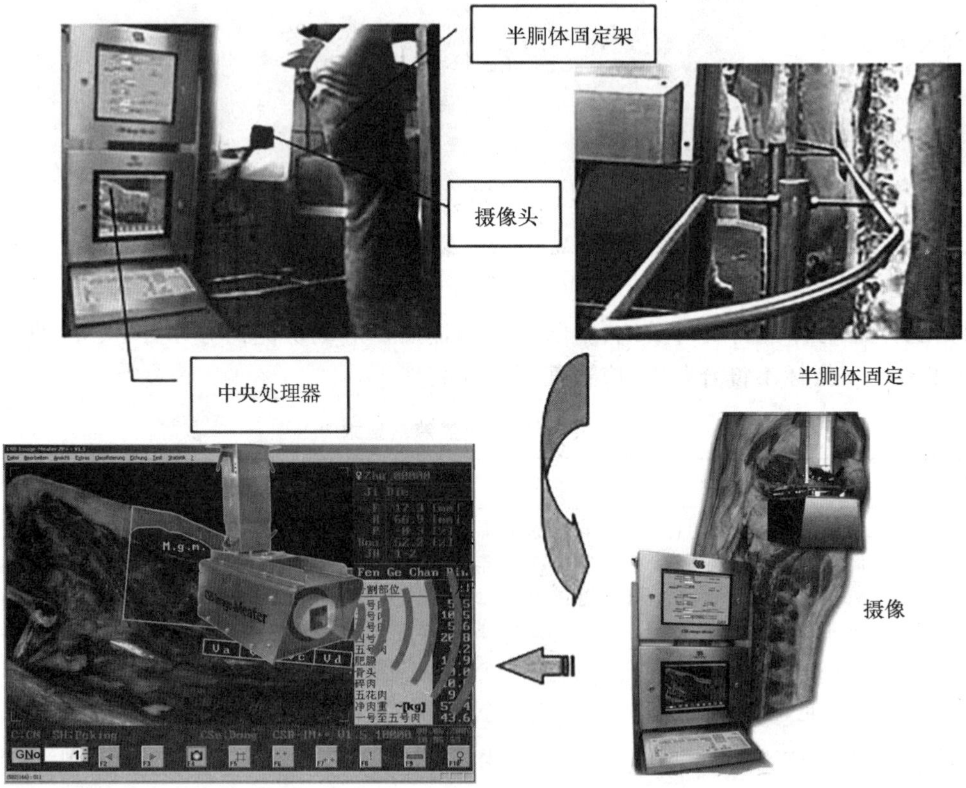

图3-8　CSB-Image Meater猪胴体分级系统

超声波分级技术主要是根据动物肌肉组织和脂肪组织对超声波的响应存在差异，据此测定胴体背膘厚度、背腰肉厚度及眼肌面积等，进而预测胴体的瘦肉率，对猪胴体进行分级。该分级系统包含 16 个固定的超声波转换器，转换器可对猪胴体进行自动三维扫描，根据扫描所得到的背膘厚度、背腰肉厚度、眼肌面积等信息，预测胴体产瘦肉率和分割肉块中瘦肉的重量和百分含量(图 3-9)。

图 3-9 超声波分级系统模拟图

光电探针分级技术主要是运用光电技术探测猪胴体特定位置背膘厚和眼肌厚度，在此基础上估测胴体瘦肉率。光电探针分级技术设备价格相对较低、精确性较高，在屠宰企业有着广泛的应用。国内也有不少大型屠宰企业引进了相关设备(表 3-3)。光电分级仪主要是根据第三、第四根肋骨之间的背膘厚和眼肌厚度或者最后一根肋骨处背中线附近的膘厚加上倒数第三、第四根肋骨之间的背中线附近的膘厚与眼肌厚度来估测猪胴体瘦肉率。一般都与追溯系统直接相连，应用相应的程序直接输出每头猪的胴体瘦肉率，方便快捷，适用于大型屠宰场快速生产的需要。

表 3-3 不同类型光电分级仪

设备名称	生产国	特点
亨氏背膘厚度测量仪	新西兰	准确性高，自动记录数据
阿尔斯特探测仪	英国	准确性较差，但自动记录数据
丹麦肉脂测定仪	丹麦	同时测量背膘厚度和眼肌厚度并能自动记录数据
亨氏分级测定仪	新西兰	同时测量背膘厚度和眼肌厚度并能自动记录数据
肉脂仪	加拿大	同时测量背膘厚度和眼肌厚度并能自动记录数据

3.3.2 胴体分割

胴体分割可分为粗分割和精细分割，是屠宰加工企业实现产品增值的重要环节。在生产实践中，分割线至少应包括胴体的初分割和精细分割两个环节，其中初分割相对简单，位于分割线的前端，所需人力数和空间小；而精细分割相对复杂，所需人力数和空间大。

3.3.2.1 粗分割方法

通常将半胴体分割成前中后三段，之后再做进一步分割(图3-10)。

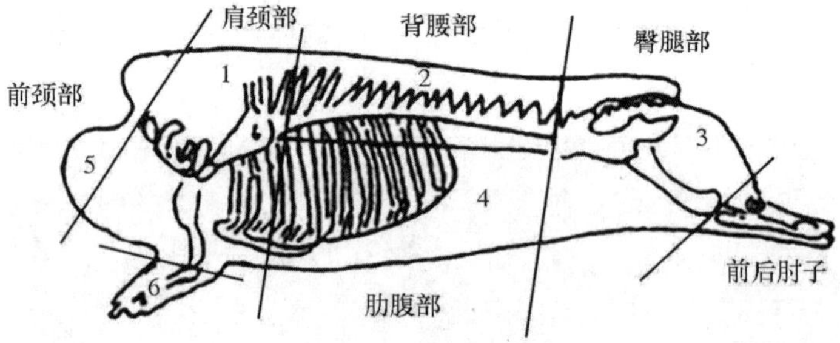

图3-10 我国猪胴体部位分割图

1.肩颈肉 2.背腰肉 3.臀腿肉 4.肋腹肉 5.前颈肉 6.肘子肉

(1)肩颈肉 俗称前槽、夹心。包括颈背肉(俗称一号肉、梅肉)和前腿肉(俗称二号肉)。分割位置:前端为第1颈椎,后端为第4～5胸椎或第5～6肋骨间,与背脊线垂直方向切断。

(2)臀腿肉 俗称后腿、四号肉。在最后腰荐结合处,沿背脊线垂直方向切断。

(3)背腰肉 俗称大排、三号肉,包括外脊和里脊。切除肩颈部和臀腿部后剩余的中段,在距椎骨4～6 cm处平行切开即得。

(4)肋腹肉 俗称软肋、五花肉。中段切除背腰肉所得部分。

(5)前臂和小腿肉 俗称肘子、蹄膀。前臂上从肘关节、下从腕关节切断,小腿上从膝关节、下从跗关节切断。

(6)前颈肉 从第1～2颈椎处,或第3～4颈椎处切断。

3.3.2.2 精细分割

猪胴体可分割成近100个批发产品,其中主要分割肉切块有50～60个(表3-4),分割产品涉及带骨和去骨产品、带皮或去皮产品以及西方特殊烹调用途的产品(如法式肋排等)。大体分割方式如图3-11所示。该标准不仅规范了猪胴体的分割方法,还规范了分割肉的编码方法、宰前饲养、分类方法、屠宰方式、分级方法、冷却方法、包装方法等,对指导猪肉的进出口贸易具有重要指导意义。

表3-4 《联合国欧洲经济委员会猪肉标准》产品目录

编码	分割肉名称	编码	分割肉名称
4000	全胴体	4165～4167	胸肋骨
4001	半胴体	4170	蹄髈
4002	六分体	4172	猪蹄
4003	六分体(特殊分割方法)	4175	前猪爪
4004	八分体(特殊分割方法)	4176	后猪爪
4009～4010	后四分体	4180	胸肉
4011	烤乳猪(全)	4181	肩胛下肉
4012	烤乳猪(劈半)	4182	方切肩肉
4013～4015	长切后腿(四号肉)	4183	肩肉(背三头肌)
4016～4018	短切后腿	4200	长切后腿(去骨),四号肉
4021～4026	前四分体	4240	肩胛肉

续表 3-4

编码	分割肉名称	编码	分割肉名称
4029～2032	方切前腿	4241	上脑(去骨)
4044	前腿(去肋骨和肩背肉),二号肉	4245	肩背肉(去骨),一号肉
4045	前腿切块(去肋骨和肩背肉)	4280	里脊
4046～4049	上脑	4290	臀肉
4050～4055	前腿野餐肉	4300	大小米龙
4059～4062	肩背肉	4301	黄瓜条
4069～4072	中段	4305	臀腰肉(去骨)
4079～4082	胸腹肉	4310	膝圆,和尚头
4098～4101	背腰脊	4311	后腿三切块(臀肉、大小米龙、和尚头)
4102～4105	背腰脊(去骨)	4312	后腿四切块(臀肉、大小米龙、和尚头、腱子肉)
4108～4111	通脊(去除肩胛肉)	4313	后腿五切块(臀肉、大米龙、黄瓜条、和尚头、腱子肉)
4113	通脊切块(上脑、背腰脊、里脊、臀腰肉)	4314	后腿六切块(臀肉、大米龙、黄瓜条、和尚头、腱子肉、臀腰肉)
4130	臀腰肉(带骨)	4319～4322	中段(去骨)
4140～4147	通脊	4329～4332	胸腹肉(去骨),五花肉
4159	腰椎骨	4333	胸腹肉(附腹肋肉)
4160	胸肋骨	4335	肩野餐肉
4161	背肋骨	4340～4343	背腰肉,三号肉
4162	肋排	4350	槽头肉
4163	背肋排	4360	腰肉
4164	短肋排	4361	通脊肉
7680	肩膘	4470	碎肉
7685	背膘		

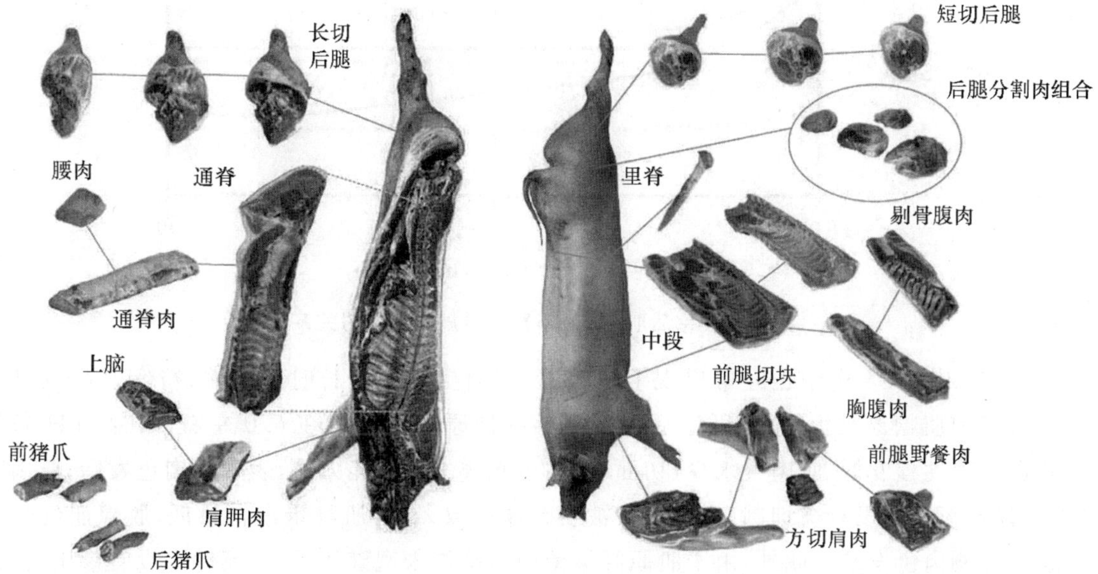

图 3-11　胴体分割示意图

3.4 冷却肉品质控制技术

在过去肉类匮乏的年代，消费者很少关注肉品的质量。随着经济收入的增加，消费者对猪肉质量的关注程度不断提升，优质安全成为肉类消费的主要方向和趋势。对于猪肉而言，PSE是最常见且突出的品质问题，给企业带来较大的损失。其主要控制技术包括品种选育、养殖管理模式、宰前工艺优化等。

3.4.1 PSE猪肉产生原因

PSE(pale，soft，exudative)肉是以失水严重、肉色苍白、质地松软为特征的异质肉。正常情况下，宰后肌肉发生糖酵解，产生大量乳酸，使肌肉 pH 在 9～16 h 内下降到 5.5 左右，肌肉线粒体摄氧功能被抑制，肌肉色泽鲜艳、质硬、切面无汁液渗出。

含氟烷基因或RN-基因的猪对环境因素非常敏感，在运输、待宰等过程中极易发生应激反应，宰后肌肉 pH 快速下降，温度上升，蛋白质变性，且极限 pH 可达 5.4 甚至更低(图 3-12)，在此条件下，肌浆蛋白变性凝集，肌原纤维收缩，肌肉持水能力下降，不易流动水减少，自由水增多并从肌纤维中渗出，肉切面的光反射和折射能力增强，使肌肉色泽变淡；由于蛋白质变性和肌原纤维间的不易流动水流失，使得原有的饱满结构变得松弛，表现为质地松软，产生PSE肉。另外，待宰或屠宰的工艺不当，如电压或频率过高、电击时间过长、屠宰后没有及时预冷，是导致PSE肉的主要原因。

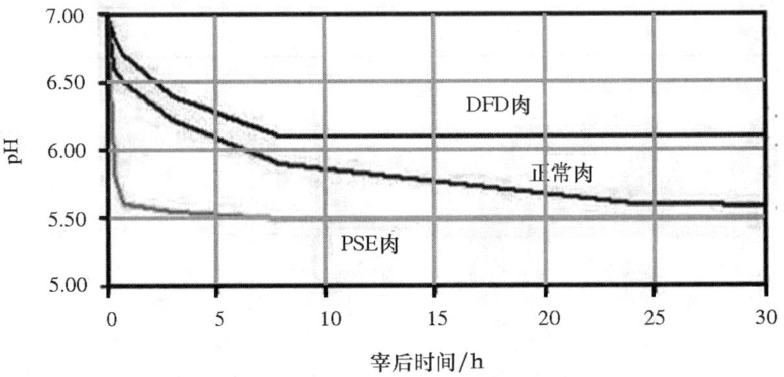

图 3-12 宰后肌肉 pH 下降与异质肉发生的关系

除PSE肉外，生产中也经常出现DFD肉。宰前生猪经过长时间运输、待宰、混群、打斗等，导致宰前肌糖原被大量消耗，宰后没有足够的糖原，pH 维持在 6.0 左右。在高 pH 条件下，蛋白质变性程度低，肌肉失水少，切面干燥，对光线的反射能力差，表现为肉色发暗；肌肉中的线粒体摄氧功能没有被抑制，大量的氧被线粒体摄取，氧合肌红蛋白含量低，脱氧肌红蛋白含量高，加剧肉色发暗。此外，由于肌原纤维蛋白质结构未遭破坏，不易流动水没有渗出，使得肉质较硬，产生DFD肉。

与正常肉相比，PSE肉持水能力低，宰后贮藏过程中会有大量汁液流失，在加热过程中，蛋白质进一步变性，水分损失更加严重，最终食用品质（嫩度、多汁性和风味）较差，不适合于加工蒸煮火腿、香肠等对持水能力要求较高的产品，但可用于加工干制品、腌腊制品等。

3.4.2　PSE肉控制技术

1. 宰前管理

在养殖环节适量使用维生素E等饲料添加剂，提高动物机体的抗氧化能力和免疫力，可在一定程度上降低应激反应；在运输环节，尽量避免长距离（500 km以上）运输，运输车辆装载密度适当，有适当的防暑、防寒、防雨措施，避免混群，装卸载、驱赶过程中避免鞭打、电击驱赶、大声吆喝等。

在技术层面，卸载生猪时应保持安静，动作平缓；控制待宰圈密度，不混群，对具有攻击性的生猪实施隔离，配备淋浴系统和操作规程；驱赶时采取相关措施，降低应激，如保持安静，降低噪声，使用赶猪板，少用电棒等。在设施设备方面，通过设置防滑卸猪台等，减少动物应激。

2. 致昏

致昏是动物福利的重要措施。但致昏方式或参数不当，可导致异质肉的发生。电击昏所用电压和频率对肉品品质影响较大，中压低频（300 V、50 Hz）电击昏时PSE肉发生率为18.5%，高压低频（700 V、50 Hz）时为15.1%，低压高频（70～80 V、2 400～3 000 Hz）时仅为4.0%。在实际生产中多采用中压低频电击昏。缩短电击昏和放血的时间间隔（一般不超过3～5 s），即在猪出现严重痉挛（指前腿快速颤动）之前刺杀，可降低出血斑的发生率。如果电击昏不当，会引起肌肉内瘀血、胴体或肌肉表面有出血斑点等问题。电击昏时，电压过高或电击昏时间过长，可引起呼吸中枢和血管运动中枢麻痹，导致心力衰竭、心脏收缩无力而放血不全；当刺杀放血部位不正确，未完全切断颈动、静脉，造成血液不能充分流出；采用刺破心脏放血，心脏完整性受到破坏，心收缩无力，全身血液不能充分排出；放血时间短，很快转入浸烫池，会引起瘀血。如果电击昏操作不当，还会引起断骨、毛细血管破裂等问题。电压越高，越易出现断骨，因此，在高电压条件下，击昏时间应尽可能短，如电压320 V，2 s。高电压条件下，肌肉强烈收缩，导致毛细血管爆裂，出现血斑或血块。研究显示，高压低频（如240 V，50 Hz）的效果要优于低压高频（如97 V，1 700 Hz）或低压低频（80～125 V，50 Hz）。另外，应避免"二次电击昏"的发生，否则会加重毛细血管的爆裂和血斑的发生。气体致昏时，使用二氧化碳与氩气的混合气体，可减轻单纯二氧化碳致昏引起的应激，同时可缩短致昏时间，可降低出血斑点、瘀血及PSE肉的发生率，降低滴水损失，但对肉的极限pH和肉色没有影响。对于含氟烷基因的生猪，高浓度二氧化碳致昏可在一定程度上减缓宰后pH的快速下降，降低PSE发生的概率。

3. 宰后冷却

冷却不仅可以降低微生物生长，延缓腐败变质，而且可避免肌肉pH的快速下降引起的PSE肉。目前，国内绝大多数企业都采取常规冷却（−1.5～7℃，16～24 h），也有少数企业采取两段式冷却：先快速冷却（−30℃，30 min，1～4 m/s）1～2 h，在此情况下，胴体须转入常规冷却条件（−1.5～7℃）下继续冷却20～24 h，使肉的中心温度达到−1.5～7℃。

第 4 章
肉制品加工的技术进步

本章内容提要

中国饮食文化博大精深，肉制品种类达上千种，腌腊制品和酱卤制品等一直是中国肉类消费的主流。但这些传统的肉制品加工工艺大多比较落后，难以满足现代工业化加工及消费发展需求。改革开放以来中国肉类加工业实现了初步的现代化技术改进，积极引进发达国家肉制品加工技术和设备，广泛采用 HACCP、GMP 管理和 ISO 认证(张佳敏，2010)。随着对外来技术的消化吸收，应用先进的技术和设备对中国传统肉制品工艺进行改进，使传统肉制品既保留传统特色风味，又实现了规模化加工和严格的卫生安全控制，改进产品包装和储藏运输方式，尽可能延长产品保质期，适应现代快捷化、方便化的消费市场，成为中国肉类产业发展的必然要求。

4.1 西式低温肉制品加工技术

4.1.1 解冻分割

4.1.1.1 解冻

食品解冻的目的是使食品温度回升到必要的范围，并保证最完善地恢复其原有的性质，肉的解冻也就是冻肉中的冰晶融化再吸收热的过程。

解冻过程中，由于食品温度的回升使物理化学和生物化学反应的速度加快，同时汁液的渗出又创造了微生物活动的有利环境，因此解冻的操作必须谨慎仔细，解冻后应立即加工，以免引起不必要的损失。

1. 解冻方法

(1)空气解冻法　环境温度:12～15℃,相对湿度:80%～90%,风的流速:1～1.5 m/s,时间需要 15～25 h,解冻间内装有紫外灯。采用这种方法会引起较多的肉汁损失。

(2)低温微风解冻法　即是将 1 m/s 左右的低风速加湿空气送入 0～5℃的冷藏库,使冻结肉在 14～24 h 中尽可能均匀地解冻。这种方法可以使冻结肉表面和中心温度长时间保持在－1～5℃,内外部的温度差极小,18～19 h 可达到半解冻状态,这也是加工中适宜的温度。用其他解冻方法也可以在短时间内解冻,但冻结肉的内外温度差大,质量变化不好控制。使用这种解冻方法,可以控制解冻时间,解冻后,在环境条件不变的情况下,可较长时间保持肉的质量。另外,解冻后肉质的硬度较均匀,在加工时可以提高工作效率。虽然增加了费用,但提高了出品率,同时,可提高制成品的质量。因此,与其他方法相比,这种解冻方法还是较为优越的。

(3)流水浸泡解冻法　将冻肉放入专用的解冻池中,自来水由池底注入,再由池面溢出。解冻时,水温不能超过 30℃。这种方法所需设备简单,解冻快,成本低,但肉中可溶性营养素有所流失,风味成分减少,且易被细菌污染,肉的色泽和质量均有一定下降。

(4)其他　目前较先进的还有微波解冻法和加压解冻法等。

2. 注意事项

(1)解冻后的原料中心肉温度为 0℃。

(2)码放的肉不能过多。

(3)要注意用具的卫生,每日使用完毕要彻底洗刷消毒。

(4)环境温度不能过高。

(5)解冻完的肉要立即加工,不得重复冻结与解冻。

(6)防止交叉污染。

4.1.1.2　分割

1. 工具

(1)工具的种类　见图 4-1。

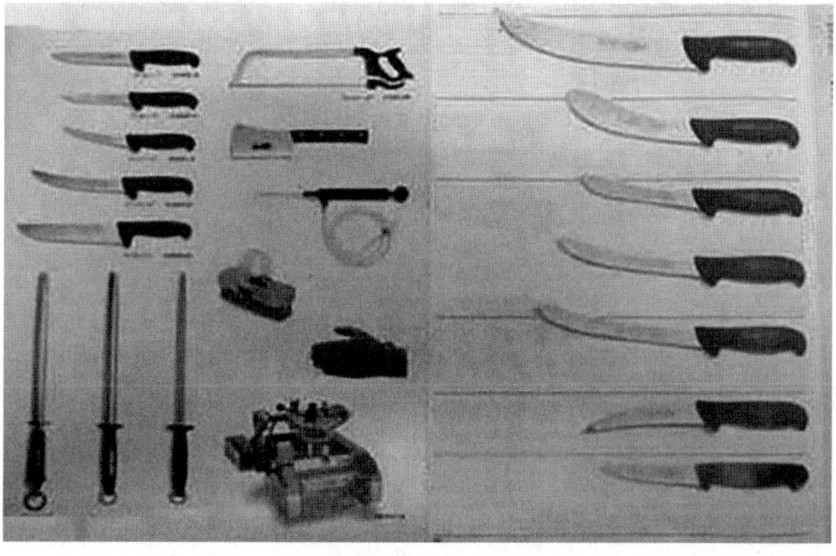

图 4-1　分割工具

(2)磨刀的基本要求　磨刀要用磨刀机或专用磨刀石。磨刀石包括粗磨刀石、细磨刀石和油石三种。粗磨刀石的主要构成成分是黄沙,质地松而粗,多用于磨有缺口的刀和新刀开刃。平常磨刀时先在粗磨刀石上磨。细磨刀石的主要成分是青沙,质地坚实,容易将刀磨快又不易损伤刀口。油石窄而长,是人工用非常坚硬的沙石合成制造的。一般磨刀时先在粗磨刀石上磨出锋口,再在细磨刀石上磨快,这样二者结合,能缩短磨刀时间。磨刀一般要求每日一次,可安排在班前或班后。

2.剔骨与整理

(1)剔骨　目前,国内外关于分割肉的加工有两种方法:

一种是热剔骨,是将屠宰后的35～38℃的热鲜肉立即进行分割加工。这种方法的优点是操作方便、出肉率高、脂肪易于修整、肌膜完整。但在炎热季节,室外气温较高,加工过程中容易受微生物的污染而出现表面发黏,肉的色泽恶化,品质下降等问题;同时由于大量的热鲜肉进入分割间,使分割间的热负荷增大,导致室内温度不易控制。

另一种称为冷剔骨,是将鲜肉冷却到0～2℃再进行剔骨分割。这种方法的优点是:污染减少,产品色泽、形态和品质都有显著提高;但肥肉的剥离、剔骨、修整都比较困难,肌膜易于破裂,刀伤肌膜严重,包装不太方便。剔骨操作的总要求是要用剔骨专用刀,剔除全部硬骨和软骨。剔骨时应尽量保持肉的完整性(即尽量保持肌肉组织外表的肌膜的完整性),下刀要准确,避免碎肉及碎骨碴,剔骨时要用尖刀沿着骨膜进刀或连同骨膜(骨外结缔组织包膜)剔割下来,尽量降低骨上所带的肉量。

(2)整理　整理包括去骨,修除对产品质量有不良影响的瘀血、伤肉、黑色素肉,割除粗血管及全部淋巴结,修去粗组织膜,并检查遗留碎骨及清除表面污物等。整理后的肉按产品的要求修割(切块、切条或切片)。

3.修割标准

(1)猪肉的标准　见图4-2和表4-1。

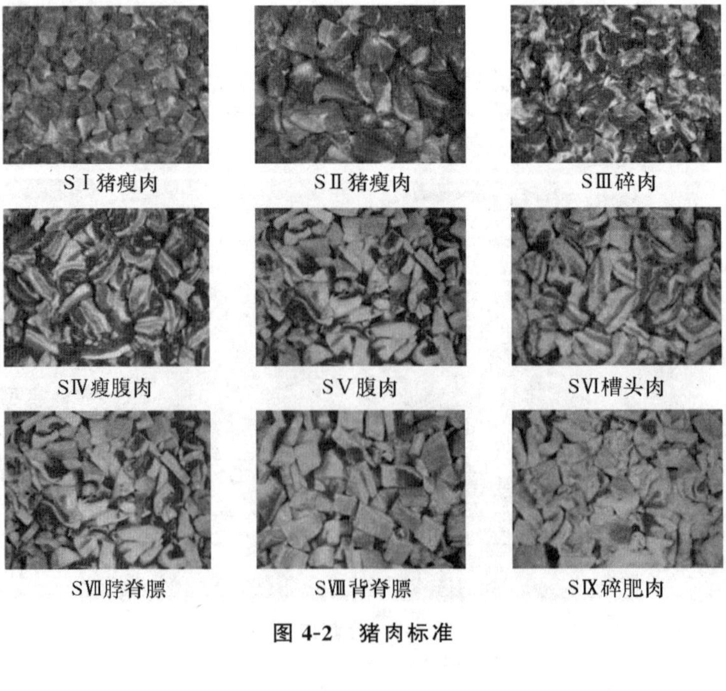

图4-2　猪肉标准

表 4-1　各类分割后猪肉的成分(S=猪肉)

原料肉	水分	脂肪	蛋白质	纯蛋白不包括胶原蛋白
SⅠ瘦猪肉	75	5	20	19
SⅡ瘦猪肉	71	10	19	17.5
SⅢ碎肉	70	11	19	16.1
SⅣ瘦腹肉	53	33	14	11.9
SⅤ腹肉	32	60	8	6.8
SⅥ槽头肉	40	50	10	7
SⅦ脖脊膘	17	78	5	2.6
SⅧ背脊膘	8	90	2	0.3
SⅨ碎肥肉	25	70	5	2.5

4.1.2　腌制

自古以来,肉类腌制就是肉的一种防腐贮藏方法。公元前 3 000 多年,人类就开始用食盐保藏肉类和鱼类,至今肉类腌制仍普遍使用。但今天的腌制目的已从单纯的防腐保藏,发展到主要为了改善风味和颜色,以提高肉的品质。

用食盐或以食盐为主,并添加硝酸钠(或钾)、蔗糖和香辛料等腌制材料处理肉类的过程称为腌制。通过腌制使食盐或食糖渗入肉品组织中,降低其水分活度,提高其渗透压,以有选择地控制微生物的活动,抑制腐败菌的生长,从而防止肉品腐败变质。

腌制的目的可归纳为:

(1)防腐保存;

(2)稳定肉色;

(3)提高肉的保水性;

(4)改善肉的风味;

(5)促进口感、弹性及切片的一致性。

腌制方法可分为干腌、湿腌、盐水注射、混合腌制法四种。

4.1.2.1　干腌法

干腌法是将食盐或混合盐,涂擦在肉表面,然后层堆在腌制架上或层装在腌制容器内,依靠外渗汁液形成盐液进行腌制的方法。食盐的渗透压和吸湿性的作用,使肉的组织液渗出水分并溶解于其中,形成食盐溶液,但盐水形成缓慢,盐分向肉内部渗透较慢,腌制时间较长。因此,这是一种缓慢的腌制方法。但腌制品有独特的风味和质地。干腌法腌制后制品的重量减少,并损失一定量的营养物质(15%～20%)。损失的重量取决于脱水的程度、肉块的大小等,原料肉越瘦、温度越高损失重量越大。由于腌制时间长,尤其是带骨火腿,表面污染的微生物很易沿着骨骼进入深层肌肉,而食盐进入深层的速度缓慢,很容易造成肉的内部变质。采用干腌方法的优点是简单易行,耐贮藏。缺点是咸度不均匀,费工,制品的重量和养分减少较多。

4.1.2.2　湿腌法

湿腌法将肉浸泡在预先配制好的食盐溶液中,并通过扩散和水分转移,使腌制剂渗入肉内部，并得到比较均匀的分布，常用于腌制分割肉、肋部肉等。湿腌法中，盐的浓度很高。肉类腌制时，首先是食盐向肉内渗入而水分则向外扩散，扩散速度决定于盐液的温度和浓度。高浓度热盐液的扩散率大于低浓度冷盐液。硝酸盐也向肉内扩散，但速度比食盐要慢。瘦肉中可溶性物质则逐渐向盐液中扩散，这些物质包括可溶性蛋白质和各种无机盐类。为减少营养物质及风味的损失，一般采用老卤腌制。即老卤水中添混食盐和硝酸盐，调整好浓度后再用于腌制新鲜肉，每次腌制肉时总有蛋白质和其他物质扩散出来，最后老卤水的浓度增加，因此再次重复使用时，腌制肉的蛋白质和其他物质损耗量要比用新盐液时的损耗少得多。卤水愈来愈陈，会出现各种变化，并有微生物生长，糖液和水给酵母的生长提供了适宜的环境，可导致卤水变稠并使产品产生异味。湿腌的缺点就是其制品的色泽和风味不及干腌制品，腌制时间长，蛋白质流失(0.8%～0.9%)少，含水分多不宜保藏。

4.1.2.3 盐水注射法

为了加快食盐的渗透，防止腌肉的腐败变质，目前广泛采用盐水注射法。这是因为通过机械注射，不但增加了出品率，同时盐水分散均匀，再经过滚揉，使肌肉组织松软，大量盐溶性蛋白渗出，提高了产品的嫩度，增加了保水性，颜色、层次、纹理等得到了极大的改善，出品率也大大提高了。同时，也大大缩短了腌制周期。盐水注射的优点在于：可以预先计算出各种添加剂的添加量；可以制造出添加剂更加均匀分布的制品；可以利用多种添加剂；可以提高制品的出品率；还可以节省人力。目前的盐水注射是通过数十乃至数百根规则排列的注射针完成的，注射机分低压注射(注射压力3～5 bar)和高压注射(10～12 bar)两种(1 bar＝100 kPa)。低出品率高档产品一般多采用低压注射，高出品率多充填物的产品则采用高压注射。使用低压注射机无法成功地注射高压注射机制作的产品，同样高压注射机也无法制作出低压注射的产品。

4.1.2.4 混合腌制

这是利用干腌和湿腌互补的一种腌制方法。用于肉类腌制时，可先行干腌而后入容器内用盐水腌制。

注射腌制法也常和干腌或湿腌结合进行，这也是混合腌制法，即盐液注射入鲜肉后，再按层擦盐，然后堆叠起来，或装入容器内进行湿腌，但盐水浓度应低于注射用的盐水浓度，以便肉类吸收水分。

干腌和湿腌相结合可以避免湿腌法因食品水分外渗而降低腌制液浓度；同时，腌制时不会像干腌那样促进食品表面发生脱水现象；另外，内部发酵或腐败也能被有效阻止。

4.1.2.5 注意事项

无论是何种腌制方法在某种程度上都需要一定的时间，因此，第一，要求有干净卫生的环境。第二，需保持低温(2～4℃)，但环境温度不宜低于2℃，因为这将显著延缓腌制速度。这两种条件无论在什么情况下都不可忽视。盐腌时一般采用不锈钢容器，近年来使用合成树脂作盐腌容器的较多。

肉腌制时，肉块重量要大致相同，在干腌法中较大块的放最低层并脂肪面朝下，第二层的瘦肉面朝下，第三层又将脂肪面朝下，依此类推，但最上面一层要求脂肪面朝上，形成脂肪与脂肪、瘦肉与瘦肉相接触的腌渍形式。腌制液的量要没过肉表面，通常为肉量的50%～60%。腌制过程中，每隔一段时间要将所腌肉块的位置上下交换，以使腌渍均匀，其要领是先将肉块移至空槽内，然后倒入腌制液，腌制液损耗后要及时补充。另外需要提到的是水浸：它是一道腌制的后处理过程，一般用于干腌或较高浓度的湿腌工序之后，为防止盐分过量附着以及污物附着，需将大块的原料肉再放入水中浸泡，通过浸泡，不仅除掉过量的盐分，还可起到调节肉内吸收的盐分的作用。浸泡时应使用卫生、低温的水，一般浸泡在约等于肉块 10 倍量的静水或流动水中，所需时间及水温因盐分的浸透程度、肉块大小及浸泡方法而异。

原料肉在传送带上一边向前移动，一边被上部的注射针注入腌制液。盐水注射的操作要领如下：

①开始注射前，做好准备工作，先用清水并使用专用工具或木块，放在注射针头部位，开启设备，将残留在注射机管道和针头中的料水排出后，更换注射用料水，再次启动直至新的料水喷出。

②根据设计注射率，将原料肉称取出一小部分(2～5 kg)，放在传送带上，调整注入的压力和传送带的速度，使注入量达到要求。即使注入条件相同，也会由于原料肉不同(是分割肉还是冻结肉)而产生注入量的差异，因此有必要预先调整运转条件。

③将原料平铺(火腿类不超过两层，其他原料不得重叠)在传送带上，有脂肪层的一面向上，进行注射。

④注射前的腌制液温度要求为 2～4℃。如留有剩余料液，检查如无异味，应先行使用，在使用过程中逐步加入新的料液。

⑤腌制液应尽可能地均匀注入，原料肉要分清注射次数且注意每次部位的变换。

⑥原料注射结束后必须进行称重，不足的部分用料水补充，若所补料液大于总标准注射量的 10%，则应进行二次注射，同时有必要调整注射压力和传送带速度，一般是加快传送速度。注射后肉温≤8℃。

⑦在注射机连续工作中，要不时对注射率进行核对，调整注射压力。如发现针头堵塞，应停止注射，卸取针头进行冲洗，直到畅通时，方可再次进行注射。

⑧随着腌制剂成分的复杂化，增加了细菌增殖的条件，因此机器在使用前后应认真地清洗干净，并每天使用高压气通洗针头，保持设备干爽。

注射时人员不得离开，以便在有异常情况时及时关机。

4.1.3　预处理

4.1.3.1　切碎

通过机械(冻肉切割机切丁机、切片机、切丝/条机)将鲜肉、冻肉或脂肪切割成符合要求的大小和形状，便于再进一步深加工。

4.1.3.2　绞肉

绞肉系指用绞肉机将肉或脂肪切碎。

绞肉机由送肉部分和肉的切断部分组成，已切成肉块的肉再经过绞肉机绞出来可消除原料肉种类不同、软硬不同、肌纤维粗细不同等缺陷，使香肠原料均匀，是保证其制品质量的重要措施。绞肉机分冻肉绞肉机和鲜肉绞肉机两种，主要是绞肉螺杆不同，同时鲜肉绞肉机具有剔出筋腱功能。绞肉机工作时，主要靠旋转的工作螺杆将料斗中的原料肉推挤到绞刀箱中的预切孔板处，利用转动的切刀刃和孔眼刃形成的剪切作用，将肉切碎，并在螺杆挤压力的作用下，将肉粒不断排出孔板外。绞肉机的绞肉形式分为一段式和三段式。一段式系指在二片金属筛板之间装一副绞刀。三段式系指在三片金属筛板之间装有两副刀，构成一个绞刀组。根据筛孔的大小选择绞肉形式，一般细孔筛板需要用三段式的绞肉方式。

在用绞肉机(grinder)进行细切前首先检查金属筛板和刀刃部是否吻合。检查方法是将刀刃部放在金属筛板上，横向观察有无缝隙。如果吻合情况不好，刀刃部和金属筛板之间有缝隙，在绞肉过程中，肌肉膜和结缔组织就会缠在刀刃上，妨碍肉的切断，破坏肉的组织细胞，削弱了添加脂肪的包含力，导致结着不良，因此要把刀和金属筛板编成组，避免混用。另外，如果每天都要使用绞肉机，则会由于磨损，使刀刃部和金属筛板的吻合度变差，因而最好在使用约50 h后，进行一次研磨。研磨时，不仅要磨刀刃，同时还要磨金属筛板的表面。

1. 原料要求

在用绞肉机绞碎之前，要先将原料肉和脂肪切碎，再分别将肉和脂肪冷却到－2～2℃，这样做的绞肉效果最佳。绞脂肪时需特别注意，每次的投入量要少一些，因为对绞肉机来说，绞脂肪比绞瘦肉的负荷更大，绞肉机一旦绞不动，脂肪就会融化，变成油脂。

2. 绞肉机的调整与安装

先固定螺杆筒，插入螺杆，装上刀具和金属筛板。需要注意的是以下四点：

(1)在插入螺杆时，要使电机输出轴端和螺杆正确连接。

(2)在安装刀片时，注意不要把刀片装反，刀的刃口要朝向孔板。

(3)安装孔板时，注意要使孔板圆周上的定位半圆孔和机座上的定位销对齐。

(4)刀片固定的松紧程度直接影响刀刃部和筛板的吻合程度，固定过紧，会妨碍刀具的旋转，同时还会使刀刃部和筛板产生摩擦升温。固定过松，在刀刃部和筛板之间就会产生缝隙，筋膜和结缔组织就会缠在刀上，从而影响肉的绞碎。正确的安装要领应该是在未完全拧紧的状态下，先少量地绞一点肉或脂肪，然后再拧紧。绞肉机不允许空转。

3. 绞肉的方法

组装调整结束后，就可以开始绞肉了。注意不要使肉的温度上升。因此，应特别注意在绞肉之前将肉适当地切碎块，肉温应不高于10℃，如果是冻肉，先使用冻肉切割机将其切成小块。肉适当切碎块，可以促使肉较快地从筛板孔中流出。如果在筛板面上有肉堵塞，这种情况下，就需要中止绞肉，卸下筛板，清除堵塞的肉，调整刀刃部和筛板的吻合度。如果使用钝刀具会导致肉被卷到中轴上，引起肉温上升，如果强行往里按，就会发生绞不动的情况。甚至将肉挤成糊状。在绞肉过程中肉温上升，肉馅的保水力就会下降，对制品质量产生不良影响。其原因主要有：①用孔径很小的筛板绞大块肉。②刀刃的切断能力差。③超量填肉等。也就是说对机械不要施加过大的负荷。绞脂肪比绞肉的负荷更大。在绞肉机最大负荷绞肉的情况下，如果脂肪投入量与肉投入量相等，会出现旋转困难的情况。所以，在绞脂肪时，每次的投入量要少一些。特别应该注意的是，绞肉机一旦绞不动，脂肪就会融化，变成油脂，从而导致脂肪分离。

4. 绞肉机的清洁

在每天下班之前都要对绞肉机进行拆卸后的清洗，特别对孔板及紧固件的凹槽处，要用毛刷仔细刷洗，然后用清水冲洗干净，所有部件洗净之后，擦去表面水分，把刀具编组保管好。

5. 绞肉机常用筛板的规格

腰形刀分φ25、φ16、φ13、φ10、φ8、φ5、φ3。其中，使用φ5、φ3出筋腱效果较好，适合乳化香肠或混合搅拌香肠的制作。φ25、φ16适合原料绞碎后加工再造火腿。φ13、φ10、φ8适合原料绞碎后腌制做装饰馅。

4.1.3.3　斩拌(cutting)

在一般的香肠制造中，斩拌起着极为重要的作用。

1. 斩拌作用

(1)肉蛋白质的活化作用：增加肉馅的保水性和出品率，减少油腻感，提高嫩度。

(2)改善肉的结构状况：使瘦肉和肥肉充分拌匀，结合牢固。提高制品的弹性，烘烤时不易出油。

(3)破坏结缔组织薄膜，使肌肉中蛋白质分子膨胀，原料肉馅产生黏着性且持水性提高。

2. 斩拌原理

整个肌肉细胞被包在一层结缔组织的膜(即细胞壁)之中，只要这层膜完整，肌动蛋白和肌球蛋白就只能保持组织内部的水分，不能保持外来水分，因此，在斩切的过程中必须把细胞壁打开，使细胞质能游离出来，结构蛋白的残片游离出来，吸收水分，并通过吸水膨胀后形成网状的蛋白质胶体。这种蛋白质胶体还能吸收脂肪粒，并且在加热时，能防止脂肪粒之间的结合，为稳定的结构提供了保障。

因此，在加水和冰以前进行必要的干斩切是非常有效的。在较干的情况下肌肉纤维的斩切较容易，斩拌效果特别好。如果能将所有的细胞斩开，再把游离出来的结构细胞再斩碎，那么效果将更好，但斩拌会引起肉温的急速升高，因此干斩是有限度的，只有对冰冻肉才可以在加水前进行强力斩拌。一般肉馅重量20%～35%的脂肪可以在通过斩拌形成的蛋白质网络中形成稳定的蛋白质-水-脂肪混合物，脂肪含量太高时，所需要的蛋白质网络要更强，这种稳定的混合物就难以形成。所以做产品时必须充分考虑蛋白质、水和脂肪的合理含量比。

3. 在操作之前的准备

要对斩拌机的刀具进行检查。如果刀刃部出现磨损、不锋利，虽然斩拌进行了，肉也不会产生黏着效果，也不会提高保水性。使用磨损了的刀进行斩拌，还会破坏脂肪细胞，使乳化性能下降，导致脂肪分离，呈现出油、出水现象。如果每天使用斩拌机，则最少每隔7 d要磨一次刀，还要保持每组刀具的重量误差在1 g范围内。因此在刀具的更换中，必须注意全部一起换掉，不得只换其中一把或几把。

4. 刀具的安装

首先应根据刀具主轴的旋转方向，确定刃口的朝向，并做到每个刀具之间的夹角、刃口方向一致。最后，要把紧固螺钉旋紧，刀刃和器皿要留有一只刮板厚的间隙约2 mm，并注意刀一定要牢牢固定在旋转轴上。如果固定得不牢固，在旋转中，刀就有可能飞出，发生事故。刀部清洗后要在器皿中添加一些冰块，对斩拌机进行冷却处理。

5. 斩拌作业方法

将瘦肉放入斩拌机内，注意肉不要集中于一处，要全面铺开，然后启动斩拌机。继而加入食盐、发色剂和磷酸盐及冰水。在加冰水后，最初肉会失去黏性，变成分散的细粒子状。但不久黏着性就会不断增强，最终形成一个整体。冰屑还有一个作用，就是保持操作中的低温状态。斩至肉温度在4～6℃时添加脂肪，在添加脂肪时，要一点一点地添加，使脂肪均匀分布。脂肪需提前绞细，若大块添加，则很难混合均匀，时间花费也较多，在这期间，肉的温度会上升，可部分加入剩余的冰控制肉温的升高。肉和脂肪混合均匀后，然后添加调味料和香辛料以及其他增量材料，结着材料。肉与这些添加材料均匀混合后，进一步加强了肉的黏着力。肉糜温度在12～15℃，应迅速取出。

6. 注意事项

在实际斩拌中，添加脂肪时应尽可能保持低温，并在瘦肉产生相当大黏性后，再添加脂肪，脂肪均匀分散成细粒状态后，要尽可能早一些结束斩拌作业。一般来说，肉馅中允许存在的油脂化的脂肪量为 5%，在此范围内，不会给制品质量带来不良影响，但如果超过 5%，同时又使用不透气薄膜肠衣，就会引起肠衣的脱离现象。

斩拌注意事项中，还有一个斩拌机容量和实际投入肉量的问题。例如，所使用的斩拌机的容积为 65 L，原料肉、辅料和水的总和不得超过 50 kg，否则斩拌时，肉料顶到斩拌机的盖，会造成切碎不够充分以及肉温上升等问题。反之，容量为 130 L 的斩拌机，投入量低于 10 kg，同样也会出现问题，对保水力和温度都会有不良的影响。另外，斩拌色拉米类的产品，每批的配料等于正常乳化产品的 1/2，因为原料肉在斩拌过程中始终处于冷冻状态下，体积较大。

7. 清洗

斩拌结束后，将盖打开，清除盖内侧和刀刃部附着的肉和辅料。附着在这两处的肉，不可就此放入斩拌过的肉馅内，应该与下批肉一起再次斩拌，或者在斩拌中途停一次机，将清除下的肉加到正在斩拌的肉馅内继续斩拌。斩拌结束后要认真地清洗干净，清洗部位重点应放在斩拌机的工作部位即剁刀、转盘、内壁、转盘护盖，先用洗涤剂进行认真清洗后再用清水进行冲洗，最后将水擦干，相关部位配件沥干水分。

4.1.3.4　乳化(emulsifier)

乳化机是通过刀片和孔板高速旋转切削，将绞细的肉、辅料和水混合好的肉馅加工成肉糜。乳化机与斩拌机的区别是：产能量大；肉糜细密度高；蛋白质析出较多；乳化效果一致；可上生产线连续生产；生产成本低；但只能生产肉糜产品；连续生产过程中无法停止；肉陷升温快。

4.1.3.5　搅拌(mixing)

搅拌机是用于搅拌和混合肉馅、香辛料等添加物的机器，在制造压膜火腿或香肠时，可以让肉之间产生摩擦，使原料混合均匀，还可用于腌制剂、料水等的混合等。在混合时为了除去肉馅中的气泡，常采用真空式搅拌。这种机械无切碎功能，可以弥补绞肉机和斩拌机的不足。

搅拌机是一种椭圆形容器的底部装有两根平行但旋转方向相反的轴的机械。在旋转轴上固定有桨状叶片。叶片与轴之间形成 45°左右的夹角，通过轴承旋转使里面的肉块前后上下运动。位于两端的叶片与船形槽壁相接的一端呈直角，可将挤到壁边上的肉铲起，送到槽的中央部。这样往复运行，使肉料与添加辅料混合均匀，达到各种肉制品加工工艺要求。

1. 操作要领

操作前要认真清洗叶片和搅拌槽。按照配方称量原料肉和脂肪。原料肉的大小与操作时间有一定的关系。一般先投入瘦肉，接着添加香辛料和调味料，添加时要洒到叶片的中央部，靠叶片从里侧向外侧的旋转作用，使肉与辅料分布均匀。脂肪的添加要放到最后，但还需根据脂肪的性质来决定。若脂肪较硬，搅拌时间过短，会影响肉块的结着情况，切片时脂肪会脱落，因此，在搅拌作业时，根据脂肪性质，有时可和原料肉一同投入。搅拌时间依据搅拌机的旋转速度和能力、制品种类、有无添加剂等不尽相同。一般说来，搅拌 5～10 min 是比较适当的，经搅拌，肉糜产生强有力的结着性后，然后关闭开关，将搅拌槽翻转，取出肉，并将附着在叶片上的肉清理干净。

搅拌香肠肉馅比搅拌火腿内馅叶片的转动速度要慢，才不会破坏材料的形态。添加的材料与肉馅均匀混合后，即可停止机器运转。在加工仅使用肉块的制品时，如果不加快转速，不较长时间地混合，肉的表面就不会破碎，因此结着力就会较弱。但是如果转速过快，时间过长，会因过度摩擦产生温度上升，结果会导致质量下降。相反，在加工肉馅与肉丁的混合制品时，转速要放慢，同时缩短搅拌时间，以免损伤肉的表面，但是搅拌时间过短，肉的混合会出现不均匀。

2. 清洗

操作前要认真清洗叶片和搅拌槽，防止将杂质带入产品中。作业结束后，将洗涤剂或含消毒剂的温水灌入搅拌槽，在手动状态下让搅拌机顺、逆两个方向运转几分钟，必要时用刷子清洗叶片和搅拌槽，再用清水漂洗。用高压水枪冲洗，效果更佳。旋转轴叶片的安全保护部位很容易附着肉，要特别注意彻底清洗。

4.1.3.6　滚揉(tumbling,massaging)

多针型盐水注射机的出现，使原来不能利用的物质得以利用，同时还可以预先计算出肉中添加剂的浓度。但是要发挥盐水注射器的效能，还必须借助于卧式滚揉机的作用。也就是说，肉内注入的添加剂，多集中在注射针孔附近，就连分子量比较低的食盐和亚硝酸钠，在放置4～5 d后，也会出现相对集中的情况。更何况分子量高的聚合磷酸盐、酪蛋白钠等蛋白系统的添加剂更易出现这种情况。这种添加剂相对集中的状态，会使制品的质量下降，因此作为使其分散、均匀分布的手段，在目前来说使用滚揉机是不可缺少的。

1. 滚揉的作用和目的

(1)加速腌制液的渗透与发色　卧式滚揉机利用物理性冲击的原理，使腌肉落下，揉搓肉组织，使肉的组织结构受到破坏，肉质松弛和纤维断裂从而大大提高渗透速度，也可使注入的腌制液在肉内均匀分布，从而吸收大量盐水，这样不仅缩短了腌制期，还提高了出品率和制品的嫩度。

(2)提取蛋白质　滚揉时由于肉块间互相摩擦、撞击和挤压，盐溶性蛋白从细胞内析出，它们吸收水分、淀粉等组分形成黏糊状物质，使不同的肉块能够黏合在一起，可起到提高结着性的效果。

卧式滚揉机的运转过程应在温度较低的条件下进行，外部温度不超过4℃，可在冷库中进行，或采用先进的外壁夹层带有制冷功能的滚揉设备。在滚揉过程中，同时要求真空抽到−0.09 MPa以下，有助于减少由于摩擦而引起的肉温上升和气泡的产生，抑制微生物的生长繁殖，提高腌制效果和增加产出。

机械设备类型和采用的工艺技术会影响按摩的效果。必须根据每台设备和每个产品的特点，制订出最适宜的工艺方案。

2. 按摩有两种工作模式

(1)短时间高强度按摩　无须间息连续滚揉几个小时。随后给予24 h静止腌制。

(2)长时间间歇式按摩　10 min滚揉，20 min静止，速度20 r/min。总工作时间大约15 h。

一般滚揉周期6个h大约8 000 r，连续式和间歇式滚揉效果没有明显区别。

长时间的按摩会使肉温升高，按摩间温度控制在0～4℃，在此温度肉蛋白的保水力最大，同时可以抑制细菌的生长。

在真空条件下滚揉(−0.8～−0.9 bar)可以减少气泡、泡沫的产生，避免产品断面凝胶的大量涌现。

采用真空滚揉对稳定颜色、提高出品率和切片性能都会产生效果。同时还要求使用真空灌肠机，在灌装或装模时也要避免产品内含有气泡，影响产品的切面效果。

3.滚揉标准和要求

(1)肉的柔软度　用手指按压肉块无弹性，中心部位与外表柔软度一致，捏住肉的一部分将其竖起，则上半部分即倒垂下来，毫无硬度的感觉。

(2)肉块表面被凝胶物质均匀包裹，但肉的块状和色泽仍清晰可辨。若将表面凝胶物质抹去，则修割时留下的刀痕和棱角全部磨去，纤维结构破坏，明显有"糊"的感觉。但糊而不烂，整个肉块仍基本完整。

(3)肉块表面粘手，有光泽，无稀的料水析出为佳。切开任何一块肉，内外色泽一致，均呈淡红色。

4.1.3.7　灌装(filling machine)

1.灌装的目的

(1)将肉中的空气排出；

(2)提高切片性、增加组织弹性、稳定肉色、延长保质期；

(3)定型、定量的作用；

(4)便于销售。

2.国际上肉类工业普遍采取的灌装机

(1)BELAM公司生产的火腿灌装机；

(2)VEMAG公司生产的香肠、火腿灌装机；

(3)KAP、ADP日本吴羽公司和旭化成公司生产的火腿肠灌装机；

(4)美国TOWNSEND公司和日本HIGHTECH公司生产的小香肠机；

(5)HANDTMAN公司生产的香肠、火腿灌装机；

(6)液压式灌肠；

(7)拱挤香肠灌装设备；

(8)汉堡、鸡块灌装设备；

(9)连续式真空包装机。

德国汉德曼(HANDTMANN)灌装机公司出品的填充机是通过旋转叶片或螺旋螺杆将肉挤出，并在中途用真空泵抽去空气。为了实现定量填充，还装有定量调整装置和压力控制装置。目前公司使用的汉德曼灌装机有VF80、VF200、VF620三种型号。

3.灌装方式

有直灌、定量灌装和定量扭节灌装三种形式。

4.灌装物质需满足的要求

(1)有弹性和可变形的；

(2)可压缩的；

(3)有润滑效果的；

(4)非易燃的；

(5)非爆炸的。

5.操作要素

机器运行之前，先要检查肉泵的零部件(泵转子、泵叶片和调节部件)是否安装正确，并确保肉泵内无杂物。灌肠机的下料螺杆、肉泵轴的润滑点和扭节器润滑点加食用油脂润滑。

原料肉的温度不应低于－4℃，温度过低，灌装出来的产品不仅会出现气泡造成产品真空不尽，而且还会影响制品的净含量。当灌装一些敏感的、高流动性的产品(产品流动性好)时，停止下料螺杆可防止空气混入。流动性好的产品甚至可采取非真空灌装(如猪肝、肠)。

开始刚灌装时，先低速运行直到所需定量的重量和灌装停顿等调定好为止，再选定到相应的灌装速度位置。灌装速度选择要对制品的原料、原料稀释程度、肠衣以及设备性能等因素进行综合考虑。灌装速度太快，制品中出现气孔，影响制品真空，甚至影响制品净含量精度。

在机器的运行过程中，要检查灌肠机的真空口，防止被肉泥堵死，否则将影响制品真空度和净含量。

4.1.3.8　扎结(cliper)

有手工线绳结扎和卡扣机械结扎。结扎要求卡扣要紧实，防止脱落和漏馅，卡扣与设备、肠衣种类及灌装直径要吻合，不宜过大或过小，并且外观要美。

结扎设备的特点及主要厂商：

(1)手动打卡机　有气动与机械制动两种。将肠衣剪段，每灌装一根用左手扎紧，置于打卡机卡槽处，右手将制动手柄压下，使卡扣机械地与肠衣卡紧。主要制造商有 POLY-CLIP、TIPPER TIE。

(2)半自动手动打卡机　比手动打卡机复杂，使用压缩肠衣，产品灌装直径要与打卡设备配套，通过手动制动只能一个香肠接着一个地连续生产，有切割和挂绳功能。主要制造商有 POLY-CLIP、TIPPER TIE。

(3)全自动打卡机　使用压缩肠衣，通过调节可以自动控制定量和香肠松紧，只需按动开启和停止开关，机械会自动连续式打卡充填。主要制造商有 POLY-CLIP、TIPPER TIE、ALPINA。

(4)半自动扭结机　只能适用于生产小直径产品，采用天然肠衣、玻璃纸肠衣、胶原蛋白肠衣和塑料肠衣。通过机械作用对香肠进行旋转，使其能够成为一根根定量、长度、粗细一致的香肠。主要制造商有 HANDTMAN、VEMAG、RISCO。

(5)全自动扭结充填机　只能适用于生产小直径产品，采用天然肠衣、玻璃纸肠衣、胶原蛋白肠衣。从肠衣供给到产出标准的香肠，并使香肠挂杆为全部自动化。主要制造商有 TOWNSEND、HIGHTECH。

4.1.4　烟熏

4.1.4.1　烟熏的目的

(1)酿成制品的独特风味。

(2)使外观产生特有的烟熏颜色。

(3)杀菌、防腐、脱水提高制品的保存性。

(4)增加肠衣牢度，减少断裂污染。

4.1.4.2　烟熏的副作用

(1)对烟熏制品造成污染。

(2)有一定的致癌作用。

(3)造成公害(对操作人员的影响、污染环境)。

4.1.4.3 烟熏方法

1. 直接烟熏法

在熏室内使木片燃烧生烟熏制的方法。

2. 间接发烟法

这是一种不在烟熏室内发烟,而是用烟雾发生器将烟送入烟熏室对制品进行熏烤的烟熏方法。

(1)烟熏的温度控制

①冷熏法 在30℃以下进行烟熏的方法。此法一般只作为带骨火腿、培根、干燥香肠、三文鱼等的烟熏,用于制造不进行加热工序的制品。缺点是烟熏时间长,重量减少大。优点是由于进行了干燥和熟成,提高了保存性,增加了风味。

②温熏法 在30~50℃范围内进行烟熏的方法,此温度范围超过了脂肪融点,所以脂肪很容易流出来,而且部分蛋白质开始凝固,因此肉质变得稍硬。这种方法用于熏制脱骨火腿和通脊火腿,烟熏后再进行蒸煮,也有用这种方法熏制培根的。缺点是烟熏时间过长,有时会引起制品腐败。

③热熏法 在50~80℃范围内进行烟熏的方法。在实际工作中烟熏温度大多在60℃左右,在此温度范围内,蛋白质几乎全部凝固。表面硬化度较高,而内部仍含有较多水分,富有弹力。可用此法快速干燥、烟熏,炉温超出限度,就很难再进行干燥,烟熏味也很难附着。因此,烟熏时间不必太长。

④焙熏法 超过80℃的烟熏方法,有时温度可升至140℃。用本法熏制的制品不必再进行热加工就可以直接食用。烟熏时间不必太长。

(2)不同的发烟方法

①燃烧法 这是将木屑倒在电热燃烧器上使其燃烧,再通过风机送烟的方法。该方法发烟和熏制分在两处进行。烟的生成温度与直火法相同,需减少空气流量和通过调整木屑的湿度进行调节。所产生的烟是靠送风机与空气一起送入烟熏室内,所以烟熏室内的温度基本上由烟的温度和混入的空气温度所决定。

②摩擦发烟法 该方法应用钻木取火的发烟原理。通过剧烈摩擦产生的热,使削下的木片热分解产生烟,靠燃渣容器内水的多少调节烟的温度。

③湿热分解法 该方法是将水蒸气和空气适当混合,加热到300~400℃后,使热量通过木屑产生热分解。因为烟和蒸气是同时流动的,因此变成潮湿的高温烟。一般送入烟熏室内的烟温度约为80℃,故在烟熏室内熏烟之前制品要进行冷却。冷却可使烟凝缩,附着在制品上。

3. 使用烟熏液

它是将烟熏液稀释后直接加入制品中,用量在200~400 mg/kg,因重量相差悬殊不可直接加入,否则不易拌匀。或将烟熏液通过特殊的喷雾装置与蒸煮箱相连,对灌装好的制品进行一定干燥后,再向制品表面喷洒烟熏液的方法,可以生产出质量稳定的熏制品。

4.1.4.4 烟熏要领

1. 开始前的准备

开始烟熏时,首先需要将制品表面清洗干净,将制品吊在烟熏室内,这是烟熏的必要条件。

火腿、培根的腌制一般都用水浸过，因此，一定要将表面的污物洗净。如果有被刀割过的肉片还附在制品上，或脂肪未清理干净，这里将不会有烟成分附着而产生烟熏斑驳。这不仅影响外观，还会从此部位开始出现腐败现象，使制品的保存性明显下降。

压缩火腿、肠类制品要在充填、结扎后在 40℃左右的温水中或干净的流动水中洗掉表面污物，最后按各种制品的特点，进行适当处理才可吊入烟熏室。但肠类制品在结扎时可以先吊起来，然后用较强的温水冲掉表面污物。

2. 烟熏注意事项

制品处理完成后，直接推入烟熏室进行烟熏。烟熏室内悬吊制品不要过多。制品装入过多，制品之间或制品与室壁之间就会相碰，使烟无法通过。这样不但会使制品出现斑驳，影响外观，还会导致腐败。烟熏室内的制品量过少也不好。制品量过少，就会加快室内温度、湿度变化，使制品产生烟熏环。

制品根据需要和烟熏室的情况，要吊在适当的位置。即使是同一个烟熏室，受烟量也不一样，受烟的流向及加热方法的影响。一般接近门口受烟少，越往里受烟越多，一定时间后才可以达到整体均等的烟熏效果。制品送入烟熏室，先关闭排气孔进行干燥，制品干燥的程度将影响烟熏上色的效果。

在烟熏作业时应特别引起注意的是绝不要有火苗出现。产生火苗的原因主要是空气的供给量过大，或烟熏材料过干。若有火苗出现，室内温度必然上升，以致很难达到烟熏目的。在这种情况下，要遮断空气的通路，给烟熏材料淋些水，防止火苗出现。

烟熏时温度过低，影响制品的质量。但如果过高，也会由于脂肪融化，肉的收缩，达不到制品质量要求。烟熏中，一定要经常注意温度，尽可能使温度保持在规定范围内。因而，门的开关、人的进出都要限制在最少程度。

烟熏结束后，必须立即从烟熏室内取出制品。如果继续放置在烟熏室内使其冷却，会引起收缩，影响外观。不过从烟熏室取出制品后，也不可放在通风处。通风条件好，会引起制品明显收缩。烟熏后的制品应该在不通风的地方慢慢地冷却。

3. 烟熏材料

适合烟熏的材料应该是树脂含量少、香味好并可产生较多防腐性的物质。符合这些条件的烟熏材料有硬木中的樱木、橡木、山核桃木、桦木、杨木、白杨木、杜松木等。杉木、丝柏木、娑罗双木和松木含树脂多，易产生油烟，所以容易使制品受到污染。树脂含量多的烟熏材料易产生黑烟子，使制品发黑，而且由于含有很多萜烯类成分，熏味也不好。柿子树、桑树等树脂含量虽不太多，但会产生异味。另外，软木之所以不受欢迎，是因为在其燃烧发烟后，可产生比硬木更多的环式炭化氢的致癌物质。

烟熏材料绝不是一定要使用木材，像稻壳和玉米秆就是很好的烟熏材料。目前行业普遍使用的有 MAVRER 烟熏炉、ATMOS 烟熏炉、FESSMANN 烟熏炉、NESS 烟熏炉等，它们皆是集干燥、烟熏、蒸煮、发色等多种食品加工工艺于一体的多功能全自动烟熏炉。

4.1.5 杀菌

4.1.5.1 杀菌的目的

一般产品的热处理要尽量保持产品固有的特色，即味道鲜美多汁，但产品的中心温度不能低于68～70℃。熟肉制品可以分成两大类,一种是72～84℃较低温度加热的熟肉制品类,如熟火腿和熟香肠;另一种是85～95℃较高温度加热的熟肉制品类,如肝酱、血肠和猪头、肉冻等。

肉制品加热目的有以下五项:

(1)使蛋白质黏着、凝固。产生与生肉不同的硬度、齿感、弹力等物理变化,固定制品形态使制品可以切成片状。

对肉制品来说,加热产生肉的凝固最起决定作用的是香肠及火腿的结合剂。这两者所受的加热影响是相等的,但香肠是将所添加的脂肪及水混合在一起固化的,火腿几乎不掺油脂,只是吸收加热时从肉块流出来的水,使肉块、脂肪块筋膜黏着凝固。为了满足这些需要,除了肌肉蛋白的热凝固作用外,还要添加淀粉及其他加凝材料。

淀粉不仅具有增加出品率的作用,还能增强香肠等的结着性的作用。土豆淀粉的糊化温度是68℃,但是在肉制品的加热过程中,如果中心温度没达到70℃以上,就不可能产生加热凝固的效果。所以在选择淀粉时,尽可能用糊化温度低的淀粉。表4-2是不同结着材料的固化温度。

表4-2 不同材料的固化温度

名 称	固化温度或凝固温度
玉米淀粉	60℃起开始膨胀,70℃急速膨胀,90℃黏性最高产生固化
土豆淀粉	65℃糊化
小麦淀粉	85℃以上开始糊化
卵蛋白	接近65℃时开始凝固,80℃完全凝固
酪元酸钠	通常的加热处理条件(63℃、30 min)不能形成凝胶
大豆蛋白	经过90℃加热变性处理的大豆蛋白,通过63℃、30 min加热可形成结实的凝胶

(2)使制品产生特有的香味、风味。

(3)促进发色和稳定肉色。

当加热达到一定温度时(灌制品中心温度达到68～70℃),肉馅形成官感稳定的鲜红色。

(4)消灭细菌、杀死微生物和寄生虫,同时,提高制品保存性。

从保存性考虑,应该以杀死病原菌为目的,尽可能以高温长时间加热,减少残留细菌数量。但从产品质量考虑,肉制品的加热工序,应尽可能在低温短时内完成,以避免肉蛋白完全变性和凝固。所以要兼顾两者效果,只能做到适度的杀菌,无法做到无菌,因为只要温度低于80℃,无论加热时间多长,都不可能杀死芽孢。

(5)使肉中的酶灭活。

肉组织中存在许多种类的酶,其中对蛋白质有强分解能力的蛋白质分解酶影响最大。它能使蛋白质水解成水溶性的多肽链和氨基酸,为细菌提供养料,从而加速肉品的败坏,但大部分蛋白质分解酶在57～63℃下短时间内能灭活,使成品质量稳定。

在低温肉制品的生产中,加热起着重要的作用,加热的强度对产品的质量、贮存时间影响极大,所以,在生产中应该严格控制加热温度和时间。同时找出各种的最佳温度和煮制时间(表4-3)。

表 4-3　各种低温制品蒸煮温度和时间

名称	规格/mm	入锅温度/℃	保温温度/℃	保温时间/min
小规格制品	直径 17	78～84	80±1	15～20
中粗规格制品	直径 40～60	78～84	80±1	45～60
大规格制品	直径 70～90	78～84	80±1	80～100

肉制品的加热工艺使用最多的是蒸汽加热或用热水加热，即所谓的蒸煮。蒸汽加热不仅不会过多损失肉制品的香味和其他水溶性成分，而且操作十分简便。如果按加热速度快慢进行排列，利用热传导进行加热的顺序依次是热水、蒸汽、干热。

4.1.5.2　杀菌方法

(1)低温杀菌(巴氏杀菌)　以 63～65℃的温度加热 30 min，基本不会损伤营养价值和风味，并且可以杀死全部致病菌。但是由于这个杀菌条件不能杀死所有芽孢，因此如遇到污染，则可出现腐败。因此应采取冷藏或其他方法。

(2)煮沸杀菌　即使是非形成芽孢的一般细菌，用 100℃的水煮沸 5 min，细菌蛋白也会产生热凝固而被杀死。但是在这种条件下，芽孢仍会生存。这种方法通常被用于作为真空包装后 2 次杀菌。

(3)间歇杀菌　用 100℃蒸气进行 30 min 杀菌，因为有芽孢存在会使营养型细菌发芽，为了达到完全杀菌，每隔 24 h 杀菌 3 次。

(4)高压蒸气杀菌　用 121.5℃的温度进行 20 min 杀菌，几乎所有的微生物都能杀死。高温高压食品通常采用此条件进行杀菌。

(5)干热杀菌　在无法使用蒸气杀菌时，通常进行干热杀菌。由于干热杀菌的热传导率比蒸气差，因此杀菌效果也不好，一般在 150℃的温度条件下，需要加热 1 h。另外 180℃、20～25 min，也可取得同样效果。

4.1.5.3　杀菌注意事项

(1)灌装后的制品要及时杀菌，特别是烘烤后的制品应立即煮制，不宜搁置过久，否则容易酸败变质。

(2)要经常校准温度计、计时器，以免杀菌过度或杀菌不良。

(3)如果是用水槽煮制，所有产品必须浸没在水中，还必须加盖。

4.1.5.4　煮制的标准

1. 可以用仪表来测定

方法很简单，即取出制品一个，将温度计插入中心，中心温度达到 68～72℃时即可。

2. 可以感官鉴定

这需要有一定的实践经验，煮熟的制品用手捏时，轻轻用力，能感到肠体挺硬、有弹性，切开内部肉馅发干，有光泽；未熟制品则肠体发软，无弹性，切开内部肉馅有黏性、松散。此时应回锅，继续煮制，不得待其冷却后再放回锅中，因为淀粉的原因使遇热再冷的肠类不再接受熟制，而造成再也煮不熟的后果。

4.1.6 冷却

4.1.6.1 喷淋冷却

肠类等制品加热处理后，如果暴露于空气中放置冷却，会促使耐热残存的细菌芽孢发芽，从而降低制品的贮藏性。即使加热杀菌条件可将中心温度加热到75℃，好氧性芽孢形成菌杆菌属的芽孢仍有可能残存，且冷却速度缓慢。而用天然肠衣灌装的肉制品表面还会出现皱褶。但如果迅速冷却到10℃以下，杆菌属细菌的发芽和增殖就会很困难。因此，为了避免不良情况的发生，最好用冷水喷淋，使其迅速冷却至20℃以下，冷却水必须是经过处理的达到引用卫生水标准的。在喷淋冷却中容易产生不卫生的情况。其一是冷却水渗入制品中，若结扎较松，冷却时内部就会形成负压，从结扎处往里渗水，很快产生腐败。其二是在用冷水喷淋天然肠衣制品时，有时会沾上由地面溅起的水而使制品受到污染。因此在喷淋结束后，最好立即将制品移至2℃冷藏库进入低温状态。

4.1.6.2 水冷和风冷

火腿类制品冷却对成品的主要影响是品质和卫生状况两个方面。合理的冷却工艺应当包括两个步骤，先是将产品迅速置于低于22℃以下的流水中冷却至中心温度45℃，然后进冷库0～4℃冷却24 h。冷却工序应尽量减少产品中可能残留细菌繁殖的机会。一般来说，大多数细菌的最适生长温度为35～42℃，通过以上的方法能使火腿冷却过程在35～42℃这个温度区间内停留时间较短。需指出的是，流水的温度应掌握好，温度过高（大于22℃），成品冷却速度过慢，产品会有渗水现象，温度过低，产品内外温差过大会引起冷却收缩作用不匀，使成品结构及切片性受到不良影响。

4.1.7 典型产品

4.1.7.1 西式火腿

火腿的生产有着悠久的历史，早在1 500年，人们就用混有硝石的食盐揉搓胴体的表面，并加以盐腌，这就是原来意义上的培根（我国称为腊肉），后腿部分称为火腿。而现在此类制品的仿制品都冠以火腿，火腿和培根这两个名称使用得越来越广泛。但不管怎样，这两个词仍未失去块状肉腌制加工制品这一含义。

带骨火腿即真正的火腿加工制品。除带骨火腿外，火腿的概念还有一种是将腌制肉灌入肠衣后成形的加工制品。它是以禽畜肉为原料，经剔骨、选料、精选、切块盐水注射（或盐水浸渍）腌制后，加入辅料，再经滚揉、充填（或不充填）、蒸煮、烟熏（或不烟熏）、冷却等工艺制作的。这类西式火腿口味纯正、安全卫生、营养丰富、食用简单，携带方便，虽然历史并不长但深受广大消费者的欢迎。

20世纪80年代以来，这种火腿在我国发展很快，带来了肠衣品种、包装形式、注射设备、滚揉设备、灌装设备的大发展。

根据我国的肉类制品分类标准，分类如下：

1. 带骨火腿

将猪带骨后腿经注射盐腌后，加以蒸煮或直接烟熏处理、脱水以增加其保藏性，同时赋予香味而制成的半成品。

代表产品：生烟熏带皮带骨后腿、熟烟熏带皮带骨后腿。

食用方法：整腿烤制，或煮熟后烤制。

目标市场：酒店自助、派对、主菜餐车。

2. 去骨火腿

以去骨猪后腿经整形、注射、腌制、包扎成型后，再经烟熏、水煮而成，是熟肉制品。

代表产品：圣诞火腿、烟熏去骨整火腿。

食用方法：冷食、烤制、水煮、三明治。

目标市场：酒店、派队、酒吧、超市。

3. 培根及里脊培根

原料以猪腹肉或外脊肉（可带骨）经注射、腌制、干燥、烟熏、蒸煮等工艺加工而成的熟肉制品。

代表产品：切片培根、烟熏大排。

使用方法：煎、烤、炸、炒、三明治、面条、裹蔬。

目标市场：超市、食堂、面包房、咖啡厅、自助餐。

4. 压模火腿

用猪腿肉、肩肉、腰肉添加其他部位的肉或其他禽、畜肉，经注射、腌制，装入包装袋或容器中成型、水煮后则为成型火腿（又称压模火腿）。

代表产品：盐水方腿。

食用方法：冷食、烤制、水煮、三明治。

目标市场：超市、酒店、食堂。

5. 发酵火腿

原料肉经食盐腌渍、发酵、干燥、熟化等工艺，在加工过程中通过生物发酵、干燥而成的肉制品。加工周期 10～12 个月，制品可直接食用。

代表产品：帕玛火腿、黑森林火腿。

食用方法：色拉、三明治、冷盘、比萨。

目标市场：超市、酒店、意大利餐馆。

4.1.7.2 香肠

早在公元前 589 年，我国劳动人民就发明了“腊肠”，它是将肉切成小块与盐、糖、胡椒、酒等混合在一起，装到动物肠衣中，在炭火上烘烤干燥 5～6 h 后，存放一个星期即可食用。

几乎在我国发明腊肠的同时，埃及、希腊和罗马等也制造出了自己独具特色的香肠，主要有血肠、干肠和粗熟香肠。

典型的乳化肠、发酵香肠来源于欧洲。据历史记载，1730 年，第一种称为“萨拉米”的发酵干肠问世于意大利。但第一家萨拉米香肠加工厂却创立于匈牙利。

随着香肠制作的发展，衍生出了灌制品，它是用鲜（冻）畜、禽、鱼肉经腌制或未经腌制，切碎成丁或绞碎成颗粒，或斩拌乳化成肉糜，再混合添加各种调味料、香辛料、黏着剂，充填入天然肠衣或人造肠衣中，经烘烤、烟熏、蒸煮、冷却或发酵等工序制成的产品。这类产品的特点是可以根据消费者的爱好，加入各种调味料，从而加工成不同风味的灌制品。它既可以精选原料制成质量精美、营养丰富的高档产品，也可以利用肉类加工过程中所产生的碎肉、碎油等，制成价格低廉、经济实惠的大众食品。因此它是品种最多、产量最大的一类肉制品。

1.分类方法

(1)鲜肉香肠(fresh sausage)　以鲜冷一定比例的肥瘦肉为原料,混入盐、香辛料和各式香草(大多不添加水、亚硝酸盐及磷酸盐),搅拌均匀后绞碎,灌入天然羊肠衣或猪肠衣,或制成肉丸及汉堡等形状。

代表性产品:林根猪肉、林堡肠。

贮存方法:0～4℃,保鲜存放,4～5 d。-18℃冷冻贮存6个月。

食用方法:油煎或炭火烧烤。

目标市场:烧烤派对、啤酒节、西餐零点。

(2)未煮熟且烟熏香肠(uncooked smoked sausage)　鲜冷的猪、牛肉经搅拌、绞碎或斩拌乳化加入盐、亚硝酸盐、香辛料制成颗粒状或肉糜状的馅料灌入小直径的纤维素,经24 h发色后冷烟熏。此产品不含磷酸盐,不添加水。

代表性产品:如Mett wurst等。

贮存方法:0～4℃,保鲜存放,4～5 d。

食用方法:涂抹在面包上食用。

目标市场:德国啤酒坊、啤酒节等。

(3)煮熟且烟熏的香肠(cooked smoked sausage)　以猪肉、牛肉、禽肉、脂肪为原料经绞碎、搅拌、腌制、斩拌制成乳化状或颗粒状的肉糜灌入不同直径的天然肠衣或人造肠衣,经干燥、烟熏、蒸煮或水煮,中心温度达到68℃后,冷却包装或切片包装的产品。可采用真空包装或充气保鲜包装。

代表性产品:如法兰克福肠(Frankfurt)、波罗尼亚香肠(Bologna)、摩泰台拉香肠(Mortadella)等。

贮存方法:0～4℃,保鲜存放,20～45 d。

食用方法:开袋冷食,做沙拉、热狗和三明治,热烫、油煎(配芥末酱,番茄酱)。

目标市场:咖啡店、快餐配送公司、便利店、面包房、西餐厅、自助餐厅、各类派对。

(4)煮熟香肠(cooked sausage)　以猪肉、牛肉、禽肉、脂肪为原料经绞碎、搅拌、腌制、斩拌制成乳化状或颗粒状的肉糜灌入不同直径的天然肠衣或人造肠衣,经蒸煮或水煮,中心温度达到68℃后,冷却包装或切片包装的产品。可采用真空包装或充气保鲜包装。

代表性产品:小牛肠、猎人肠、猪肉肠、早餐肠等。

贮存方法:0～4℃,保鲜存放20～45 d。

食用方法:开袋冷食,做沙拉、热狗和三明治、热烫、油煎(配芥末酱、番茄酱)。

目标市场:咖啡店、快餐配送公司、便利店、面包房、西餐厅、自助餐厅、各类派对。

(5)干燥或发酵香肠(dry or fermented sausage)　生香肠的加工基础是将食盐、亚硝酸盐或硝酸盐、糖、香辛料和另外的辅料及添加剂加入绞碎的生肉和脂肪中,它的重要工序是接着的发酵、成熟和干燥。如果pH和Aw足够低,腐败细菌就不能生长,通过干燥来获得所需要的致密度即切片性。在成熟和干燥过程中通过酶的作用和一系列的化学和生物反应过程形成典型的生香肠的风味。

代表性产品:意大利辣香肠、夏季萨拉米、奶酪萨拉米。

贮存方法:常温存放,90 d,-18℃冷冻贮存6个月。

食用方法:冷食、三明治、沙拉、比萨、面条。

目标市场:西餐厅、啤酒节、派对、自助餐厅、快餐店、酒吧。

(6)蒸煮的特殊熟肉香肠制品(cooked meat sausage) 熟肉香肠通常是将原料肉预先煮熟后,加工成不同大小和形状,加入猪肝或猪血或明胶,配以调味、香辛料、香草等,灌入肠衣再经过巴氏杀菌,如需要还可烟熏处理。

代表性产品:肝肠、血肠、胶冻肠。

贮存方法:0~4℃,保鲜存放,20~30 d。

食用方法:涂抹在面包上,冷盘,三明治。

目标市场:超市、啤酒坊、自助餐厅、酒吧。

4.2 中式传统肉制品加工

中式传统肉制品的加工具有悠久的历史和传统。关于肉制品加工的文字记载,可以追溯到3 000年前的西周时代。在周朝的古典文学著作如《礼记》和《史记》中记载了肉制品的感官特性和制作方法,以及大量的加工技术如盐腌制、晒干和烟熏等。汉朝的《诗经》和北魏的《齐民要术》,甚至《论语》中都记载孔子招收弟子需要10块腊肉作为贽敬。在长期的历史演变中,中式传统肉制品形成了固有的传统和特点,这些肉制品因其独特的色泽、香气、味道和形状而享有美誉,被视为中华民族的智慧与经验的结晶。中式传统肉制品的制作方法和特点,有些是受当时的条件限制而形成的,但已不适应时代的发展要求。例如,传统的中式腌肉制品为避免腐败变质、延长保质期,通常盐分含量较高,大多在50%以上。这与当今低盐的饮食趋势相矛盾,因此正逐步为市场所淘汰。而有些传统,具有鲜明的特色,已为人们所接受和欣赏,需要保持和发扬,如传统的中式传统肉制品中添加酒、糖等。

由于中国地域广阔,人文差异很大,因此中式禽肉制品具有浓烈的地域性。重糖、偏辣、偏咸、清淡等代表着不同地区的特点。这些特点对亚洲乃至世界其他地区的食品加工和烹饪方式都产生了巨大影响。尽管随着交通和通信的发达,人们之间交流增多,不同地区的饮食特点有同化的趋向,但中式禽肉制品的这种地域性仍将在相当长的时间内存在。中式传统肉制品的生肉处理、加工、烹饪习惯和感官特性都深深地体现出中国人对肉制品的美味和健康的追求,以及中国饮食文化向往。

自从中国经济改革开放以来,中国肉类工业在过去30年中得到迅速发展,2009年以后,中国已成为世界上最大的肉类生产国。据中国国家统计局统计,2016年,我国肉类总产量达8 540万t,比上年增长1.2%,进口467.2万t,比上年增长63.4%;全国规模以上的屠宰及肉类加工企业主营业务收入14 230.35亿元,比上一年增长7.67%;全国规模以上屠宰及肉类加工企业实现利润总额714亿元,比上一年的655.6亿元增加58.4亿元,增幅8.9%。对于传统肉类产品,超过80%是从猪肉加工而来的,少量来自牛肉、鸭肉、兔肉和野味肉。

相对于我国肉类产量的迅猛发展,我国肉品加工业的发展则相对滞后,与世界发达国家相比存在着显著的差距。如2000年,我国肉制品产量估计仅有200万t,约占当年肉类总产量的3.24%,而世界发达国家肉制品产量占肉类总产量的比例高达50%。鉴于国内肉制品市场的巨大潜力,从20世纪80年代初开始,我国肉制品加工企业大量引进国外西式火腿肠和西式低温肉制品加工技术及设备。至1997年,全国共有西式火腿肠加工生产线约500条,年产火腿肠50万~60万t,对本已很脆弱的中式肉制品加工企业产生巨大冲击。然而,由于一些西式肉制品加工企业滥用保水、乳化技术和淀粉、卡拉胶等添加剂,使西式肉制品的良好声誉受到损害。再加上一些低档西式肉制品口味平淡、缺乏风味特色,90年代中期以后,中式肉制品又逐渐受到消费者的青睐,在上海等大中城市,重新居于市场主导地位。据上海市肉类协会调查显示,1993年,在上海市肉类制品的消费总量中,西式肉制品占75.87%,中式肉制品占24.13%,到1997年,西式肉制品占肉类制品消费总量的比例下降到40.29%,中式肉制品占肉类制品消费总量的比例则上升到59.44%,平均每年上升8.9个百分点。中式肉制品在西式肉制品的强大冲击下,从开始的退缩到后来的前进,表明中式肉制品具有很强的生命力,有着广阔的市场前景。令人遗憾的是,随着我国经济的发展和人们生活水平的提高,人们对中式肉制品提出了更高的要求,而中式肉制品加工基本上仍沿用着传统的师傅带徒弟、手工作坊式的生产方式,远远落后于时代发展的要求。因此,如何实现中式肉制品加工业的现代化,摆在了我国每一个肉品加工科研技术人员的面前。实践证明,由于中式肉制品本身所具有的特点,试图通过引进、购买西式肉制品加工技术和设备以实现中式肉制品加工的现代化是行不通的,只有脚踏实地,以科学的方法,借鉴西式肉品加工的先进技术和理论,从原料、加工工艺、加工设备等几个方面入手,对传统中式肉制品的加工进行深入的研究和总结,才能在不远的将来,首先实现中式肉制品的工业化生产,最后实现中式肉制品加工的现代化。

4.2.1 典型的中式传统肉制品及其分类

我国幅员辽阔,民族多元化,致使饮食习惯也千差万别。中式传统肉制品是随着地区和民族元素的加入而逐渐发展起来的,从而形成了各种加工工艺和口味。目前普遍认为,明清时期是中国传统肉制品形成的主要时期。旧时,大多数动物,如猪和鸡,只在特殊节日才能被宰杀,尤其是农村地区。因此,传统肉制品广受欢迎,而许多肉制品,如腊肉和香肠,只有在特殊节日,如新年,才能制作和食用。中国的传统肉制品加工技术绝大多数蕴含科学原理,并在现代化肉类工业中得到广泛应用。

4.2.1.1 按地域分类

按照原产地及风味特征,中式传统肉制品主要分北方风味(代表地区北京)、南方风味(代表地区南京)、广式风味(代表地区岭南和成都)和川式风味(代表地区成都)四大类,这种分类更具有文化特性。

1. 北方风味

北方风味以北京地区为典型代表,该风味具有“清新、清脆”的特点。这些类型的肉类产品已经与许多其他口味融合在一起,如长期发展的宫廷食品。凭借其悠久的历史,北方风味在中国得到了广泛的普及并享有很高的国际声誉。典型的北方风味产品包括北京烤鸭、酱肉和清水煮肉。以北京烤鸭为例,其加工需要特殊的当地填鸭作为原料和传统的密闭炉子,鸭子挂在明火上。通常采用果木作为燃料烘烤鸭子,使嫩鸭肉具有独特甜味和香味,鸭皮金黄而酥脆。北京烤鸭已成为国宴菜品。

2. 南方风味

起源于唐宋时期,主要包含金陵、淮扬、蜀西、徐海四大类,形成于南京和苏州地区,并在南方地区流行了几个世纪之久。典型的南方风味肉制品醇香宜人，包括金华火腿、如皋火腿和干咸鸭。另一个南方风味肉制品的主要特征是产品的形状，例如金华火腿模仿中国传统乐器琵琶的优雅造型，由于其具有俏丽的外形、鲜艳的肉、独特的芳香、悦人的风味，即色、香、味、形，“四绝”而著称于世，曾作为贡品敬献给明朝的永乐皇帝。金华火腿的生产主要有三个步骤。首先是腌制期，在此期间，腌料在冷藏温度下揉搓到猪腿表面。在第二阶段，火腿挂在烟熏室内，在21～32℃进行冷烟熏，肉内温度通常比烟熏室低5℃。烟熏持续2～3 d，直到肉获得理想的琥珀色或桃花心木色为止。第三阶段为6～9个月的长时间老化过程，以便使火腿形成独特的风味。

3. 广式风味

广式风味形成于岭南地区，主要包含广州、客家和潮州三个地区。广式风味是中国乃至海外最有名的口味。加工工艺相当复杂，灵活多样，但都具有“清爽、鲜嫩”的共同风味特征。凭借悠久的历史和深厚的人文特色，广式风味肉制品通常被认为是国外中式传统肉制品的代表。广式风味肉制品包括广式香肠、中式熏肉、烤鹅、烤乳猪和盐焗鸡，其中广式香肠和中式熏肉通常用作各种当地菜肴的主要原料。

4. 川式风味

川式风味是在四川和重庆地区发展起来的，是中式传统肉制品的另一个重要口味，主要由上河帮、小河帮、下河帮三个派系组成。辣椒和花椒是典型的调味料，制作肉制品时将其加入其中以形成特殊的麻、辛辣风味。由于每道菜都有其特殊的口味，肉制品不仅在西南地区，而且在中国其他地区越来越受欢迎。典型的川式风味肉制品包括川味香肠、腊肉、灯影牛肉干、缠丝兔等。川味香肠和腊肉通常用松树枝熏制以获得独特的风味，或悬挂在农民家中的柴火炉上熏烤4～8周，以在表面上获得诱人的色泽和风味。灯影牛肉干其原料肉主要为水牛肉，也有用黄牛肉、牦牛肉制作的。产于四川省达县地区的南江、通江、平昌、巴中等县，至今已有100多年的历史。灯影牛肉干片薄似纸，可透灯影，油而不腻，松脆可口，故此得名。缠丝兔是通过在露天干燥之前用线缠绕于兔子上而生产的，以获得卧蚕的形状和具有诱人的金色。

5. 其他

除了上面列出的典型口味外，中国其他地区还有许多当地的风味类型。它们也是中式传统肉制品的重要组成部分。

4.2.1.2　按加工工艺分类

根据加工工艺，中式传统肉制品主要可以分为9个类别，即腌腊肉制品、酱卤肉制品、熏烧焙烤肉制品、干肉制品、油炸肉制品、肠类肉制品、火腿肉制品、调制肉制品和其他肉制品。其中酸洗、酱卤、风干、烘焙、烟熏和发酵是常用的加工技术，再使用各种各样的天然调味料和调味品，可形成多样化风味和口味。

1. 腌腊肉制品

以畜禽肉或其可食副产品为原料，添加或不添加辅料，经腌制、晾晒或不晾晒、烘焙或不烘焙等工艺制程的肉制品。腌腊肉制品主要包含三个不同的小类：咸肉类（咸猪肉）、腊肉类（四川腊肉、广式腊肉、湖南腊肉等）、腌制肉类（风干禽肉、腌制鸭、腌制排骨、腌制猪肘生培根等）。

2. 酱卤肉制品

这类肉制品通常在添加或不添加各种调味品和香料的水中煮制加工而成，并且可以直接食用。这种经简单的加工而成的酱腌肉在中国非常普遍，主要包含三个小类，其中包括白猪肉类、酱卤肉类、肉冻类和糟肉类。

3. 熏烧焙烤肉制品

预先腌制或煮熟的生肉经过松树和/或果树的木粒进行烟熏加工，包括熏烤肉类、烧烤肉类、焙烤肉类三种。

4. 干肉制品

这种产品的原材料通常是猪肉或牛肉的瘦肉，预先经过烹饪和/或调味，经干燥处理而成，主要包含三个小类：干肉松、干肉粒和干肉干。

5. 油炸肉制品

油炸或油煎是另一种常用熟制肉类方法，生肉和熟肉(通常是猪肉)使用调味料调味或面糊包裹后经过油炸或油煎可产生特殊的风味，过去常用于保存肉品。主要有两类：带有调味料的煎制食品和带有上浆的肉品。事实上，这种产品类似于现代西方快餐连锁店食品，如肯德基和麦当劳的流行产品。

6. 香肠肉制品

这些产品长期以来遍布全国，且具有不同形式，从新鲜香肠到发酵香肠和熏香肠。香肠是一种典型的中国民族肉类产品，由原料类型、调味品和加工技术展现出各种风味。通常情况下，猪肉绞制后加入调味料调味，再装入天然肠衣，然后经过干燥和/或烟熏进一步加工成为成品。

7. 火腿类肉制品

火腿是一类历史悠久而典型的中式传统肉制品，是经过盐渍、烟熏、发酵和干燥处理的腌制动物后腿，一般用猪后腿或以猪、牛肉的肉泥添加淀粉与食品添加剂，压制而成的三明治火腿，又名火肉、兰熏。中国传统特色美食。原产于浙江金华，现代以浙江金华(金华火腿，又叫南火腿)、江苏如皋(如皋火腿，又叫北火腿)和江西安福与云南宣威(宣威火腿、云南火腿)出产的火腿最有名。其中，金华历史最悠久，可追溯到唐朝，传播于宋朝(960—1127年)，并于1915年在德国莱比锡举行的世界博览会上获得金奖。意大利Pepperoni可能是由13世纪马可波罗带到意大利的金华火腿的基础上形成的产品。

8. 罐头类肉制品

严格来说，这类产品不属于中国传统或民族肉类产品，但由于其保存时间长，现代罐装技术已被用于加工众多传统肉类产品，其中梅菜扣肉和豆豉鱼在生产和消费中占有相当大的比例。

4.2.2 中式传统肉制品加工技术

中国传统风味肉制品种类繁多，历史悠久，因其颜色、香气、口感、造型独特而著称于世。但传统风味肉制品也存在着加工工艺落后、工艺参数模糊、产量和质量不稳定、加工设备简陋等缺点。随着社会及加工技术的飞速发展，特别是近十几年来，受西式肉制品的冲击，传统肉制品的生存和发展形势严峻。为振兴民族食品工业，弘扬中华民族灿烂的饮食文化，传统风味肉制品的现代化和工业化势在必行。我国的食品科研工作者对此也进行了不懈的努力。

4.2.2.1 工艺创新

近年来的各种杂志中，关于中式传统肉制品生产现代化的研究文章多达数十篇，几乎涉及每一类中国传统肉制品，如金华火腿、德州扒鸡、广式腊肉、广式腊肠等。研究者开始用科学的语言详述各种制品的加工工艺流程，为传统风味肉制品的工业化生产流程设计奠定了基础。

1. 配方与调味

更多的研究方向投入到对传统配方和加工工艺的科学研究与改造上。减少亚硝酸盐用量，寻求传统肉制品发色剂的替代品是热点之一。在传统的广式精肉条配方中加入葡萄糖、异抗坏血酸钠和三聚磷酸钠，减少了食盐、曲酒的用量，完全代替了硝酸钠。研究表明，新工艺在干燥、发色和增香等方面效果明显。黄芝丰等采用60%的乙基麦芽酚代替硝酸盐类，使腊香兔肉呈现光亮的棕红色泽。肉松的生产工艺改进也备受关注。蒋爱民等对鸡肉松生产中的收汁、炒松工艺进行改进，通过添加调味料和合理控制煮制时间，省去收汁工艺，而先用烘箱烘至部分脱水，可大大减少炒松时间，有利于工艺条件控制和工业化生产。此外，鲁晓翔运用二次干燥工艺，并在配方中添加豆糊和蛋清，有效防止了牛肉干干燥时的收缩变硬，使产品富于弹性，成品率提高近20%。李先保等改传统的涂抹挂色为涮汤挂色，成功研制出以肉鸽为原料制作烧鸡的新工艺。一些西式肉制品生产工艺如盐水注射、真空滚揉、真空包装、复合腌制、低温二次腌制等已用于传统的五香肘子、烤兔和叉烧等肉制品，从而实现机械化生产，提高了出品率，延长了货架期。其中，采用纯种乳酸菌种加速中式发酵香肠生产过程和改善产品质量的研究表明，此法在缩短生产周期、稳定产品质量等方面效果明显，可以实现由自然发酵转为人工控制发酵生产。

中式传统肉制品的调味主要靠食盐、味精、白砂糖、酱油、香辛料等原料调味。随着调味调香技术的不断发展，香精（包括合成香精及美拉德热反应香精）、香辛料精油以及鸡精复合调味料已经被广泛使用。近年来，骨素及骨调味料、酵母抽提物等新一代调味产品的应用也越来越广泛。

2. 预处理加工

现代肉与肉制品加工业中，畜禽冷冻肉是国家调节肉食品市场的重要产品，也是肉类产品在国内外流通和进出口贸易的主要形态。速冻肉制品的最终质量取决于解冻，在解冻过程中发生的各种物理、化学变化，以及不良解冻方式均会给食品质构带来负面影响，如色泽变化、汁液流失、营养物质含量下降等，这会直接影响速冻肉品的品质，采取合适的解冻方法最大程度地保证速冻肉制品的质量是关键因素之一。常见的解冻方式主要有：水解冻、空气解冻、静电解冻以及几种方式的组合解冻。解冻时间过长、容易造成二次污染和汁液流失率大是需要迫切解决的问题，寻求其他的解冻方式已经成为中国肉制品发展的必然趋势。

（1）通电加热解冻　采用商用交流电来对冻藏原料肉进行通电加热，在肉的不同部位分别安装温度传感器，测量冻肉内部不同部位的温度，通过对温度的测量，描绘其温度场的分布。为了受热均匀，增强被解冻肉的导电能力，在肉中插入若干金属探针。为了使冻肉能与极板接触紧密，在解冻之前，将解冻肉和极板在一定浓度的食盐溶液中浸渍，保证了冻肉与极板接触紧密，避免了电流的过度集中。通过对解冻肉和极板喷淋食盐溶液，可以起到节约电能的效果。

（2）超声波解冻　在食品的解冻过程中，根据解冻速度和衰减特性发现：食品已冻结区对超声波的吸收比未冻区对超声波的吸收要高出几十倍，而食品初始冻结点附近对超声波的吸收最大。超声波解冻是根据此规律对食品进行解冻，比微波解冻具有更加快速稳定的优势。张绍志等人以牛肉为样品，研究一维平板状食品的超声波解冻过程，对超声波解冻进行了研究，分析了在食品不超温情况下，超声波率、强度和加载方向对解冻食品厚度的影响。当频率设定为800 kHz时，实验结果与理论结果保持一致，证实了超声波用于食品解冻的可行性。在进行食品解冻时，解冻终了温度很重要。局部解冻终了温度过高，会使食品熟化。

（3）喷射声空化场　通过电压换能器形成传声介质（溶液）喷柱，在喷柱的前端界面处聚集了大量的空化核，这种聚集现象可认为是空化核因喷射而集中，具有可“空化集中”的效应。叶盛英等以冻结的猪肉为研究对象，对喷射声空化场的解冻曲线、解冻肉品质进行了初步研究，与空气解冻和水解冻方法进行研究比较。结果表明，喷射声空化场解冻方法比空气解冻法和水解冻法快。

3. 酱卤加工

酱卤肉制品在全国各地均有生产，因食材不同、工艺不同，产品风味各异，但产品的加工原理是一致的。酱卤肉制品随地区不同，在风味上有甜、咸之别。北方的酱卤制品咸味重，如符离集烧鸡、德州扒鸡、天福号酱肘子；南方制品则味甜、咸味轻，如南京板鸭、镇江肴肉、东坡肘子。由于季节不同，制品风味也不同，夏天盐味稍重，冬天盐味稍轻。酱卤制品中，酱制品与卤制品的加工工艺有所差异：两者所用原料及原料处理过程相同，但在煮制方法和调味上有所不同，所以产品特点、色泽、味道也不相同。

酱卤肉制品风味独特，深受消费者的喜爱，但传统的酱卤肉制品产品风味不稳定，还不易包装和贮藏，一般只能就地生产，就地供应。在肉制品市场竞争激烈的前提下，酱卤肉制品只有不断地提高技术，推出新产品，才能获得消费者的认可。所以，我国的科技工作者不断吸收西式肉制品的生产技术，对传统酱卤肉制品加工工艺、贮存保鲜方法及调味工艺不断改进。

（1）注射工艺　传统酱卤肉制品的原料一般都比较大，如牛肉、猪肉、火鸡腿等原料，通过注射工艺，将食盐、味精、亚硝酸钠、复合磷酸盐、香辛料及调味料等配成注射液，然后注射到原料中，以加速产品的腌制速度，提高产品的保水性，增加产品的出品率。传统加工的酱牛肉出品率为60%～65%，经过注射后，出品率可以达到75%以上，并可以缩短加工时间，使产品风味更均匀。

（2）滚揉工艺　滚揉是通过滚揉机的翻滚、摔打、挤压、按摩来完成肉制品腌制的一种工艺，是一种动态的腌制过程。原料肉经过滚揉后，原组织结构被破坏，质地变得松软，有利于盐溶性蛋白的析出并在肉的表面形成网状结构。经过滚揉工艺加工的酱卤肉制品，原料在加工过程中，盐溶性及水溶性蛋白质遇热变性，发生凝固，在原料表层形成一层保护膜，使原料肉内部水分及其他营养成分不流失，从而起到保持水分及减少营养损失的作用。经滚揉工艺加工的酱卤肉制品口感更好，营养更丰富，出品率也更高。目前，滚揉工艺已经广泛用于酱卤肉制品的加工中。

（3）超声波腌制技术　超声波技术具有可使肉组织中物质转移加速的能力，被广泛用作加速肉类加工的预处理。超声波腌制可以帮助盐水转移并减少盐渍时间，同时对猪肉质量影响最小。腌制是中国腊肉加工的关键步骤，在火腿加工中使用超声波处理可将腌制时间缩短了2 d，并且通过破坏组织和细胞结构和加速盐摄取来改善质地。超声波能够促发化学、生物学和机械效应，这表明超声波可以在肉腌制过程中用作微量注射系统或机械按摩的替代物。研究还表明，超声波可以中断细胞膜的连续性，从而增大细胞与细胞外环境之间的传质速率。

4. 烟熏加工

烟熏技术这一古老的方法广泛应用在食品生产中，不同的工艺会以不同程度影响产品的风味、质地和色泽。尤其烟熏肉制品作为中国传统食品，有着悠久的历史，这类食品多出现在湖北、四川、湖南、贵州和云南。烟熏肉制品的成分相当复杂，有许多风味物质。近年来，有关烟熏食品如中国传统金华火腿、广式腊肠的挥发性物质的研究已经有报道，而风味物质尤其是呈烟熏风味物质的优劣与含量的多少与烟熏技术密切相关，烟熏的方法和处理的不同都会影响最终产品的品质差异。肉、鱼类这些容易腐败的食物的烟熏处理起初主要是作为食品贮藏和保鲜方法，而现在主要是获得烟熏特有的色、香、味。目前中式肉制品加工中最常见的烟熏技术主要是气态烟熏技术气熏和液体烟熏(液熏)技术，目前国内产品还是多采用气态烟熏技术，而液体烟熏技术虽然在我国起步较晚，但发展较快。

随着食品生产的工业化发展，食品的烟熏技术也得到了很大提高，促进了自动化生产液体烟熏香味料这一技术的出现，这种液体烟熏香味料的发展可以追溯到 19 世纪后期。近年来，随着液熏技术在国际上的应用和发展，国内越来越意识到液熏技术的重要性和优越性，近年来国内外已有很多液熏加工技术的相关研究报道，多数都是在水产品上的应用，而我国在 20 世纪 90 年代中期成立的济南华鲁食品有限公司就利用当地丰产的山楂作为原料研制出多种烟熏香味料，其制成品主要为液态，多用于制作烟熏的肉制品、鱼及豆制品等。液熏法因其含量低或不含 3,4-苯并芘致癌物质，熏制出的食品安全可靠，且工艺简单，正逐步替代传统的气熏方法。目前，国外烟熏食品多采用液熏技术替代传统气熏的烟熏技术，如美国有 90%的烟熏食品都是采用液熏法进行熏制，这就促进了烟熏香味料的生产，估计烟熏液年总用量达到 10 000 t，日本年用量也达 700 t 以上，我国的液体烟熏料的年使用量达 2 000 多 t。

根据液熏处理对象的不同，可分为以下几种。

(1)直接添加法　将定量比例的烟熏液作为食品添加剂通过注射、揉搓、搅拌等工艺添加到食品内部。该法适用于质地硬且体积大的肉块。

(2)注入法　将定量的烟熏香料液注入罐内，然后通过封口、杀菌等工艺使烟熏香料在罐内自行散发均匀。此法适用于如烟熏兔肉、鸡肉、鱼类等罐头类食品。

(3)浸渍法　利用烟熏液将食品浸渍，可以促进食品表面色泽的形成和风味的渗透，该法也多用于灌肠等的液熏处理等。如王旗等就采用此法，以灌肠的质构特性和持水性为指标，对液熏灌肠的质构改良配方进行了研究。

(4)喷雾法　将定量的熏香料置于喷雾器中，通过动力系统将烟熏剂喷布于食品表面，进行循环喷布，使烟熏液牢固结合在食品表面。该法适用于小块的食品，如熏豆、熏丝等。

(5)涂抹法　将烟熏液通过刷子定量涂抹到食品表面，多适用于烤鸡、烤鸭、烤鹅、熏鱼、熏肉等成品。

5. 干燥加工

传统加工工艺多为自然晾晒，生产周期长，微生物难以控制，酸价、过氧化值偏高。在工业化生产中，企业一般采用烘房进行烘烤，基本工艺为“原料解冻→分割→漂洗→绞肉→切丁→搅拌→腌制→烘烤→散热→包装”，此工艺虽然缩短了生产周期，但是因产品特殊的传统加工工艺，导致烘烤过程中常出现产品发酸、空心等现象，极大地破坏了产品的风味，而且长时间的高温烘烤后会加速脂肪氧化，生成过氧化物，造成过氧化值升高。

与传统烘烤工艺相比，低温干燥对产品的水分损失量比较平缓，在干燥过程中，各项理化指标和产品风味也不会突然发生变化，同时，低温也使产品中微生物的生长与繁殖明显减缓。所以，在批量生产过程中，低温干燥工艺更利于产品质量的控制，避免产品质量事故的发生，尤其对于直径较大的产品,低温更能避免产品的发酸、空心等质量事故。

6.熟制加工

煮制烘焙和烤制是传统的食物加工方法,其最初的目的是让食物变熟,并赋予食物独特的风味。然而在发展过程中发现烘焙和烤制的食物可以长时间保存。因经过烘烤的肉制品表面水分的活度和水分含量较低,微生物无法大量繁殖,因此延长了肉制品的保存时间。然而由于水分流失较大,致使食物不新鲜。现在,我国在烘烤肉制品方面进行了工艺优化与深入研究,并取得了一定成果。

最为传统的肉制品加工方式是常压水煮,常压水煮肉品风味化合物达百余种,但低于微波加热处理和高压炖煮。与微波加热处理方式相比,水煮肉品种脂肪烃、脂环烃、醛类等风味物质大量降低。常压条件下,参与风味生成的底物小分子不活跃,风味较低,为加热处理效果最差的一种。高压蒸煮获得肉品风味化合物比常压水煮略高,低于微波加热处理,与微波加热处理方式相比,脂肪烃、脂环烃、醛类都有所减少。可能由于其与微波加热热传导方式不同,高压炖肉受热剧烈,虽然此过程脂肪氧化获得的风味组分比例相对较高,但是肉表面的部分蛋白质很快分解成氨基酸而进入汤里,熟肉制品因氨基酸的减少,美拉德反应产物也减少,风味下降。

微波低温加热,即利用微波的能量特征,对物体进行低温加热的过程。此技术具有方便快捷、经济环保、反应灵敏、口感良好和营养成分损失少等优点。然而,微波食品也存在一系列问题。微波加热食品过程一般会出现风味骤减、缺乏风味和风味异化等三个方面的问题。同时,由于微波加热环境温度比传统加热的温度低,微波加热的食品一般会呈现浅灰色,所以微波食品的色泽问题在微波食品开发中亟待解决。微波加热实现从物料内部加热,但加热不均匀是微波加热的一大难题,并且其成本较高,限制了微波加热在食品加工过程中的应用。

欧姆加热,即电阻加热,主要应用于低酸性或高酸性食品加工,也逐步应用于冻肉解冻、牛奶的加热杀菌以及含颗粒流体食品无菌加工等领域。电流直接通过具有导电性的食品时会相应产生热量。在食品物料的两端施加电场时,导电性的食品物料会相应产生热量,含有极低水分或是干燥物料不适用此方法加热。目前,欧姆加热主要有直流和交流欧姆加热。大多数食品物料中含有各种电解质,但是直流电可能会引起食物成分发生电解变质,电极也因此发生较大范围的电解腐蚀,最终食品被金属离子污染。交流欧姆加热主要是在食品两端加上交流电后,电场方向将随电流的频率而发生反复性改变,交流电欧姆加热具有比直流欧姆加热较少引发食品成分电解及电极的腐蚀等优点。目前,此技术广泛应用在食品加热领域。

4.2.3 典型产品

4.2.3.1 中式酱卤肉制品

中式酱卤肉制品主要突出调味料和香辛料及肉的本身香气,产品食之肥而不腻、瘦不塞牙。调味与煮制是加工酱卤肉制品的关键因素。调味是应用科学的配方、选用优质配料,形成产品独特的风味和色泽。通过调味,能生产出适合不同消费者口味的产品。我国地域辽阔、人口众多,各地人民有着不同的消费习惯和膳食习惯,酱卤肉制品随着地区不同,在口味上有很大不同。根据产品的色泽和加工方法,酱卤肉制品可分为:

白煮肉类:如白斩鸡、盐水鸭、白煮羊头肉,为清汤煮制,不加色素及酱油等,味道咸鲜或清淡,色泽白色或淡黄色。

酱卤肉类：如酱肘子、德州扒鸡、酱牛肉、无锡排骨、东坡肉等，通过酱油、色素等对卤汤进行调色和调味，味道浓厚。

糟制、泡椒类：用酒糟、香糟或泡椒料水代替酱汁或卤汁的一类产品。我国著名的产品有糟鸡、糟鹅、泡椒凤爪等。

根据产品的加工温度和贮藏温度，中式酱卤肉制品又可分为：低温肉制品（经低温杀菌、低温运输和保存）、中温肉制品（经 100℃左右加工而成，中温杀菌，可常温保存。大部分的酱卤肉制品都属此类）和高温肉制品（经过高温杀菌处理，可常温长期保存）。

1. 酱卤肉制品的制作工艺

酱卤肉制品的基本操作工艺为：

熬卤
↓
原料→解冻→预处理→腌制→预煮→调煮→出锅冷却→包装杀菌

2.“南卤北酱”之说

酱和卤的烹调方法有许多相似之处，故人们往往将两者并称为“酱卤”。其实不然，酱制所用的酱汁，原先必用豆酱、面酱等，现多改用酱油或加上糖色，酱制成品色泽多呈酱红或红褐色，一般为现制现用，不留陈汁，制品往往通过酱汁在锅中的自然收稠裹附或人为地涂沫，而使制品外表粘裹一层糊状物，许多原料表面经腌渍或过油等。酱的烹调方法盛行于北方，而卤的烹调方法则盛行于南方，故有“南卤北酱”之说。

酱卤制品之所以能风靡全国各地，备受消费者的青睐，这与它本身所具有的特色是分不开的，首先是风味独特。在调味品和腌制的作用下，制品色泽悦目，既有内外遍红，又有白里透红和保持本色而典雅古朴的制品，给人一种心理上的享受，刺激人的食欲。酱、卤制品在烹制过程中原料本身之味和逐步渗入原料内部的酱、卤汁之味（以香料的香气为主）发生作用，使制品滋味醇厚，香浓郁扑鼻。其次，实用性广。酱、卤制品既可冷食，又可热食，老少皆宜，既能作为筵席中的冷菜，又能作小菜、快餐、小吃、零食，便于携带，还是一种理想的旅游食品。再次，制作简便。只要将酱、卤汁调配好，然后将原料烧煮成熟就可以了，如制品存放一定的时间后，只要再入沸汁中煮沸几滚，就又能保存数日。

经过数次使用的酱、卤汁，俗称老汤。酱卤菜肴制品用老汤的最好，而老汤又以烹制过多次和多种原料的为佳，如多次烹制过鸡和猪肉的老汤，其制品绝佳，故常将“百年老汤”视为珍品。酱、卤汁的配制按地域之分，有南、北之别，按调料的颜色分有红、白之差。酱、卤汁有红、白两种，红卤的一般配方是沸水 2 000 g，酱油 400 g，食盐 30 g，八角、甘草、桂皮各 10 g，花椒、丁香、姜、葱各 2 g，冰糖或白糖 300 g，料酒 200 g；白卤的配方和红卤基本相似，只是用盐量改为 100 g，不用酱油和糖。

北方卤汁，一般为红卤，其配方是：沸水 2 000 g，酱油 400 g，食盐 50 g，花椒、八角、桂皮各 20 g，葱 100 g，姜 50 g，白糖 200 g，料酒 300 g。不少地区在红卤中添加红曲或糖色，酱油的用量酌减，食盐的用量酌增，有的在配制卤汁中以茶叶、咖喱粉、OK 汁等调料为主，又可以形成多种风味的卤汁。

酱汁的配制，一般是沸水 2 000 g，酱油 400 g（或面酱 500 g），花椒、八角、桂皮等各 50 g，或添加糖 10～50 g，有时还用红曲或糖色增色，为了形成一些独特的风味，往往还添加一些香料，如陈皮、甘草、丁香、茴香、豆蔻、山楂、砂仁、草果等。

3. 操作要点和重点

1)调味

(1)定义和作用　调味是加工酱卤制品的一个重要过程。调味是根据地区消费习惯、品种的不同加入不同种类和数量的调味料，加工成具有特定风味的产品。根据调味料的特性和作用效果，使用优质调味料和原料肉一起加热煮制，奠定产品的咸味、鲜味和香气，同时增进产品的色泽和外观。在调味料使用上，卤制品主要使用盐水，所用调味料和香辛料数量偏低，故产品色泽较淡，突出原料的原有色、香、味；而酱制品使用调味料和香辛料数量偏高，故酱香味浓，调料味重。调味是在煮制过程中完成的，调味时要注意控制水量、盐浓度和调料用量，要有利于酱卤制品颜色和风味的形成。

通过调味还可以去除和矫正原料肉中的某些不良气味，起调香、助味和增色作用，以改善制品的色香味形。同时通过调味能生产出不同花色品种的制品。

(2)分类　根据加入调味料的时间大致可分为基本调味、定性调味、辅助调味。

①基本调味　在加工原料整理之后，经过加盐、酱油或其他配料腌制，奠定产品的咸味。

②定性调味　在原料下锅后进行加热煮制或红烧时，随同加入的主要配料如酱油、盐、酒、香料等，决定产品的口味。

③辅助调味　加热煮制之后或即将出锅时加入糖、味精等以增进产品的色泽、鲜味。

2)煮制

(1)概念　煮制是对原料肉用水、蒸汽、油炸等加热方式进行加工的过程。可以改变肉的感官性状，提高肉的风味和嫩度，达到熟制的目的。

(2)作用　煮制对产品的色香味形及成品化学性质都有显著的影响。煮制使肉黏着、凝固，具有固定制品形态的作用，使制品可以切成片状；煮制时原料肉与配料的相互作用，改善了产品的色、香、味。同时煮制也可杀死微生物和寄生虫，提高制品的贮藏稳定性和保鲜效果。煮制时间的长短，要根据原料肉的形状、性质及成品规格要求来确定，一般体积大、质地老的原料，加热煮制时间较长，反之较短。总之，煮制必须达到产品的规格要求。

(3)方法　煮制直接影响产品的口感和外形，必须严格控制温度和加热时间。酱卤制品中，酱与卤两种方法各有所不同，所以产品特点、色泽、味道也不同。在煮制方法上，卤制品通常将各种辅料煮成清汤后将肉块下锅以旺火煮制；酱制品则和各种辅料一起下锅，大火烧开，文火收汤，最终使汤形成肉汁。

在煮制过程中，会有部分营养成分随汤汁流失。因此，煮制过程中汤汁的多寡和利用与产品质量有一定关系。煮制时加入的汤，根据数量多少，分宽汤和紧汤两种煮制方法。宽汤煮制是将汤加至和肉的平面基本相平或淹没肉体，宽汤煮制方法适用于块大、肉厚的产品，如卤肉等；紧汤煮制时加入的汤应低于肉的平面1/3～1/2，紧汤煮制方法适用于色深、味浓产品，如蜜汁肉、酱汁肉等。许多名优产品都有其独特的操作方法，但一般方法有下面两种。

①清煮　又叫白煮、白锅。其方法是将整理后的原料肉投入沸水中，不加任何调味料进行烧煮，同时撇除血沫、浮油、杂物等，然后把肉捞出，除去肉汤中杂质。在肉汤中不加任何调味料，只是清水煮制，也称紧水、出水、白锅。清煮作为一种辅助性的煮制工序，其目的是消除原料肉中的某些不良气味。清煮后的肉汤称白汤，通常作为红烧时的汤汁基础再使用，但清煮下水(如肚、肠、肝等)的白汤除外。

②红烧　又称红锅、酱制，是制品加工的关键工序，起决定性的作用。其方法是将清煮后的肉料放入加有各种调味料的汤汁中进行烧煮，不仅使制品加热至熟，而且产生自身独特的风味。红烧的时间应随产品和肉质不同而异，一般为数小时。红烧后剩余汤汁叫红汤或老汤，应妥善保存，待以后继续使用。存放时应装入带盖的容器中，减少污染。长期不用时要定期烧沸或冷冻保存，以防变质。红汤由于不断使用，其成分与性能已经发生变化，使用过程中要根据其变化情况酌情调整配料，以稳定产品质量。

③火候　在煮制过程中，根据火焰的大小强弱和锅内汤汁情况，可分为旺火、中火和微火三种。旺火（又称大火、急火、武火）火焰高强而稳定，锅内汤汁剧烈沸腾；中火（又称温火、文火）火焰低弱而摇晃，一般锅中间部位汤汁沸腾，但不强烈；微火（又称小火）火焰很弱而摇摆不定，勉强保持火焰不灭，锅内汤汁微沸或缓缓冒泡。

酱卤制品煮制过程中除个别品种外，一般早期使用旺火，中后期使用中火和微火。旺火烧煮时间通常比较短，其作用是将汤汁烧沸，使原料肉初步煮熟。中火和微火烧煮时间一般比较长，其作用可使肉在煮熟的基础上变得酥润可口，同时使配料渗入内部，达到内外品味一致的目的。

有的产品在加入砂糖后，往往再用旺火，其目的在于使砂糖深化。卤制内脏时，由于口味要求和原料鲜嫩的特点，在加热过程中，自始至终要用文火煮制。

目前，许多厂家早已使用夹层锅生产，利用蒸汽加热，加热程度可通过液面沸腾的状况或由温度指示来决定，以生产出优质的肉制品。

(4)煮制时肉的变化

①重量减轻　肉在加热时产生一系列的物理化学变化，其中最明显的变化是失去水分，重量减轻。一般情况下中等肥度的猪、牛、羊肉原料在100℃水中煮沸30 min重量可减少的情况见表4-4。

表4-4　肉类煮时质量的减少　　%

名称	水分	蛋白质	脂肪	其他	总量
猪肉	21.3	0.9	2.1	0.3	24.6
牛肉	32.2	1.8	0.6	0.5	35.1
羊肉	26.9	0.6	6.3	0.4	35.1

为了减少肉类在煮制时的水分损失，提高出品率，可以采用在加热前预煮的方法。先将原料投入沸水中短时间预煮可以使产品表面的蛋白质很快凝固，形成保护层，减少营养成分和水分的损失，提高出品率。采用高温油炸的方法，也可以有效减少水分的损失。

②蛋白质的变化　不同蛋白质因其结构和性质不同，变化存在着差异。肌原纤维蛋白和肌溶蛋白，对热不稳定，在加热早期温度达到40～50℃时，首先是肌溶蛋白变性凝固，成为不可溶性蛋白；其次是蛋白质失去分子中大量水分，收缩变硬。这主要是由于肌原纤维蛋白（其中关键是肌球蛋白），受热变性时蛋白质分子聚合、凝固、收缩，不能形成良好的空间网络结构，不能将大量水分封闭在其分子形成的网络结构中，因而使肉的体积缩小、硬度增加，嫩度下降。

加热对肌肉蛋白质的酸碱性基团的影响的研究结果表明，在20～70℃的加热过程中，碱性基团的数量几乎没有什么变化，但酸性基团大约减少2/3。酸性基团的减少表现为不同的阶段有所不同，从40℃开始急速减少，50～55℃停止，55～60℃又继续减少，一直减少到70℃，当80℃以上时开始形成H_2S。所以加热时由于酸性基团的减少，使肉的pH上升。随着加热温度升高和时间延长，部分蛋白质会发生水解，在一定程度上使肉质变软，同时还会降解产生一些呈味物质，使肉的风味改善。

为了提高肉的保水性，减轻由于蛋白质受热变性失水引起的肉质变硬，有些制品在加工工艺过程中，采用低温腌制、按摩滚揉等技术措施，使凝胶状态的肌原纤维蛋白质变为溶胶状态，并形成良好的空间结构，一经加热就能形成封闭式立体网络结构，从而减少了肉汁流失，使制品的嫩度、风味、出品率都得到提高。

③结缔组织的变化　结缔组织中的蛋白质主要是胶原蛋白和弹性蛋白，一般加热条件下弹性蛋白的变化不明显，主要是胶原蛋白的变化。在70℃以下的温度加热时，结缔组织中蛋白质主要发生的变化是收缩变性，使肌肉硬度增加，肉汁流失。这种收缩主要取决于胶原蛋白的稳定性，胶原蛋白越成熟，复杂交联越多，对热越稳定，变性收缩时产生的张力越大，肌肉收缩的程度越大，硬度增加越明显，肉汁流失越多。随着温度的升高和加热时间的延长，变性后的胶原蛋白又会降解为明胶，明胶吸水后膨胀成胶冻状，从而使肉的硬度下降，嫩度提高。

在100℃同样大小不同部位中的胶原在不同煮制时间转变成明胶的量见表4-5。所以，合适的煮制温度和时间，可使肉的嫩度和风味改善。

表4-5　在100℃条件下不同时间转变为明胶的量　%

部位	明胶的量		
	20 min	40 min	60 min
腹部肌肉	12.9	26.3	48.3
背部肌肉	10.4	23.9	43.5
后腿肌肉	9.0	15.6	29.5
前臂肌肉	5.3	16.7	22.7
半腱肌	4.3	9.9	13.8
胸肌	3.3	8.3	12.1

④脂肪组织的变化　肉在煮制过程中，由于脂肪细胞周围的结缔组织纤维受热收缩和细胞内脂肪受热膨胀，脂肪细胞膜受到了外部的收缩压力和内部膨胀力的作用，就会引起部分脂肪细胞破裂，脂肪溢出。不饱和脂肪酸越多，脂肪熔点越低，脂肪越容易流出。脂肪的流出和与脂肪相关的挥发性物质的溢出给肉汤增补香气。

加热水煮制时，如果肉量过多或剧烈沸腾时脂肪容易氧化，易使肉汤呈现混浊状态，生成二羟基酸类，而使肉汤带有不良气味。

⑤在加热过程中，由于蛋白质变性和脱水的结果，使汁液从肉中分离出来，汁液中浸出物溶于水，易分解，并赋予煮熟肉的特殊风味。肌肉组织中的浸出物主要有含氮浸出物和非含氮浸出物两大类。含氮浸出物中有游离的氨基酸、二肽、胍的衍生物、嘌呤碱等，是影响肉风味的主要物质。非含氮浸出物主要有糖原、葡萄糖、乳酸等。

肉在煮制过程中可溶性物质的分离受很多因素的影响。如动物肉的种类、性别、年龄及动物的肥瘦等。肉的冷加工方法也会对可溶性分离产生影响，如冷却肉或者冷冻肉、自然冻结或是人工机械制冷冻结等的结果也各不相同。此外，不同部位肉的浸出物也不同。

⑥颜色的变化　肉在煮制过程中，颜色变化主要是由于肌红蛋白和血红蛋白受热后发生氧化、变性引起的。如果没有经过发色，肉被加热至 60℃以下仍能保持原有的红色；若加热到 60～70℃时，肉即变为较浅的淡红色；当温度上升至 70℃以上时，随着温度的升高肉由淡红色逐渐变为灰褐色；最后肌红蛋白和血红蛋白完全变性、氧化，形成不溶于水的物质。

肉若经过腌制发色，在煮制时仍会保持鲜红的颜色，因为发色时产生的一氧化氮肌红蛋白和一氮化氮血红蛋白对热稳定，从而使肉色稳定，色泽鲜艳。但它们对可见光不稳定，要注意避光。

3)料袋制法和使用　酱卤制品制作过程中大都采用料袋。料袋是用两层纱布制成的长方形布袋，可根据锅的大小、原料多少缝制大小不同的料袋。将各种香料装入料袋，用粗线绳将料袋口扎紧。最好在原料未入锅之前，将锅中的酱汤打捞干净，将料袋投入锅中煮沸，使料在汤中串开后，再投入原料酱卤。

料袋中所装香料可使用 2～3 次，然后以新换旧，逐步淘汰，既可根据品种实际味道减少辅料，也可以降低成本。

4)冷却　蒸煮结束的制品，如不进行烟熏和干燥，就应尽快冷却。一般采用自然冷却法，要求产品在专用的晾晒架上，并在冷却恒温间进行冷却，产品之间不能相互粘连，以免冷却后影响产品的感官。

冷却之后的产品及时进行包装，二次杀菌和冷却，若是散装产品则应及时进行装箱，并保持低温贮藏。

4.2.3.2　腌腊肉制品

肉制品加工中以腌腊制品最为普遍，在我国已有几千年的历史，几乎每家每户都会制作。最早的腌腊制品是指腊月生产的腌制品，即在民间称为腊月的农历 12 月加工的肉制品，现在这种称呼已失去它本来的含义。

现在的腌腊制品是指用鲜肉作主要原料，配以各种调味品，经过腌制、晾晒或烘焙等方法制成的一种半成品，属于肉制品中的高档次产品。这类肉食品生产成本低廉，有耐贮藏性，在干燥过程中通过酶的作用和一系列的化学反应过程形成典型的腌腊制品的风味，具有浓郁的鲜美风味。

其选料与加工设备与西式干香肠类似，所不同的是其独特的烘焙工艺。焙房温度一般掌握在 47～52℃。温度过高会使香肠内中空、漏油；温度过低，会使产品发酸变成次品。在烘焙时必须把上层和下层的香肠交替换位，使之受热均匀。

还有不同之处在于食用方法的不同，中式腌腊制品都是半成品，需要经过蒸或炒制后方可食用。

根据加工工艺及产品特点将其分类如下：

1. 咸肉类

又称腌肉，是原料肉经腌制加工而成的生肉类制品，其主要特点是成品肥肉呈白色，瘦肉呈玫瑰红色或红色。具有独特的腌制风味，味稍咸。有咸猪肉、咸水鸭、咸牛肉、腌鸡等。

2. 腊肉类

肉经食盐、硝酸盐、亚硝酸盐、糖和调味香料等腌制后，经晾晒烘烤或烟熏处理等工艺加工而成的生肉类制品，其主要特点是成品呈金黄色或红棕色，产品整齐美观，不带碎骨，具有腊香,味美可口。有金华火腿、四川腊肉、广式腊肉、板鸭、腊鱼、腊兔等。

3. 腊肠、肉枣类

肉经切碎后加入食盐、硝酸盐、亚硝酸盐、糖和调味香料等拌匀后灌入可食用肠衣内,经晾晒烘烤或烟熏处理等工艺加工而成的生肉类制品。其特点是:色泽鲜明,美味可口,出品率低,为高档产品。有广式腊肠、四川熏肠等。

4. 风干肉类

肉经腌制、洗晒(有的无)、晒挂、干燥等工艺加工而成的生肉类制品。其特点干而耐咀嚼,回味绵长。有风干牛肉、风干鸡等。

腌制肉制品时,应注意以下几点:

(1)不管采用哪一种方法进行腌制,都必须把肉块腌透、腌好。一般来说,腌制液完全渗透到肉内为腌透标志。用刀切开最厚肌肉,若整个断面呈玫瑰红色,指压弹性均相等,无黏手感,说明已达到腌透的要求。

(2)腌制主要是利用盐液向肉内进行扩散和渗透,这种扩散与温度密切相关。温度越高,速度越快,但在温度高的情况下,细菌繁殖也越迅速,因此,腌制时最适宜的温度为2~4℃。

(3)腌制液的保管:在加工过程中腌制液往往容易酸败变质,从而影响制品质量,变质的腌制液的特征是:水面浮有一层泡沫或有小气泡上升。因此,在使用陈腌制液时需先撇去浮在上面的泡沫,滤去杂质,再将滤液经80℃ 0.5 h杀菌,充分冷却后才能使用。

(4)对肥膘的腌制常被人们忽视而省略。良好的肥膘腌制,可给制品带来良好的风味和减少出油。腌制好的肥膘断面为青白色,切薄片时略带透明,这是由于脂肪被盐作用后老化的结果。脂肪中含有盐分,在与肌肉或其他溶液相遇时,容易相互结合。

4.3 干制肉品加工

肉品干制就是在自然条件或人工控制条件下促使肉中水分蒸发的一种工艺过程,也是肉类食品最古老的贮藏方法之一。干制肉品是以新鲜的畜禽瘦肉作为原料,经熟制后再经脱水干制而成的一种干燥风味制品,全国各地均有生产。干制肉品营养丰富,美味可口,重量轻,体积小,食用方便,质地干燥,便于保存携带,颇受旅行、探险和地质勘测等人员的欢迎。

4.3.1 干制的基本原理

干制既是一种保存手段,又是一种加工方法。肉品干制的基本原理可概括为一句话:通过脱去肉品中的一部分水,抑制了微生物的活动和酶的活力,从而达到加工出新颖产品或延长贮藏时间的目的。

水分是微生物生长发育所必需的营养物质,但是并非所有的水分都被微生物利用,如在添加一定数量的糖、盐的水溶液中,大部分水分就不能被利用。我们把能被微生物、酶化学反应所利用的水分(一般指游离水)称为有效水分。衡量有效水分的多少用水分活度(Aw)表示。水分活度是食品中水分的蒸汽压与纯水在该温度时的蒸汽压的比值。一般鲜肉、煮制后鲜制品的水分活度为0.99左右,香肠类为0.93~0.97,牛肉干为0.90左右。

每一种微生物生长，都有所需的最低水分活度。一般来说，霉菌需要的 Aw 为 0.80 以上，酵母菌为 0.88 以上，细菌生长为 0.99～0.91。总体上来说，肉与肉制品中大多数微生物都只有在较高 Aw 条件下才能生长。只有少数微生物需要低的 Aw。因此，通过干制降低 Aw 就可以抑制肉制品中大多数微生物的生长。但是必须指出，一般干燥条件下，并不能使肉制品中的微生物完全致死，只是抑制其活动。若以后环境适宜，微生物仍会继续生长繁殖。因此，肉类在干制时一方面要进行适当的处理，减少制品中各类微生物数量；另一方面干制后要采用合适的包装材料和包装方法，防潮防污染。

4.3.2　影响食品干制的因素

4.3.2.1　食品表面积

为了加速湿熟交换，食品常被分割成薄片或小片后，再行脱水干制。物料切成薄片或小颗粒后，缩短了热量向食品中心传递和水分从食品中心外移的距离，增加了食品和加热介质相互接触的表面积，为食品内水分外逸提供了更多的途径，从而加速了水分蒸发和食品脱水干制。食品的表面积越大，干燥速度越快。

4.3.2.2　温度

传热介质和食品间温差愈大，热量向食品传递的速度也愈大，水分外逸速度亦增加。若以空气为加热介质，则温度就降为次要因素。原因是食品内水分以水蒸气状态从它表面外逸时，将在其周围形成饱和水蒸气层，若不及时排除掉，将阻碍食品内水分进一步外逸。从而降低了水分的蒸发速度。不过温度越高，它在饱和前所能容纳的蒸汽量越多，同时若接触空气量越大，所能吸收水分蒸发量也就越多。

4.3.2.3　空气流速

加大空气流速，不仅因热空气所能容纳的水蒸气量高于冷空气而吸收较多的蒸发水分，还能及时将聚积在食品表面的饱和湿空气带走，以免阻止食品内水分进一步蒸发，同时还因和食品表面接触的空气量增加，而显著地加速食品中水分的蒸发。因此，空气流速愈快，食品干燥速度愈迅速。

4.3.2.4　空气湿度

脱水干制时，如用空气作干燥介质，空气愈干燥，食品干燥速度也愈快。近于饱和的湿空气进一步吸收蒸发水分的能力，远比干燥空气差。

4.3.2.5　大气压力和真空

在大气压力为 1 个大气压（1 个标准大气压＝1.013×10^5 Pa）时，水的沸点为 100℃，如大气压力下降，则水的沸点也就下降，气压越低，沸点也降低。因此在真空室内加热干制时，可以在较低的温度下进行。

4.3.3　干制方法

肉类脱水干制方法，随着科学技术不断发展，也在不断地改进和提高。按照加工的方法和方式，目前已有自然干燥、烘炒干制、烘房干燥、低温升华干燥等。按照干制时产品所处的压力和加热源可以分为常压干燥、微波干燥和减压干燥。

4.3.3.1 根据干燥的方式分类

1. 自然干燥

自然干燥法是古老的干燥方法，要求设备简单，费用低，但受自然条件的限制，温度条件很难控制，大规模的生产很少采用，只是在某些产品加工中作为辅助工序采用，如风干香肠的干制等。

2. 烘炒干制

烘炒干制法亦称传导干制。靠间壁的导热将热量传给与壁接触的物料。由于湿物料与加热的介质（载热体）不是直接接触，又称间接加热干燥。传导干燥的热源可以是水蒸气、热力、热空气等。可以在常温下干燥，亦可在真空下进行。加工肉松都采用这种方式。

3. 烘房干燥

烘房干燥法亦称对流热风干燥。直接以高温的热空气为热源，借对流传热将热量传给物料，故称为直接加热干燥。热空气既是热载体又是湿载体。一般对流干燥多在常压下进行。因为在真空干燥情况下，由于气相处于低压，热容量很小，不能直接以空气为热源，必须采用其他热源。对流干燥室中的气温调节比较方便，物料不致过热，但热空气离开干燥室时，带有相当大的热能。因此，对流干燥热能的利用率较低。

4. 低温升华干燥

在低温下一定真空度的封闭容器中，物料中的水分直接从冰升华为蒸汽，使物料脱水干燥，称为低温升华干燥。较上述三种方法，此法不仅干燥速度快，而且最能保持原来产品的性质，加水后能迅速恢复原来的状态，保持原有成分，很少发生蛋白质变性。但设备较复杂，投资大，费用高。

4.3.3.2 按照干制时产品所处的压力和热源分类

肉置于干燥空气中，则所含水分自表面蒸发而逐渐干燥。为了加速干燥，则需扩大表面积，因而，常将肉切成片、丁、粒、丝等形状。干燥时空气的温度湿度等都会影响干燥速度。为了加速干燥，不仅要加强空气循环，而且还需加热。但加热会影响肉制品品质，故又有了减压干燥的方法。肉品的干燥根据其热源不同，可分为自然干燥和加热干燥，而干燥的热源有蒸汽、电热、红外线及微波等；根据干燥时的压力，肉制品干燥方法包括常压干燥和减压干燥，减压干燥包括真空干燥和冷冻干燥。

1. 常压干燥

鲜肉在空气中放置时，其表面的水分开始蒸发，造成食品中内外水分密度差，导致内部水分向表面扩散。因此，其干燥速度是由水分在表面蒸发速度和内部扩散的速度决定的。但在升华干燥时，则无水分的内部扩散现象，是由表面逐渐移至内部进行升华干燥。

常压干燥过程包括恒速干燥和降速干燥两个阶段，而降速干燥阶段又包括第一降速干燥阶段、第二降速干燥阶段。在恒速干燥阶段，肉块内部水分扩散的速率要大于或等于表面蒸发速度，此时水分的蒸发在肉块表面进行，蒸发速度是由蒸汽穿过周围空气膜的扩散速率所控制的，其干燥速度取决于周围热空气与肉块之间的温度差，而肉块温度可近似认为与热空气湿球温度相同。在恒速干燥阶段将除去肉中绝大部分的游离水。

当肉块中水分的扩散速率不能再使表面水分保持饱和状态时，水分扩散速率便成为干燥速度的控制因素。此时，肉块温度上升，表面开始硬化，干燥进入降速干燥阶段。该阶段包括两个阶段：水分移动开始稍感困难阶段为第一降速干燥阶段，以后大部分成为胶状水的移动，则进入第二降速干燥阶段。

肉品进行常压干燥时，温度对内部水分扩散的影响很大。干燥温度过高，恒速干燥阶段缩短，很快进入降速干燥阶段，但干燥速度反而下降。因为在恒速干燥阶段，水分蒸发速度快。肉块的温度较低，不会超过其湿球温度，加热对肉的品质影响较小。但进入降速干燥阶段，表面蒸发速度大于内部水分扩散速率，致使肉块温度升高，极大影响肉的品质，且表面形成硬膜，使内部水分扩散困难，降低了干燥速率，导致肉块中内部水分含量过高，使肉制品在贮藏期间腐烂变质。故确定干燥工艺参数时要加以注意。在干燥初期，水分含量高，可适当提高干燥温度，随着水分减少应及时降低干燥温度。现在有人报道，在完成恒速干燥阶段，采用回潮后再行干燥的工艺效果良好。另据报道，用煮熟肌肉在回转式烘干机干燥过程中出现了多个恒速干燥阶段。干燥和回潮交替进行的新工艺有效地克服了肉块表面变硬和内部水分过高这一缺陷。除了干燥温度外，湿度、通风量、肉块的大小、摊铺厚度等都影响干燥速度。常压干燥时温度较高，且内部水分移动，易与组织酶作用，常导致成品品质变劣、挥发性芳香成分逸失等缺点，但干燥肉制品特有的风味也在此过程中形成。

2. 微波干燥

用蒸汽、电热、红外线烘干肉制品时，耗能大，时间长，易造成外焦内湿现象。利用新型微波能技术则可有效地解决以上问题。微波是电磁波的一个频段，频率范围为 300～3 000 MHz。微波发生器产生电磁波，形成带有正负极的电场。食品中有大量的带正负电荷的分子(水、盐、糖)，在微波形成的电场作用下，带负电荷的分子向电场的正极运动，面带正电荷的分子向电场负极运动。由于微波形成的电场变化很大(一般为 300～3 000 MHz)，且呈波浪形变化，使分子随着电场的方向变化而产生不同的运行方向。分子间的运动经常产生阻碍、摩擦而产生热量，使肉块得以干燥。而且这种效应在微波一旦接触到肉块时就会在肉块内外同时产生。而无须热传导、辐射、对流，在短时内即可达到干燥的目的，且使肉块内外受热均匀，表面不易焦糊。但微波干燥设备有投资费用较高、干肉制品的特征性风味和色泽不明显等缺点。

3. 减压干燥

食品置于真空中，随真空度的不同，在适当温度下，其所含水分蒸发或升华。也就是说，只要对真空度作适当调节，即使是在常温以下的低温也可进行干燥。理论上水在 613.18 Pa 以下的真空中，液体的水变成固体的水。同时冰直接变成水蒸气而蒸发，即所谓升华。就物理现象而言，采用减压干燥，随着真空度的不同，无论是水的蒸发还是冰的升华，都可以制得干制品。因此肉品的减压干燥有真空干燥(vaccum dehydration)和冻结干燥(freezed dehydration)两种。

真空干燥是指肉块在未达结冰温度的真空状态(减压)下加速水分的蒸发而进行的干燥。真空干燥时，在干燥初期，与常压干燥时相同，存在着水分的内部扩散和表面蒸发。但在整个干燥过程中，则主要为内部扩散与内部蒸发共同进行的干燥。因此，与常压干燥相比较，干燥时间缩短，表面硬化现象减小。真空干燥虽使水分在较低温度下蒸发干燥，但因蒸发而芳香成分的逸失及轻微的热变性在所难免。

冻结干燥相似于前述的低温升华干燥，是指将肉块冻结后，在真空状态下，使肉块中的冰升华而进行干燥。这种干燥方法对色、味、香、形几乎无任何不良影响，是现代最理想的干燥方法。我国冻结干燥法在干肉制品加工中的应用才起步，相信会得到迅速发展。冻结干燥是将肉块急速冷冻至−40～−30℃，将其置于可保持真空度 13～133 Pa 的干燥室中，因冰的升华而进行干燥。冰的升华速度，由干燥室的真空度及升华所需要的热量决定。另外，肉块的大小、薄厚均有影响。冻结干燥法虽需加热，但并不需要高温，只供给升华潜热并缩短其干燥时间即可。冻结干燥后的肉块组织为多孔质，未形成水不浸透层，且其含水量少，故能迅速吸水复原，是方便面等速食品的理想辅料。同理，贮藏过程中也非常容易吸水，且其多孔质与空气接触面积增大，在贮藏期间易被氧化变质，特别是脂肪含量高时更是如此。

4.3.4 包装

包装前的干制肉品，常需进行筛选去杂，剔除块片和颗粒大小不合标准的产品以提高产品质量标准。去杂多为人工挑选。为使肉松进一步蓬松，用擦松机和挑松机可使其更加整齐一致。用烘房干燥或自然干制方法制得的干制品各自所含的水分并不均匀一致，而且在其内部也不是均匀分布的，常需均湿处理，即在密封室内进行短暂贮藏，以便使水分在干制品内部及干制品相互间进行扩散和重新分布，最后达到均匀一致的要求。

干制品的外包装一般采用塑料薄膜。

4.3.5 典型产品

肉类干制品主要有肉干、肉松、肉脯三大类。

4.3.5.1 肉干加工

肉干是用牛、猪等瘦肉经预煮后，加入配料复煮，最后经烘烤而成的一种肉制品。由于原料肉、辅料、产地、外形等不同，其品种较多，如根据原料肉不同有牛肉干、猪肉干、羊肉干等；根据形状分为片状、条状、粒状等肉干；按辅料不同有五香肉干、麻辣肉干、咖喱肉干等。但各种肉干的加工工艺基本相同。

1. 上海咖喱猪肉干

上海咖喱猪肉干是上海著名的风味特产。肉干中含有的咖喱粉是一种混合香料，颜色为黄色，味香辣，很受人们的喜爱。

(1)工艺流程　原料选择与整理→预煮、切丁→复煮、翻炒→烘烤→成品。

(2)原料辅料　猪瘦肉 50 kg，精盐 1.5 kg，白糖 6 kg，酱油 1.5 kg，高粱酒 1 kg，味精 250 g，咖喱粉 250 g。

(3)加工工艺

①原料选择与整理　选用新鲜的猪后腿或大排骨的精瘦肉，剔除皮、骨、筋、膘等，切成 0.5～1 kg 大小的肉块。

②预煮、切丁　坯料倒入锅内，并放满水，用旺火煮制，煮到肉无血水时便可出锅。将煮好的肉块切成长 1.5 cm、宽 1.3 cm 的肉丁。

③复煮、翻炒　肉丁与辅料同时下锅，加入白汤 3.5～4 kg，用中火边煮边翻炒，开始时炒慢些，到卤汁快烧干时稍快一些，不能焦粘锅底，一直炒至汁干后才出锅。

④烘烤　出锅后，将肉丁摊在铁筛子上，要求均匀，然后送入 60～70℃ 烤炉或烘房内烘烤 6～7 h，为了均匀干燥，防止烤焦，在烘烤时应经常翻动，当产品表里均干燥时即为成品。

(4)质量标准　成品外表黄色，里面深褐色，呈整粒丁状，柔韧甘美，肉香浓郁，咸甜适中，味鲜可口。出品率一般为42%～48%。

2.哈尔滨五香牛肉干

哈尔滨牛肉干是哈尔滨的名产。产品历史悠久，风味佳，是国内比较畅销的干制品。

(1) 工艺流程　原料选择与整理→浸泡、清煮→冷却、切块→复煮→烘烤→成品。

(2) 原料辅料　牛肉50 kg，食盐1.8 kg，白糖280 g，酱油3.5 kg，黄酒750 g，味精100 g，姜粉50 g，八角75 g，桂皮75 g，辣椒面100 g，安息香酸钠25 g。

(3) 加工工艺

①原料选择与整理　选择无粗大筋腱并经过卫生检验合格的新鲜牛肉，切成0.5 kg左右重的肉块。

②浸泡、清煮　切好的肉块放入冷水浸泡1 h左右，让其脱出血水后，捞出沥干水分。然后把肉块投入锅内，加入食盐1.5 kg，八角75 g，桂皮75 g，清水15 kg，一起煮制，温度需保持在90℃以上，不断翻动肉块，使其上下煮制均匀，并随时清除肉汤面上的浮油沫，约煮1.5 h，肉内部切面呈粉红色就可出锅。

③冷却、切块　出锅后的肉放在竹筐中晾透，然后除去肉块上较大的筋腱，切成1 cm^3左右肉丁。

④复煮　除酒和味精外，将其他剩余的辅料与清煮时的肉汤拌和，再把切好的小肉丁倒入其内，放入锅中复煮，煮制过程不断翻动，待肉汤快要熬干时，倒入酒、味精等，翻动数次，汤干出锅，出锅后盛在烤筛内摊开，摆在架子上晾凉。

⑤烘烤　将摊有肉丁的筛子放进烘房或烘炉的格架上进行烘烤，烘房或烘炉的温度保持在50～60℃，每隔1 h应把烤筛上下换一次位置，同时翻动肉干，烘7 h左右，肉干变硬即可取出，放在通风处晾透即为成品。

(4)质量标准　产品呈褐色，肉丁大小均匀，质地干爽而不柴，软硬适度，无膻味，香甜鲜美，略带辣味。

3.麻辣猪肉干

麻辣猪肉干，其味特殊且佳，为佐酒助餐食品。

(1)工艺流程　原料选择与整理→煮制→油炸→成品。

(2)原料辅料　猪瘦肉50 kg，食盐750 g，白酒250 g，白糖0.75～1 kg，酱油2 kg，味精50 g，花椒面150 g，辣椒面1～1.25 kg，五香粉50 g，大葱500 g，鲜姜250 g，芝麻面150 g，芝麻油500 g，植物油适量。

(3)加工工艺

①原料选择与整理　选用经过卫生检验合格的新鲜猪前腿、后腿的瘦肉，去除皮、骨、脂肪和筋膜等，冲洗干净后切成0.5 kg左右的肉块。

②煮制　将大葱挽成结，姜拍碎，把肉块与葱、姜一起放入清水锅中煮制1 h左右出锅摊凉，顺肉块的肌纤维切成长约5 cm、宽高均1 cm的肉条，然后加入食盐、白酒、五香粉、酱油1.5 kg，拌和均匀，放置30～60 min使之入味。

③油炸　将植物油倒入锅内，使用量以能淹浸肉条为原则，将油加热到140℃左右，把已入味的肉条倒入锅内油炸，不停地翻动，等水响声过后，发出油炸干响声时，即用漏勺把肉条捞出锅，待热气散发后，将白糖、味精和余下的酱油搅拌均匀后倒入肉条中拌和均匀，晾凉。取炸肉条后的熟植物油2 kg，加入辣椒面拌成辣椒油，再依次把熟辣椒油、花椒面、芝麻油、芝麻面

等放入凉后的肉条中，拌和均匀即为成品。

(4)质量标准　产品呈红褐色，为条状，味麻辣，干且香。

4.3.5.2　肉松加工

肉松是将肉煮烂，再经过炒制，揉搓而成的一种入口即化、易于贮藏的脱水制品。由于所用的原料不同，有猪肉松、牛肉松、鸡肉松及鱼肉松等。按其成品形态不同，可分为肉绒和油松两类，肉绒成品金黄或淡黄，细软蓬松如棉絮；油松成品呈团粒状，色泽红润。它们的加工方法有异同。我国有名的传统产品是太仓肉松和福建肉松等。

1. 太仓肉松

太仓肉松是江苏省的著名产品，创始于江苏省太仓县。历史悠久，闻名中外，曾于1935年在巴拿马国际展览会上获奖。

(1)工艺流程　原料选择和整理→煮制→炒制→成品。

(2)原料辅料　猪瘦肉50 kg，食盐1.5 kg，黄酒1 kg，酱油17.5 kg，白糖1 kg，味精100～200 g，鲜姜500 g，八角250 g。

(3)加工工艺

①原料选择和整理　选用新鲜猪后腿瘦肉为原料。剔去骨、皮、脂肪、筋膜及各种结缔组织等，切成拳头大的肉块。

②煮制　将瘦肉块放入清水(水浸过肉面)锅内预煮，不断翻动，使肉受热均匀，并撇去上浮的油沫。煮4 h左右时，稍加压力，肉纤维可自行分离，便加入全部辅料再继续煮制，直到汤煮干为止。

③炒制　取出生姜和香辛料，采用小火，用锅铲一边压散肉块，一边翻炒，勤炒勤翻，操作要轻并且均匀，当肉块全部炒松散和炒干时，颜色由灰棕色变为金黄色的纤维疏松状即为成品。

(4)质量标准　成品色泽金黄，有光泽，呈丝绒状，纤维纯洁疏松，鲜香可口，无杂质，无焦糊现象。水分含量≤20%，油分8%～9%。

2. 福建肉松

福建肉松为福建著名传统产品，创始者是福州市人，据传在清代已有生产，历史悠久。福建肉松的加工方法与太仓肉松的加工方法基本相同，只是在配料上有区别，另外加工方法上增加油炒工序，制成颗粒状，产品因含油量高而不耐贮藏。

(1) 工艺流程　原料选择与整理→煮肉炒松→油酥→成品。

(2) 原料辅料　猪瘦肉50 kg，白糖5 kg，白酱油3 kg，黄酒1 kg，味精75 g，猪油7.5 kg，面粉4 kg，桂皮100 g，鲜姜500 g，大葱500 g，红曲适量。

(3) 加工工艺

①原料选择与整理　选用新鲜猪后腿精瘦肉，剔除肉中的筋腱、脂肪及骨等，顺肌纤维切成0.1 kg左右的肉块，用清水洗净并沥干水。

②煮肉炒松　将洗净的肉块投入锅内，并放入桂皮、鲜姜、大葱等香料，加入清水进行煮制，不断翻动，舀出浮油。当煮至用铁铲稍压即可使肉块纤维散开时，再加入红曲、白糖、白酱油等。根据肉质情况决定煮制时间，一般需煮4～6 h，待锅内肉汤收干后出锅，放入容器晾透。然后把肉块放在另一锅内进行炒制，用小火慢炒，让水分慢慢地蒸发，炒到肉纤维不成团时，再改用小火烘烤，即成肉松坯。

③油酥　在炒好的肉松坯中加入黄酒、味精、面粉等，等搅拌均匀后，再放到小锅中用小火烘焙，随时翻动，待大部分松坯都成为酥脆的粒状时，用筛子把小颗粒筛出，剩下的大颗粒松坯倒入加热到200℃左右的猪油中，不断搅拌，使松坯与猪油均匀结成球形圆粒，即为成品。熟猪油加入量一般为肉坯重的40％～60％，夏季少些，冬季可多些。

(4)质量标准　成品呈红褐色，颗粒状，大小均匀，油润酥软，味美香甜，香气浓郁，不含硬粒，无异味。

3. 鸡肉松

鸡肉松是用鸡肉为原料加工制成的肉松制品，营养丰富，味清香，是群众较喜欢的一种干制品。

(1)工艺流程　原料选择与整理→烧煮→炒松→擦松→成品。

(2)原料辅料　带骨鸡肉50 kg，食盐1.25 kg，白糖2.2 kg，黄酒250 g，鲜姜250 g。

(3)加工工艺

①原料选择与整理　选择健康肥嫩的活鸡作为加工原料。将鸡宰杀、去毛、去头、脚和内脏，洗净鸡体。

②烧煮　把鸡体放入锅内，加入适量的水和生姜，先用大火煮沸，撇去水面浮物，后改用小火煮3 h左右，煮制过程需不断上下翻动。然后捞出、拆骨、去皮，取出鸡肉块并压散，再放入经过滤的原汤中，加入其他辅料，继续煮3 h，边煮边撇净油质。否则，制成的鸡松不能久存。当煮至快干锅时，端锅离火。

③炒松　将煮好的鸡肉放入洁净的锅内用微火炒1～2 h，不停地用铲子翻炒，并将肉块压散，干度适宜时便可取出。

④擦松　炒好的肉料放在盘内用擦松板揉搓，搓时用力要适度，当肉丝擦成蓬松的纤维状即为成品。

(4)质量标准　成品色白微黄，纤维细长柔软，有弹性，甜咸适度。

4.5.5.3　肉脯加工

肉脯是烘干的肌肉薄片，与肉干的加工不同之处在于不经过煮制。我国已有50多年制作肉脯的历史，全国各地均有生产，加工方法稍有差异，但成品一般均为长方形薄片，厚薄均匀，为酱红色，干爽香脆。

1. 靖江猪肉脯

靖江猪肉脯是江苏省靖江著名的风味特产，以“双鱼牌”猪肉脯质量最优，该制品在国内外颇具盛名，曾获国家金质奖。

(1)工艺流程　原料选择与整理→冷冻→切片、拌料→烘干→烤熟→成品。

(2)原料辅料　猪瘦肉50 kg，白糖6.75 kg，酱油4.25 kg，味精250 g，胡椒粉50 g，鲜鸡蛋1.5 kg。

(3)加工工艺

①原料选择与整理　选用新鲜猪后腿瘦肉为原料。剔除骨头，修净肥膘、筋膜及碎肉，顺肌肉纤维方向分割成大块肉，用温水洗去油腻杂质，沥干水分。

②冷冻　将沥干水的肉块送入冷库速冻至肉中心温度达到－2℃即可出库。冷冻目的是

便于切片。

③切片、拌料　把经过冷冻后的肉块装入切肉片机内切成2 mm厚的薄片。将辅料混合溶解后，加入肉片中，充分拌匀。

④烘干　把入味的肉片平摊于特制的筛筐上或其他容器内（不要上下堆叠），然后送入65℃的烘房内烘烤5～6 h，经自然冷却后出筛即为半成品。

⑤烤熟　将半成品放入200～250℃的烤炉内烤至出油，呈棕红色即可。烤熟后用压平机压平，再切成12 cm×8 cm规格的片形即为成品。

（4）标准　成品颜色棕红透亮，呈薄片状，片形完整，厚薄均匀，规格一致，香脆适口，味道鲜美，咸甜适中。

2. 牛肉脯

牛肉脯以牛肉作为原料，其制作考究，质量上乘，全国各地均有制作，但辅料和加工方法略有不同。

（1）工艺流程　原料选择与整理→冷冻→切片、解冻→调味→铺盘→烘干→切形→焙烤→成品。

（2）原料辅料　牛肉20 kg，食盐100 g，酱油400 g，白糖1.2 kg，味精200 g，八角20 g，姜末10 g，辣椒粉80 g，山梨酸10 g，抗坏血酸的钠盐10 g。

（3）加工工艺

①原料选择与整理　挑选不带脂肪、筋膜的合格牛肉，以后腿肌肉为好。把牛肉切成约25 cm见方的肉块。

②冷冻　将整理后的腿肉放入冷冻室或冷冻柜中冷冻，冷冻温度在－10℃左右，冷冻时间24 h，肉的中心温度达到－5℃时为最佳。

③切片、解冻　将冷冻的牛肉放入切片机或进行人工切片，厚度一般控制在1～1.5 mm，切片时必须顺着牛肉的纤维切。然后把冻肉片放入解冻间解冻，注意不能用水冲洗肉片。

④调味　将辅料与解冻后的肉片混合并搅拌均匀，使肉片中盐溶蛋白溶出。

⑤铺盘　一般为手工操作。先用食用油将竹盘刷一遍，然后将调味后的肉片铺平在竹盘上，肉片与肉片之间由溶出的蛋白胶相互粘住，但肉片之间不要重叠。

⑥烘干　将铺平在竹盘上的已连成一大张的肉片放入55～60℃的烘房内烘干，时间需2～3 h。烘干至含水量为25%为佳。

⑦切形　烘干后的牛肉片是一大张，把大张牛肉片从竹盘上揭起，切成6～8 cm的正方形或其他形状。

⑧焙烤　把切形后的牛肉片送入200～250℃的烤炉中烤制6～8 min，烤熟即为成品，不得烤焦。

（4）质量标准　成品为红褐色，有光泽，呈片状，形状整齐，厚薄均匀，甜咸适中，无异味，肉质松脆，味道清香。

3. 美味禽肉脯

美味禽肉脯是以禽类的胸部和腿部肌肉作为加工的主要原料而制作的风味独特的肉脯制品，全国各地均有加工。

(1)工艺流程　选料与整理→斩拌→摊盘→烤制→压平、切块→成品。

(2)原料辅料　禽瘦肉 50 kg,白糖 6.5～7.5 kg,鱼露 4 kg,白酒 250 g,味精 250 g,鸡蛋 1.5 kg,白胡椒粉 100 g,红曲米适量。

(3)加工工艺

①选料与整理　选用健康家禽的胸部和腿部肌肉。将选好的原料拆骨,去除皮、皮下脂肪和筋膜等,洗净后切成小肉块。

②斩拌　将小肉块倒入斩拌机内进行剁制、斩碎,5～8 min,边斩拌边加入各种辅料,并加入适量的冷水调和。斩拌结束后,静置 20 min,让调味料充分渗入肉中。

③摊盘　将烤制用的筛盘先刷一遍油,然后将斩拌后的肉泥摊在筛盘上,厚度为 2 mm 左右,厚薄均匀一致。

④烤制　把肉料连同筛盘放进 65～70℃的烘房中烘 4～5 h,取出自然冷却。再放进 200～250℃的烤炉中烤制 1～2 min,至肉片收缩出油即可。

⑤压平、切块　用压平机将烤制好的肉片压平,切成 8 cm×12 cm 的长方块,即为成品。

(4)质量标准　成品色泽棕红,肉质松脆,美味可口,香味浓郁。

4.4　其他肉制品

4.4.1　发酵肉制品

发酵肉制品是肉制品在加工过程中经过了微生物发酵,由特殊细菌或酵母将糖转化为各种酸和或醇,使肉制品的 pH 降低,并经低温脱水使 Aw 下降加工而成的一类肉制品。因此,准确地讲应称其为发酵干燥肉制品。发酵肉制品因其较低的 pH 和较低的 Aw 使其得以保藏。在发酵、干燥过程中产生的酸、醇、非蛋白态含氮化合物、脂肪及酸使发酵肉制品具有独特的风味。

肉和肉制品的干燥和发酵是世界上最原始、最古老的贮藏方法,在大多数情况下发酵和干燥联合进行。我国的腊肠是通过干燥而制成,且是高温干燥(35～50℃),而欧洲的干肠则既有发酵过程又有干燥过程,且是低温干燥过程(15.6～23.0℃),但现在也有采用高温干燥工艺者(>30℃)。传统发酵肉制品生产中发酵所需的微生物是偶然从环境中混入的“野生”菌,而现在一般用筛选甚至通过生物工程技术培育的微生物。为了既缩短生产周期,又能保持发酵肉制品的风味特点,现有人进行直接添加化学酸化剂生产类似发酵肉制品的试验。

4.4.1.1　发酵肉制品中常见的微生物

发酵肉制品中的微生物主要包括乳酸菌、微球菌、霉菌和酵母(表 4-6),它们在肉制品的发酵和成熟过程中发挥了各自独特的作用。乳酸菌一般在整个发酵过程中占有绝对优势。欧洲发酵香肠分离得到的微生物大多是同型或兼型发酵的乳酸菌。其中清球乳杆菌和弯曲乳杆菌竞争力强,能抑制致病菌的生长,几乎控制了整个发酵过程。其他的乳酸菌数量少,如植物乳杆菌、巴伐利亚乳杆菌、布赫氏乳杆菌和短乳杆菌。Hugas 等从 75 种不同产地的西班牙香肠中分离了254种乳杆菌，其中清球乳杆菌占55%，弯曲乳杆菌占26%，短乳杆菌占11%，植物乳杆菌占8%，因而清球乳杆菌和弯曲乳杆菌为第二代发酵剂的主要微生物。

表4-6 肉制品发酵剂中常用的微生物种类

微生物种类	菌种
酵母(yeast)	汉逊氏德巴利酵母(*Dabarymyces hansenii*)
	法马塔假丝酵母(*D. candida famata*)
霉菌(fungi)	产黄青霉(*Penicillium charysogenum*)
	纳地青霉(*P. nalgiovense*)
乳酸菌(lactic acid bacteria)	植物乳杆菌(*Lactobacillus plantarum*)
	清酒乳杆菌(*L. sake*)
	乳酸乳杆菌(*L. lactis*)
	干酪乳杆菌(*L. casei*)
	弯曲乳杆菌(*L. curvatus*)
	乳酸片球菌(*Pediococcus acidilactici*)
	戊糖片球菌(*P. pentosaceus*)
	乳酸片球菌(*L. lactis*)
微球菌(micrococcus)	异变微球菌(*Micrococcus varians*)
葡萄球菌(staphylococcus)	肉糖葡萄球菌(*Staphylococcus carnosus*)
	木糖葡萄球菌(*S. xylosus*)
放线菌(actinomycetes)	灰色链球菌(*Streptomyces griseus*)
肠球菌(enterococcus)	气单胞菌(*Aeromonas* sp.)

葡萄球菌和微球菌在肉制品的发酵过程中通常会发生有益的反应，如分解过氧化物，降解蛋白质和脂肪。但是它们的竞争性不强，只有一些耐酸的菌株能够存活。在非致病的凝固酶阳性的葡萄球菌中，木糖葡萄球菌、肉葡萄球菌和腐生葡萄球菌占主要地位。除葡萄球菌外，变异微球菌等微球菌也少量存在。李平兰等采用选择性培养基对宣威火腿成熟产品中的主要微生物进行分离和计数发现，与发酵香肠不同，宣威火腿中的优势菌群为葡萄球菌、微球菌和霉菌，在火腿表面的数量均达到了106 cfu/g以上，而乳酸菌及肠杆菌、肠球菌的数量均明显低于优势菌群。这些结果表明，耐盐性的葡萄球菌和微球菌的代谢活动以及火腿表面大量霉菌的生长是宣威火腿独特风味形成的基础。

发酵香肠中的霉菌种类依环境和生产工艺的不同而不同。曲霉在发酵香肠的生产中是不受欢迎的，因为其中90%的菌种会产生毒素。青霉则被认为是成熟期间的有益菌株，那地青霉和产黄青霉经常应用于霉菌发酵的香肠中，尤其是在欧洲南部的一些国家。

在欧洲的发酵香肠中，片球菌出现的频率并不高，存在的比例也很小。但美国通常将片球菌作为发酵剂添加到肉馅中来加速肉制品的酸化，其中啤酒片球菌使用较早，目前使用较多的是乳酸片球菌和戊糖片球菌。

肠球菌有时也能从欧洲南部的一些传统发酵肉制品中分离得到，它们能够加速早期的发酵过程，且在最终的产品中能达到 102～105 cfu/g。关于肠球菌在发酵肉制品中存在的意义有不同的观点，一方面可以增加风味，另一方面如果致病菌增殖或其抗药性增加，将会大大降低肉制品的安全性。

4.4.1.2　发酵肉制品的种类

发酵肉制品主要是发酵香肠制品，另外还有部分火腿。这些制品的分类常以酸性(pH)高低、原料形态(绞碎或不绞碎)、发酵方法(有无接种微生物或/和添加碳水化合物)、表面有无霉菌生长、脱水的程度，甚至以地名进行命名。常见的分类方法主要有：

1. 按地名

这类命名方法是最传统也是最常用的方法，如黎巴嫩大香肠、塞尔维拉特香肠、欧洲干香肠、萨拉米香肠。

2. 按脱水程度

根据脱水程度可分成半干发酵香肠和干发酵香肠。

3. 根据发酵程度

根据发酵程度可分为低酸发酵肉制品和高酸发酵肉制品。成品的发酵程度是决定发酵肉制品品质的最主要因素，因此，这种分类方法最能反映出发酵肉制品的本质。

(1)低酸发酵肉制品　传统上认为低酸肉制品的 pH 为 5.5 或大于 5.5。对低酸肉制品，低温发酵和干燥有时是唯一抑制杂菌直至盐浓度达到一定水平(Aw 值降至 0.96 以下)的手段。著名的低酸发酵干燥肉制品有法国、意大利、南斯拉夫、匈牙利的萨拉米香肠，西班牙火腿，Ardennes 火腿等。虽然它们在烟熏(仅有部分产品烟熏)、霉菌生长(其中几种表面有霉菌生长)和其他特征方面彼此不同，但在以下两个方面是一致的。

①发酵干燥时间长，即是高 pH 产品，脱水率也较高，但无干燥失败现象(变形、部分硬化等)。因此，为了达到足够 Aw 值，必须延长水分移动过程。

②不添加碳水化合物或温度控制较低，产品的最终 pH 在 5.5 以上，且通常为 5.8～6.2。

低酸发酵肉制品在发酸和干燥期间，主要发生了以下变化：①蛋白酶降解肌肉蛋白产生风味物质(非蛋白态含氮化合物)使 pH 略微上升。②脂解酶降解脂肪产生羟基和脂肪酸，增加酸度而无酸败，因此形成可口的风味。③如果使用了硝酸盐，亚硝酸盐的消耗不显著。在低酸香肠中，残留的亚硝酸盐仍高达(50～100)×10^{-6}(mg/kg)。其原因不仅与硝酸盐和亚硝酸盐本身有关，而且与烟熏和干燥引起的浓度增加有关。④干燥导致 Aw 下降，无盐抵抗力的微生物逐渐减少并消失，大多数病原微生物被抑制。实际上只有李斯特菌和葡萄球菌有机会生长。低温(<10℃)和低 Aw 可以抑止大肠杆菌和沙门氏杆菌生长。

(2)高酸发酵肉制品　不同于传统低酸发酵肉制品，绝大多数高酸发酵肉制品用发酵剂接种或用发酵香肠的成品接种。而接种用的微生物有能发酵添加的碳水化合物而产酸的菌种。因此，成品的 pH 在 5.4 以下。在发酸和干燥期间，主要发生了以下变化：①由于碳水化合物降解形成乳酸，pH 降至 5.4 以下。该 pH 同肉类蛋白质的等电点十分接近，因此使肌肉蛋白凝胶化，且抑制了大多数不良微生物。②由于使用了发酵剂的香肠 15%～20%的失重就足以达到要求的 Aw，因此失重通常比低酸发酵肉制品低。③低 pH 和低 Aw 使初始菌群被选择淘汰，这类似于低酸肉制品中的变化。不同的是在高酸肉制品中由于 pH 较低，葡萄球菌也被抑制。④蛋白酶降解肌肉蛋白、肌原纤维蛋白和肌浆蛋白数量下降，NPN 化合物、肽、氨基酸及氨浓度增加，使 pH 略微升高。⑤某些发酵剂和肉类微生物具有水解脂肪的能力，使脂肪被水解形成脂肪酸，改善成品风味。在熟化期间虽然酸量增加，但并无酸败现象。⑥亚硝酸残留量降至 10×10^{-6}(mg/kg)以下。

发酵产酸需要一定的时间和条件，且这些条件往往不易控制。因此有人提出用添加化学添加剂的方法替代发酵产酸。但直接加酸会导致肌肉蛋白的迅速凝固，影响成品结着性。因此，必须寻找一种延缓酸作用的方法。目前有两种较为成功的酸化方法：葡萄糖酸-δ-内酯，混合和填充几小时后在肉中水解，产生葡萄酸；添加升温即溶化的特殊包衣包裹的有机酸。根据包衣的性质不同，温度或是室温，或是 50～65℃的高温。不完全氢化的植物油可作包衣。最常用的酸为柠檬酸和乳酸。

发酵和酸化相比较，酸化的时间很短，具有细菌学安全性。但普遍认为发酵剂发酵的香肠，其感官特性和货架期均比酸化剂生产的香肠好。酸化剂香肠虽被人们接受，但要求在生产后短期内销售，以免产生感官变化。

4.4.1.3　发酵香肠的加工

1. 工艺流程

绞肉→斩拌→灌肠→接种霉菌或酵母菌→发酵→干燥和成熟→包装。

2. 操作要点

(1)绞肉　尽管发酵香肠的质构不尽相同，但粗绞时原料精肉的温度应当在 0～－4℃的范围内，而脂肪要处于－8℃的冷冻状态，以避免水的结合和脂肪的融化。

(2)斩拌　首先将精肉和脂肪倒入斩拌机中，稍加混匀，然后将食盐、腌制剂、发酵剂和其他的辅料均匀地倒入斩拌机中斩拌混匀。斩拌的时间取决于产品的类型，一般的肉馅中脂肪的颗粒直径为 1～2 mm 或 2～4 mm。生产上应用的乳酸菌发酵剂多为冻干菌，使用时通常将发酵剂放在室温下复活 18～24 h，接种量一般为 106～107 cfu/g。

(3)灌肠　将斩拌好的肉馅用灌肠机灌入肠衣。灌制时要求填充均匀，肠坯松紧适度。整个灌制过程中肠馅的温度维持在 0～1℃。为了避免气泡的混入，最好利用真空灌肠机灌制。

生产发酵香肠的肠衣可以是天然肠衣，也可以是人造肠衣(纤维素肠衣、胶原肠衣)。肠衣的类型对霉菌发酵香肠的品质有重要的影响。利用天然肠衣灌制的发酵香肠具有较大的菌落并有助于酵母菌的生长，成熟得更为均匀且风味较好。无论选用何种肠衣，其必须具有允许水分通透的能力，并在干燥过程中随肠馅的收缩而收缩。德国涂抹型发酵香肠通常用直径小于 35 mm 的肠衣，切片型发酵香肠用直径 65～90 mm 的肠衣，接种霉菌或酵母菌的发酵香肠一般用直径 30～40 mm 的肠衣。

(4)接种霉菌或酵母菌　肠衣外表面霉菌或酵母菌的生长不仅对于干香肠的食用品质具有非常重要的作用，而且能抑制其他杂菌的生长，预防光和氧对产品的不利影响，并代谢产生过氧化氢酶。

生产中常用的霉菌是纳地青霉和产黄青霉，常用的酵母是汉逊氏德巴利酵母和法马塔假丝酵母。商业上应用的霉菌和酵母发酵剂多为冻干菌种，使用时，将酵母和霉菌的冻干菌用水制成发酵剂菌液，然后将香肠浸入菌液中即可。但必须注意配制接种菌液的容器应当是无菌的，以避免二次污染。

(5)发酵　发酵温度依产品类型而有所不同。通常对于要求 pH 迅速降低的产品，所采用的发酵温度较高。据认为，发酵温度每升高 5℃，乳酸生成的速率将提高 1 倍。但提高发酵温度也会带来致病菌，特别是金黄色葡萄球菌生长的危险。发酵温度对于发酵终产物的组成（乳酸和醋酸的相对比例）也有影响，较高的发酵温度有利于乳酸的形成。当然，发酵温度越高，发酵时间越短。一般涂抹型香肠的发酵温度为 22～30℃，发酵时间为最长 48 h；半干香肠的发酵温度为 30～37℃，发酵时间为 14～72 h；干发酵香肠的发酵温度为 15～27℃，发酵时间为 24～72 h。

在发酵过程中，相对湿度的控制对于干燥过程中避免香肠外层硬壳的形成和预防表面霉菌和酵母菌的过度生长也是非常重要的。高温短时发酵时，相对湿度应控制在 98%，较低温度发酵时，相对湿度应低于香肠内部湿度的 5%～10%。

发酵结束时，香肠的酸度因产品而异。对于半干香肠，其 pH 应低于 5.0，美国生产的半干香肠的 pH 更低，德国生产的干香肠的 pH 在 5.0～5.5 的范围内。香肠中的辅料对产酸过程有影响。在真空包装的香肠和大直径的香肠中，由于氧的缺乏，产酸量较大。

（6）干燥和成熟　干燥的程度是影响产品的物理化学性质、食用品质和贮藏稳定性的主要因素。

在香肠的干燥过程中，控制香肠表面水分的蒸发速度，使其平衡于香肠内部的水分向香肠表面扩散的速度是非常重要的。在半干香肠中，干燥损失少于其湿重的 20%，干燥温度为 37～66℃。温度高，干燥时间短；温度低时，可能需要几天的干燥时间。高温干燥可以一次完成，也可以逐渐降低湿度分段完成。

干香肠的干燥温度较低，一般为 12～15℃，干燥时间主要取决于香肠的直径。商业上应用的干燥程序按照下列的模式。

16℃，相对湿度 88%～90%（24 h）→24～26℃，相对湿度 75%～80%（48 h）→12～15℃，相对湿度 70%～75%（17 d）→成品。

或 25℃，相对湿度 85%（36～48 h）→16～18℃，相对湿度 77%（48～72 h）→9～12℃，相对湿度 75%（25～40 d）→成品。

许多类型的半干香肠和干香肠在干燥的同时进行烟熏，烟熏的目的主要是通过干燥和熏烟中酚类、低级酸等物质的沉积和渗透抑制霉菌的生长，同时提高香肠的适口性。对于干香肠，特别是接种霉菌和酵母菌的干香肠，在干燥过程中会发生许多复杂的化学变化，也就是成熟。在某些情况下，干燥过程是在一个较短的时间内完成的，而成熟则一直持续到消费为止，通过成熟形成发酵香肠的特有风味。

（7）包装　为了便于运输和贮藏，保持产品的颜色和避免脂肪氧化，成熟以后的香肠通常要进行包装。真空包装是最常用的包装方法。不足之处是真空包装后由于产品中的水分会向表面扩散，打开包装后，导致表面霉菌和酵母菌快速生长。

4.4.2　油炸制品

油炸制品是以油脂为介质对处理后的肉料进行热加工而生产的一类产品。油炸使用的设备简单，制作简便。油炸制品具有香、脆、松、酥，色泽美观等特点。油炸除达到制熟的目的外，还有杀菌、脱水和增进风味等作用。

油炸，根据原料肉不同可分为：炸排骨、油淋鸡、炸肉丸等；根据成品的质地、风味不同可分为：清炸、干炸、松炸、软炸、卷包炸、纸包炸、酥炸等；也可根据油炸时的油温不同分为：温油炸、热油炸、旺油炸、高压油炸。各种不同的油炸方法之间，既有联系又有区别，现以油温不同分类讲述。

1. 温油炸

油炸时油温控制在80～120℃，处在这种油温时，锅面无青烟，无响声，油面较平静。这种方法适用于质地较嫩的肉类，如里脊肉、禽胸脯肉、鱼虾等。由于原料肉水分含量高，整理时通常切成薄片，调味后再挂上淀粉或鸡蛋糊等，再油炸或用糯米纸、玻璃纸包裹后进行油炸。由于油温较低，油炸后肉料脱水较少，色泽较淡。成品外酥里嫩。这类制品有纸包鸡、软炸里脊肉等。

2. 热油炸

油炸时油温控制在120～180℃，处在这种油温情况时，锅面冒青烟，油面仍较平静，用铁勺搅动时有响声。由于油温较高，因此油炸时间较短。原料肉通常需切成小的丁、条、片等形状，家禽则需整只，表面也需要挂糊，有的挂糊后再蘸一层粉碎的面包渣或馒头渣，再入油锅炸制。由于油温较高，一般要炸2次。成品淡黄色或金黄色，外松脆内软嫩。这类制品较多，如炸排骨、香酥仔鸡等。

3. 旺油炸

油炸时油温控制在180～220℃，此时全锅冒青烟，油面翻滚。油温高，原料肉脱水快，一般用于形态较大的原料，原料肉表面需挂糊或蘸干淀粉。炸制时由于急火高温，为了防止外层焦糊和保证制品熟透，需炸2～3次，成品表面红黄色，里外酥透。这类制品有油淋鸡、脆皮鸭等。

4. 高压油炸

高压油炸是利用高压油炸锅进行炸制的一种方法。一般用于原料块形较大的制品。原料肉经调味、腌制、挂糊等工艺处理后，再经过高压油炸。产品松脆、色泽金黄。这类制品有肯德基炸鸡等。

油炸的技术性较强，油炸过程中火候的大小、油温的高低、时间的长短，都要掌握得恰当，否则会造成制品不熟、不脆或过焦、过老等情况。油炸使用的油锅大小，主要根据产量而定，不宜过大。油锅中的油，一般放到七成即可，不宜放满。油的品种，可选择植物油或动物油。原料入锅应掌握分批小量的原则，在油炸过程中，需用漏勺推动原料避免下沉，粘贴锅底，烧焦发黑。

第5章 肉品贮藏与保鲜的技术进步

本章内容提要

改革开放之前，我国的猪肉保藏技术还非常原始，主要以家庭储藏为主。地缘差异引起的保藏手段千差万别，如北方的咸肉、肉干；南方的腊肉、腊肠等。保藏技术也单一落后，以自然风干保藏为主，同时，肉品保藏的安全性非常没有保障。改革开放之后，各大肉联厂的竞争和发展，导致国外先进的猪肉屠宰加工生产线被大量引进，以冷藏、冻藏、辐照保鲜为代表的猪肉保鲜技术手段成熟落地。近年来，随着消费者个性化消费的需求不断增加，各种高档的肉品保鲜技术也推陈出新，如气调保鲜、天然保鲜剂保鲜、活性材料包装保鲜等。此外，现代的肉类包装技术是保质期延长的保鲜技术，有助于肉类行业调整产业结构，向规模化、现代化发展。

5.1 肉品传统贮藏保鲜技术

人类对包括肉品在内的食品储藏实践经验起源于公元2百万～3百万年前的旧石器时期。在那时，这些经验主要是人类在狩猎、捕捞、采集劳动以及与大自然的灾害斗争中逐步认识产生的。正是由于人类在实践中对取食、食物储藏和烧烤煮制等烹饪技术不断的认识和推陈出新的经验总结，才使得肉品储藏加工技术不断发展和进步。表5-1列举了世界肉品传统贮藏保鲜技术的历史，其中，中国对世界肉品贮藏保鲜技术的贡献最大。

表5-1 世界肉品传统贮藏保鲜技术的进步与应用

时间	国家	技术	技术应用	技术特点
2百万～3百万年前	旧石器时期	原始人学会用火	烧烤肉食	肉品由生到熟，热杀菌起源
8000年前	西亚	畜养少量羊、狗、猪	圈养方式；有多余粮食作为饲料	开始对肉食进行储藏
5000年前	黑龙江密山市兴凯湖畔新开流	窖藏、冻藏肉鱼	旺季储藏，淡季食用	利用寒冬和深窖贮藏，储藏方式随季节变化
3000年前	西周	青铜冰鉴，储藏肉食	双层具储天然冰	冬储冰；夏藏肉，利用低温贮藏
1700年前	西晋	做猪肉酢法	熟肉米饭坛中发酵	自然乳酸发酵储藏肉类
1795	意大利	瓶装肉汤	肉汤封装于细口甑中	封闭防菌、隔绝氧气
1804	法国	玻璃瓶密封，食品加热后封藏	肉汤、葡萄酒	首次热杀菌(巴氏消毒)
1821	美国	罐头肉食等	肉食久贮，航海、军用	玻璃瓶封装，长时间加热
1874	日本	罐头肉食	肉食久贮，商业	铁听包装，高温灭菌
1957	美国	冷冻干燥技术用于食品远运	速溶肉汤和其他肉品	商业与军需用途
1958	日本	蒸煮袋技术	肉禽食品软罐头	首次用于商业
1960	美国	危害因素分析与关键点控制(HACCP)	包括肉类生产在内的(HACCP)产品卫生质量的保障管理制度	军需和商业
1978	法国	真空包装，高热灭菌	包括肉类的多种食品	商业化，发展了贮藏技术
1990	日本小野	真空充氮，低温杀菌	肉品实现常温流通	商业化，发展了贮藏技术
1999	日本小野	新含气包装，分阶段升温杀菌技术	实现小包装低温火腿肠常温下流通180 d以上	商业流通，技术进步的里程碑
2000年	中国	纳米材料复合塑料保鲜包装膜	高阻隔(水气)，用于肉类保鲜	商业化，贮藏方式进步

李汉昌. 肉品加工保鲜技术创新的理论与实践[J]. 肉类工业，2001(7):17-22.

人类对食品保藏保鲜的创新探索，从古老到现代，每个历史阶段都有其特定的历史目的和价值，对与食品产业来说也起到了积极的推动作用。我国传统的保藏保鲜技术主要围绕以下三个方面的技术应用，一是利用低温贮藏保鲜，这也使用最为普遍的一种贮藏保鲜技术；二是利用低水分活度的方法；三是利用发酵的方法。每种方法都有其各自的个性特点和独特的适用范围。

5.1.1 低温贮藏保鲜技术

低温贮藏保鲜技术即肉的冷藏，在冷库或冰箱中进行，是人们普遍采用的技术措施。肉的冷藏，可分为冷却肉和冷冻肉两种。

1. 冷却肉

主要用于短时间存放的肉品，通常使肉中心温度降低到0～4℃。具体要求是，肉在放入冷库前，先将库温降到零下4℃左右，肉入库后，保持在－1～4℃。这一范围内大部分致病菌停止生长繁殖，但嗜冷腐败菌仍可生长。肉类冷藏保鲜时间的长短与原料肉的卫生状况、冷却速度以及是否维持一个恒定的冷藏条件有关。冷却肉的货架期与原料肉的初始菌数成反比，原料肉的卫生状况在鲜肉的保鲜中至关重要。此外，冷却温度对鲜肉保质期的影响也很大，肉在0℃贮藏比在5℃贮藏的货架期长1倍。猪肉冷却时间为24 h，可保存5～7 d。经过冷却的肉，表面形成一层干膜，从而阻止细菌生长，并减缓水分蒸发，延长保存时间。

2. 冷冻肉

将肉品进行快速、深度冷冻，使肉中大部分水冻结成冰，这种肉称为冷冻肉。冷冻肉比冷却肉更耐贮藏。肉的冷冻，一般采用－23℃以下的温度，并在－18℃左右贮藏。在低温条件下，尤其是当温度降到－10℃以下时，肉中的水分就结成冰，造成细菌不能生长发育的环境。但当肉被解冻复原时，由于温度升高和肉汁渗出，细菌又开始生长繁殖。所以，利用低温贮藏肉品时，必须保持一定的低温，直到食用或加工时为止，否则就不能保证肉的质量。为提高冷冻肉的质量，使其在解冻后恢复原有的滋味和营养价值，目前多数冷库均采用速冻法，即将肉放入－40℃的速冻间，使肉温很快降低到－18℃以下，然后移入冷藏库。

然而，肉类低温保藏的弊端也十分明显，冷冻和解冻过程会因冰晶形成和盐析效应，使肉的品质下降；若包装不良，肉表面水分会升华而造成“冻烧”现象；冻藏时运输成本较高。况且我国的运输、销售还没有形成一体化的冷藏链，因而鲜肉还没有到达消费者之前，其品质就大大降低。

5.1.2　低水分活度贮藏技术

水分活度是影响肉制品保质期及色、香、味等特性的重要因素，它是控制肉制品微生物生长繁殖最直观、最重要的依据。水分活度不仅对肉及肉制品的质地、色泽及风味等物理性质有影响，而且对其产品保藏的影响更是意义重大。当Aw降至0.7左右时，绝大部分的微生物均被抑制。最常见的低水分活度保鲜方法有干燥法和盐腌法。

5.1.2.1　干燥法

干燥贮藏技术是食品中的水分活度降低到一定程度，使食品在一定时期内不受微生物作用而腐败，同时控制肉品中的生化反应及其他反应的进行，维持食品的品质和结构不发生变化。肉制品的干燥保藏是一种传统的保藏方法，具有操作费用低，食用安全性高的优点，经过干燥的肉品体积缩小、重量减轻、便于运输、风味也有所改善。但是干燥后的肉品很难恢复到干燥前的状态，肉制品经干燥后出品率低、口感差、组织坚硬、粗糙，是该法的弊端，根据栅栏效应开发半干肉制品将是今后肉制品的发展趋势。

肉品干燥脱水常用方式主要包括三种，即：自然风干法、脱水干燥法和添加溶质法。自然风干法通常根据要求将肉切块，挂在通风处，进行自然干燥，使含水量降低。例如风干肉、香肠、风鸡等产品都要经过晾晒风干的过程。脱水干燥法通常在加工肉干、肉松等产品时，常利用烘烤方法，除去肉中水分，使含水量降到20%以下，可以较长时间贮存。添加溶质法即在肉品中加入食盐、砂糖等溶质，如加工火腿、腌肉等产品时，需用食盐、砂糖等对肉进行腌制，其结果可以降低肉中的水分活性，从而抑制微生物生长。其中脱水干燥法是效果相对较好，也是机械化程度最高的一种方式。

根据干燥时所采用的压力将干燥分为常压干燥和减压干燥两大类。

1. 常压干燥

常压干燥是在大气压力下进行，其过程包括恒速干燥和减速干燥两个阶段，而后者又存在减速干燥第一阶段和第二阶段的区别。在恒速干燥阶段，肉块内部水分扩散的速率要大于或等于表面蒸发速度，此时水分的蒸发是在肉块表面进行，蒸发速度由蒸汽穿过周围空气膜的扩散速率控制，其干燥速度取决于周围热空气于肉块之间的温度差，而肉块温度可近似认为与热空气湿球温度相同。在恒温干燥阶段将除去肉中绝大部分的游离水。

当肉块中水分的扩散速率不能使表面水分保持饱和状态时，水分扩散速率便成为干燥速度的控制因素。此时，肉块温度上升，表面开始硬化，干燥进入减速干燥阶段。水分移动开始稍感困难的阶段为第一减速干燥阶段，以后大部分成为胶状水的移动则进入第二减速干燥阶段。肉品进行常压干燥时，内部水分扩散的速率影响很大。干燥温度过高，恒速干燥阶段缩短，很快进入降速干燥阶段，但干燥速度下降。因为在恒速干燥阶段，水分蒸发速度快，肉块的温度较低不会超过其湿球温度，因而加热对肉的品质影响较小。进入减速干燥阶段，表面蒸发速度大于内部水分扩散速率，致使肉块温度升高，极大地影响肉的品质，且表面形成硬膜，是内部水分扩散困难，降低了干燥速率，导致肉块内部水分含量过高，这样的干肉制品储藏性能差，易腐烂变质。因此，在干燥初期，肉品水分含量高，可适度提高干燥温度，随着水分减少应及时降低干燥温度。据报道在完成恒速干燥阶段后，采取回潮后再行干燥的工艺效果好。

如果肉品处于真空条件下干燥时，水分就会在比较低的温度下蒸发。如果在保持温度恒定的同时提高真空度，就可以加快水分蒸发的速度。因此，可以采用加热真空容器的方法使肉品中的水分获得快速蒸发。水分从肉品表面蒸发时，它的表面就会冷却，温度下降。肉品一般较易受到热的损害，故脱水干燥时既要能保持肉品品质，又要尽可能提高干燥效率，缩短干燥时间。可采用高温短时的干燥工艺，将干燥对肉品品质的损害降低到最小。一般肉品中存在的水分有化学结合水、物理化学结合水（如吸附结合水分、渗透和结构结合水分）以及机械结合水分或游离水分（如毛细管水分和湿润水分等）。其中化学结合水是按照定量比牢固地和物质结合的水分。结合稳定，只有化学反应才能将它们分开，脱水干燥不易将它们除去。物理化学结合水是不按照正确定量比和物质结合的水分，吸附在物料胶体微粒内外表面力场范围的水分就是吸附结合水和胶体微粒结合的第一层水结合最牢固。随分子层增加，吸附力逐渐减弱。常压干燥时温度较高，且内部水分移动，宜于组织蛋白酶的作用，常导致成品品质变劣，挥发性芳香成分逸失，并且干燥时间较长。

2. 减压干燥

减压干燥指肉品置于真空环境中进行干燥的方法。随真空度的不同，在适当温度下，其所含水分则蒸发或升华。肉品的减压干燥有真空干燥和冷冻升华干燥两种。

真空干燥是指肉块的水分在未达结冰温度的真空状态下蒸发进行干燥。真空干燥时，在干燥初期，与常压干燥时相同，也存在着水分的内部扩散和表面蒸发。但在整个干燥过程中，则主要为内部扩散与内部蒸发共同进行。因此，与常压干燥相比较，干燥时间缩短，表面硬化现象减小。真空干燥常采用的真空压力为533～6 666 Pa，干燥中品温低于70℃。虽然真空干燥时蒸发温度较低，但也有芳香成分的逸失及轻微的热变性。

冷冻升华干燥通常是将肉块急速冷冻至 −30～−40℃，将其置于可保持真空压力 13～133 Pa 的干燥室中，因冰的升华而脱水干燥。冰的升华速度决定于干燥室的真空压力及升华所需要给以的热量。另外肉块的大小、厚薄均有影响。冷冻升华干燥后的肉块组织为多孔质，未形成水不浸透性层，且其含水量很少，故能迅速吸水复原，是方便面等速食食品的理想辅料，也是当代最理想的干燥方法。但是在肉品保藏过程中肉制品也非常容易吸水，且其多孔质与空气接触面积增大，在储藏期间容易发生氧化变质，特别是肉品中的脂肪含量较高，更是如此。同时，相比较其他保藏方法，冷冻升华干燥设备较为复杂，一次性投资较大，费用较高，目前在国内使用不是很普遍。

5.1.2.2　盐腌法

盐腌法的贮藏作用，主要是通过食盐提高肉品的渗透压，脱去部分水分，并使肉品中的含氧量减少，造成不利于细菌生长繁殖的环境条件。但有些细菌的耐盐性较强，单用食盐腌制不能达到长期保存目的。因此，生产中用食盐腌制多在低温下进行，并常常将盐腌法与干燥法结合使用，制作各种风味的肉制品。

5.1.3　高温灭菌技术

高温灭菌技术是指加热处理杀死肉品中存在的腐败菌和致病菌，可起到抑菌灭酶的作用。如果加热到肉制品中心温度达 70℃时，除耐热性芽孢菌仍残存，致病菌已基本死亡，再结合适当的烟熏、真空包装、冷藏等措施，产品可贮半年。加热至中心温度 120℃时，数分钟即可杀死包括耐热性芽孢杆菌在内的所有微生物。最为典型的高温灭菌技术为欧姆加热技术。

欧姆加热杀菌是一种新型热杀菌的加热方法，将电流直接通入食品中，利用食品本身的介电性质产生热量而达到杀菌的目的，该法特别适合带颗粒的流体食品。流体食品采用欧姆加热会使其中的颗粒加热速度几乎与流体的加热速度相近。因此，该法可以避免过热对食品品质的破坏。

5.1.4　发酵贮藏技术

发酵贮藏技术是指在自然条件或人工控制条件下利用微生物或酶的发酵作用，使原料发生一系列生物化学变化或物理变化，生成具有特殊风味、质地和色泽，并且具有较长保存期的肉制品。

发酵肉制品的特点是通过优选复合发酵菌种，调控发酵和成熟不同阶段的工艺过程，使肉制品中的蛋白质分解、变性、赋予产品坚实的质地蛋白质在降解过程中形成肽、氨基酸等小分子化合物，提高产品的利用率，使产品利于人体的消化吸收，有益于人体的健康发酵作用可以促进发色，防止肉制品氧化变色，使肉制品呈现特有的色泽。通过发酵作用可以减少亚硝胺的生成，提高肉品的安全性，发酵技术还可以抑制病原微生物的生长和毒素的产生。发酵微生物可以将食品原料中的碳水化合物分解为乳酸，降低 pH，在代谢过程中，还会产生细菌素、过氧化氢物质，对腐败有害菌的生长繁殖起到抑制作用，在发酵的同时一般还伴有肉制品的脱水，其水分含量和水分活度值较低，有利于产品货架期的延长。

发酵处理的肉品具有较好的保存特性，它是利用人工环境控制，使肉品中乳酸菌的生长占优势，将肉中的碳水化合物转化成乳酸，降低产品的 pH，从而抑制其他微生物的生长。但同时，发酵处理肉品也需同其他保藏技术结合使用(王盼盼，2010)。

5.2 肉品现代贮藏保鲜技术

随着生活水平的不断提高，人们对肉类的质量和卫生要求越来越高，传统的肉类保藏技术已不能满足人们的需求，国内外肉类研究学者对肉的保鲜进行了更为广泛、深入的研究。目前，国内外普遍采用的保藏肉的方法有：添加保鲜剂、紫外线杀菌技术、辐照技术、微波技术、高压及超声波处理技术、栅栏技术等。

5.2.1 肉品低温保藏新工艺

5.2.1.1 冰核活性菌的应用

冰核活性菌是一类附着于植物表面、能够在较低温度下诱发植物体内水分产生冰核而引起霜冻的细菌。冰核活性菌目前应用的领域有食品冻结干燥和食品的冷冻浓缩等。

5.2.1.2 冰温技术

冰温是处在冷却与冻结中间的温度带，是指 0℃以下至冻结点以上的未冻结温度区域。食品在这一温度带保存，不仅可以有效地降低冷藏设备的能耗，还可以克服冻结食品因冰结晶带来的蛋白质变性、组织结构损伤、汁液流失等现象，与一般冷藏相比其贮藏期会显著延长。目前冰温技术已广泛应用于食品贮藏、后熟、干燥和流通等领域内，形成了完整的冰温贮藏、冰温后熟、冰温干燥和冰温流通的避高温冷藏链体系。

5.2.1.3 冻结食品的部分玻璃化保藏

物质的玻璃态可看作是凝固了的过冷液体，其分子排列是无规则的，物质处于玻璃态时，私度非常高，分子的运动性几乎为零。未冻结的水分被关闭在玻璃态中不能移动，也无法冻结，性质非常稳定，不会发生氧化反应，冻结食品实现了部分玻璃化，称为镶嵌着冰晶的玻璃体，可以长时间地保持食品的高品质。

5.2.1.4 CASA 冻结系统

CAS 冻结系统且是指食品即时冻结，细胞既不至于坏死，解冻后食品的新鲜度可以回复到原有的程度，好像细胞还活着一样。该系统最大限度地抑制了冻结膨胀，食品的细胞组织不会被破坏，解冻后能恢复到食品原有的新鲜度及色、香、味并且无汁液流失现象，食品的口感和保水性都得到了较好的保持，因而得到的冷冻食品品质更高。

5.2.2 添加保鲜剂技术

保鲜剂是抑制微生物活动，使肉类在生产、运输、贮藏、销售过程减少腐败的食品添加剂。目前所用保鲜剂分为化学保鲜剂和天然保鲜剂两类。合理有效的保鲜剂已在肉类保藏中得到广泛应用。

5.2.2.1　化学保鲜剂

化学保鲜剂主要是各种有机酸及其盐类。有机酸腐蚀性较弱，并且可参与人体正常的新陈代谢，故在肉类保藏上广泛应用，其作用原理是酸分子透过细胞膜，进入细胞内部而离解，改变细胞内的电荷分布，导致细胞代谢紊乱或死亡。特别是低分子量有机酸，在 6℃以下对革兰氏阳性和阴性菌均有效。肉类保鲜中使用的有机酸包括乙酸、柠檬酸、乳酸及其钠盐、抗环血酸、山梨酸及其钾盐、磷酸盐等。试验证明，这些酸单独或联合使用对延长肉的保质期均有一定效果，其中使用较多的为乙酸、山梨酸及其钾盐、乳酸钠。

5.2.2.2　天然保鲜剂

随着生活水平的提高，绿色食品的兴起，人们越来越强调食品的纯天然性。肉类保鲜剂将向高效、天然、生物型方向发展，天然保鲜剂将逐步或部分地取代目前使用的多种化学合成保鲜剂。目前研究较为典型的几种天然保鲜剂为：Nisin、溶菌酶、壳聚糖、香辛料及中药提取物等。

Nisin 是从乳酸链球菌发酵产物中提取的一类多肽化合物，是目前唯一被允许用作肉类保鲜的细菌素。其抑菌机理：作为一个疏水带正电的小肽，它可与细胞膜结合形成管道结构，使小分子和离子通过管道流失，造成细胞膜渗漏，膜内外能差消失，导致细胞溶解，从而达到抑菌效果。Nisin 能有效抑制革兰氏阳性菌，特别是肉毒杆菌等孢杆菌，但对酵母、霉菌和革兰氏阴性菌无作用。其应用形式有两种：①将乳酸菌活体接种到食品中；②将其代谢产物 Nisin 加以分离添加到食品中。

许多香辛料中含有杀菌、抑菌成分，提取后作为防腐剂，既安全又有效。大蒜中的蒜辣素和蒜氨酸，肉豆蔻所含的肉豆蔻挥发油，肉桂中的挥发油以及丁香中的丁香油等，均具有良好的杀菌、抗菌作用。茶多酚对肉品防腐保鲜通过三条途径发挥作用：抗脂质氧化、抑菌、除臭味物质。此外，海藻糖、甘露聚糖、壳聚糖、溶菌酶等天然防腐剂也正在研究之中。目前除研究单一天然保鲜剂对延长肉品货架期的影响之外，对多种天然保鲜剂按一定比例复配及复配后相互之间具有增效作用还是拮抗作用的研究也很多。

5.2.3　紫外线杀菌技术

紫外线是德国物理学家 Rittle 在 1802 年发现的，但其应用一直未能得到开发。直至 20 世纪 60—70 年代才开始对它进行应用开发研究。随着对紫外线研究的不断深入，其应用范围日益扩大中在食品杀菌中得到广泛应用，而且效果良好。处于 240～280 nm 区段的紫外线杀菌能力较强，杀菌能力最强的波长为 250～265 nm，多以 253.7 nm 作为紫外线杀菌的波长。当微生物被紫外线照射时，其细胞的部分氨基酸和核酸吸收紫外线，产生光化学作用，引起细胞内成分特别是核酸、原浆蛋白、酯的化学变化，使细胞质变性，从而导致微生物死亡。

紫外线进行直线传播，其强度与距离平方成比例地减弱，并可被不同的表面反射，穿透力弱，主要用于空气、水、食品表面、食品包装材料、食品加工车间、设备、器具、工作台的灭菌处理。紫外线穿透力弱，仅限于表面杀菌，因此在肉及其制品杀菌中的应用很少。

5.2.4 辐照技术

食品辐照是人类利用核技术开发中开始的，辐照技术出来的一种新型食品保藏技术。辐照保藏的原理是利用放射线元素^{60}Co和^{137}Cs发出的射线或电子加速器产生的电子束或射线辐照食品产生的物理效应、化学效应和生物效应，抑制发芽、推迟成熟、促进物质转化、杀虫灭菌和防止变霉等，进而达到保藏或者保鲜食品的目的（杨远剑，2008）。

辐照保藏肉品的影响因素辐照处理可有效控制肉中的食源性致病菌，杀灭寄生虫和减少腐败微生物。影响肉中微生物对辐照敏感性的因素很多，主要影响因素如下：

1. 辐照剂量

肉类食品中的细菌存活率与辐照剂量呈反比关系，剂量越大，杀菌效果越好。研究表明：在0.1～1 Gy的剂量范围内，可抑制微生物的生长和繁殖，提高动物性食品的保质期；5～10 kGy的剂量范围内，可杀灭某些非芽孢致病菌（如沙门氏菌、大肠杆菌和葡萄球菌等）；10～50 kGy的剂量范围内，可杀死除芽孢以外的所有微生物。研究表明，真空包装的新鲜冷藏牛排用0.5 kGy辐照，其杂菌数可以降低2个数量级，若辐照到1 Gy或2.5 kGy，则杂菌数分别降3或4个数量级。腊牛肉经7 kGy、10 kGy辐照处理，其大肠杆菌和菌落总数均大幅减少，大肠杆菌由2×10^{7} cfu/g下降到2×10^{3} cfu/g。值得一提的是：辐照剂量过大，会对肉品的品质造成影响。因此为了保证产品质量，通常应根据食品种类及处理指标将剂量限制在一个合适范围内。

2. 辐照温度

温度是决定肉品保质的重要因素，绝大多数微生物（包括致病菌在内）0℃左右都不能繁殖，某些嗜冷菌在低温下其繁殖速度也大大减慢。一般肉类的D值随温度降低而升高，如鸡肉和牛肉中肠出血性大肠杆菌在3～5℃辐照时其D值为0.25 kGy，−5～−15℃以下时为0.3～0.45 kGy。低温下辐射可以阻止或减缓辐射分解，有效防止辐照异味及风味变化，减少营养成分的损失，提高辐照食品的品质，因此对肉品在辐照前应先进行适当的加热处理，以提高辐照效果。研究表明：①降低辐照温度，增加辐照剂量，能延长肉品货架期；②低剂量时（如1.0 kGy），温度越低，灭菌的效果越差，肉品的货架期越低；③低温可以减少辐照异味的形成；④经25℃/2.5 kGy辐照后，肉品贮藏在更低的温度环境下，货架期可延长10～15 d，低温不仅可以抑制微生物的生长繁殖，而且可以降低化学反应的速度，防止异味的形成。

3. 气体环境

辐照时的气体环境对微生物的敏感性有影响。1988年Patterson在比较产品包装在空气、CO_2、N_2中的辐照效果时发现：N_2包装的食品所含细菌对辐照的抵抗力明显强于其他两种气体。此外，肉品若在有氧的环境中，氧因辐照极易生成具有强氧化性的臭氧，致使肉品氧化脱色，影响产品的感官品质，故对肉品采用充气包装和真空包装，然后进行辐照处理，效果较好。研究表明真空包装的牛羊肉辐照后的货架期优于普通包装的产品。在降低辐照及贮藏过程中冷却肉的脂肪氧化方面，真空包装要优于有氧包装。

4. 介质影响

辐照介质的组成会影响辐照对微生物的灭菌效果，如李斯特菌在碎牛肉中的D值为

0.51～1.0 kGy，在脱骨鸡肉中为0.27～0.77 kGy，在烤牛肉和肉汁中为0.40～0.64 kGy。此外，食品添加剂也会影响辐照效果，如辐照前肉类食品中加入少许三聚磷酸钠和氯化钠，可以防止汁液在辐照时渗出，保护肉品的水分，又可增加微生物对辐照的敏感性，降低辐照剂量。

5.微生物种类

一般认为，微生物体的生存方式越简单，其对电离辐照的适应能力越强。如病毒对辐照的抵抗能力高于细菌，细菌高于霉菌，因此能够完全清除肉类中霉菌的辐照加工，并不一定能够消灭所有细菌。肉品辐照时要充分考虑所受污染的微生物种类，而选择合适的辐照剂量（刘琳，2008）。

6.辐照肉品的安全性

辐照肉品的卫生安全性关系到食用者的健康和肉品辐照技术的发展前途，受到许多国家的重视，其范围包括5个方面：①有无残留放射性及诱导放射性；②辐照肉品的营养卫生；③有无病原菌的危害；④辐照肉品有无产生毒性；⑤有无致畸、致癌、致突变效应。

肉品进行辐照时是外照射，因没有直接接触放射性核素，因此不会污染放射性物质，故也不存在残留问题。至于诱导放射性，即指因辐射引起肉品的构成元素变成放射性元素问题。肉品辐照中使用的^{60}Coγ射线能量只有1.17～1.33 MeV，^{137}Cs则更低只有0.66 MeV，加速器产生的电子和X射线的能量的分别不大于10 MeV和5 MeV，它们的能量都低于在食品中可能诱导放射性的能量阈值，因此不会产生诱导放射性核素及其化合物。

早在1926年德国就进行了辐照食品的动物饲喂实验，在过去的40多年中许多国家对辐照制品的大鼠、小鼠及其他动物的喂养实验进行了广泛、深入的研究。我国华西医科大学用^{60}Coγ射线辐照处理的鲜猪肉饲喂大鼠，结果表明26 kGy和52 kGy辐照处理的鲜猪肉饲喂大鼠的健康状况良好，这些动物实验均未发现实验动物有致畸、致突变和致癌作用。在动物实验基础上，一些国家进行了辐照肉品的人体食用实验。如美国Natick对54种辐照食品包括肉类11种，鱼类5种进行了人体食用实验，结果无一例出现毒性反应。所以，食用辐照肉类食品是非常安全的。

与许多传统保藏方法相比辐照技术具有许多优点，食品辐照技术采用较高能量和穿透力强的射线，能穿透食品的包装材料和食品的深层，在不打开食品包装的情况下，能够彻底杀虫灭菌辐照技术属于冷加工，能够较好地保持食品的色、香、味，特别适用于传统处理方法使肉品失去原有风味、芳香性和商品价值的食品辐照加工不污染食品、无残留、无放射性、卫生安全杀菌效果好，可通过调整辐照剂量达到对各种食品杀菌的要求，辐照保藏节省能源，加工效率高，操作简单，加工过程容易控制，装置投产后可日夜连续作业。

5.2.5 微波技术

我国微波技术应用正是从食品工业中开始的，微波主要用于肉类解冻和杀菌。微波加热是将微波的电磁能转变为热能的过程，把能量传播到被加热物体内部，加热达到生产所需要的一种新技术。微波对微生物的杀灭原理，主要是在微波的热效应和微波的非热效应的共同作用下，使微生物内部的蛋白质和生理活性物质发生变异或者破坏，导致微生物生长发育异常，甚至死亡（马俪珍，1997）。

5.2.6 高压与超声波技术

高静压技术(Hydrostatic High Pressure,PHHP),100 MPa 以上(100～1 000 MPa)称为高静压,是一个来源于材料科学的概念,高静压技术是一种非热能的技术。目前,该技术在生物学和食品系统中应用广泛。在低温的情况下,该技术可以在不改变食品的感官性质和营养功能的前提下,阻止食物因微生物或酶引起的腐烂变质。高静压技术不仅可以杀灭微生物,延长肉类的货架期,同时可使肉质嫩化,保水性好,并对风味无影响。

我国发展超声技术起步较晚,但发展迅速,主要应用于两个方面检测超声和功率超声。检测超声是利用小功率超声在介质中的传播特性,检测或控制各种非声学及其变化,功率超声是用较大功率的超声对物质作用,以改变或加速物质的一些物理、化学和生物特性或状态的技术,频率一般在数万赫兹至几兆赫兹。超声波技术的基本原理为空化效应、机械作用和热效应三大理论。超声波技术在肉品中的应用主要包括肉制品的嫩化、肉制品的解冻、辅助腌制成肉制品、检测肉制品的品质和肉制品的保鲜等。

5.2.7 栅栏技术

栅栏技术最早是由德国 Kulmbach 肉类研究中心 Leistner 和 Roble 教授在长期研究的基础上于 1976 年首先提出来用于食品防腐保鲜的新概念。其作用机制是利用存在于食品内部可以阻止残留腐败菌和病原菌生长繁殖的因子,以其复杂的交互作用来控制微生物的腐败、产毒或有益发酵,从而使产品达到其固有的可贮性和卫生安全性。通常把这些起控制作用的因子,称作栅栏因子。这些因子及其交互效应,形成特有的防止食品腐败变质的栅栏,决定了食品微生物的稳定性,即栅栏效应(刘琳,2009)。栅栏因子共同防腐作用的内在统一,称作栅栏技术。

肉类保藏是一项庞大的系统工程,涉及的栅栏因子众多,目前国内外研究应用较多的栅栏因子主要有以下几种,温度、pH、水分活度、氧化还原值、防腐剂、包装方式、辐照技术、高压处理、竞争性菌群等。目前,栅栏技术在冷却肉、传统肉制品、调理肉制品等方面均有应用。

5.3 肉品包装技术的发展与展望

我国肉类产业经过 40 多年的改革发展,肉类总产量已稳居世界首位。与此同时,也带动了肉类包装业的发展和肉类企业的品牌建设。随着肉类企业的规模化提升及整个产业链的逐渐形成,中国肉类行业正在经历一场新的变革,发展的趋势从冷冻肉、热鲜肉、热分割肉及裸露制品向冷鲜肉、冷分割和附加值含量高的产品转化。在变革中,包装起着至关重要的作用。中国肉类行业经过多年的努力,从众多的“就地”屠宰、遍地开业,走向许可“定点”。整顿整合、重组、梳理使企业正在向规模化、现代化、工业化的方向迈进。这是中国市场经济的必然,也是世界发达国家成功之经验。中国肉类行业龙头企业的崛起已引起了国际市场的关注。

真空收缩保鲜包装已作为国际市场冷鲜肉的标准包装,它将大大延长冷鲜肉的保质期,为中国冷鲜肉走出国门,参与国际市场的竞争创造必要条件。在国内市场上,随着国民生活水平的不断提高,人们对肉类产品的味道、鲜嫩、口感和营养的要求越来越高,因此对冷鲜肉的需求日渐增长。中国肉类企业利用先进的包装物延长冷鲜肉的保质期的特性,可以跨经济区域进行冷链运输,扩展全国性市场,创造更大的经济回报。而且,随着现代化流通网络在中国的迅速发展和人们生活节奏的加快,即食性、功能性、便捷的零售食品也将日渐风行,我国肉类企业的加工产品将从胴体加工、大分割加工以及批发经营向精分割、深加工的方向发展。因此,加快改善和升级产品的零售包装也将成为中国肉类企业创造价值的契机。

包装是一门科学。不同的肉类产品因其生物结构不同,加工方法不同,技术控制不同以及消费的需求不同,都需要有专门的包装产品和技术来应对性地解决。食品质量安全已经引起各级政府的高度重视,并在积极研究制定,以法规的形式要求企业标明产品生产日期、保质期、产地、营养成分等,以确保人民群众的食用安全。因此,密封包装可以大大降低肉品在流通过程中接触、交叉及外界性污染,并以商标和信息码附着为其产品提供了可追溯性。包装不仅仅有它保鲜和运输载体的功能性,也是我国肉类企业品牌建设的一种媒体。可以说,使用优良包装本身就是品牌建设的体现(邓富江,2006)。

为了确保肉制品的品质,便于其销售和流通,肉制品必须要有适合的包装,这样不仅可以减少外界环境的污染,延长制品的保质期,而且便于消费者食用,目前肉制品中常用的包装形式有真空包装、气调包装、托盘包装、活性包装、抗菌包装等(阎高峰,2003)。

5.3.1 真空包装

真空包装是指除去包装内的空气,然后用密封技术,使包装袋内的食品与外界环境隔绝。真空包装鲜肉工艺比较简单,包装成本也较低。由于肉处于真空状态,可以有效地抑制需氧菌的繁殖。但由于极端缺氧,肉将呈现还原肌红蛋白的紫褐色。为此可将鲜肉先用透氧性非常好的内袋包装,再将数个内袋用一个阻氧性良好的大袋进行外包装,对整个大袋进行真空包装,使肉在贮运过程处于真空状态。在肉出售前几个小时将阻气性外袋去掉,肉通过高透性内袋接触空气,使肉变成氧化肌红蛋白的鲜红色。

研究发现,新鲜猪肉经保鲜液处理,采用 7 种材料包装,经真空和普通包装后,在室温下放置,结果表明,PE/PP/PET 复合膜经真空包装效果最好,可在 20~28℃下保存 9 d;PA/PP/PET 复合膜、铝箔袋和 PE/NY 保鲜膜在相同条件下可保存 6 d。同种包装材料,采用普通和真空包装,以真空包装效果最好,比普通包装可延长 2~3 d,具有较为明显的优势。

目前真空包装主要有三种形式:①收缩包装:将整理好的肉制品放入包装袋内,抽掉空气,然后真空包装,之后吹热风,使受热材料收缩,紧贴于肉品表面;②热成型滚动包装:用加热底板,将高度不透气的柔韧的包装材料制成所需要的形状,再装鲜肉加盖密封。这种方法在欧洲有广泛的应用;③真空紧缩包装:将单块分割肉放在柔韧而牢固的底板上,然后加封顶盖,使包装材料紧贴在制品上,使其呈本身的形状,可产生完美的产品陈列效果(甘伯中,2001)。

目前,真空包装技术已广泛应用于肉制品保藏之中,主要作用是为肉制品制造缺氧环境,抑制微生物生长，防止二次污染真空包装还可以减缓肉制品中脂肪的氧化速度，减少其中水分蒸发，对酶活也有一定的抑制。

5.3.2 气调包装

气调包装也被称为换气包装，是指在密封性能良好的材料装进食品，并采用一定方法，改变其中的气体环境，以抑制微生物的生长繁殖和酶促反应，从而延长食品的货架期。气调包装常用的气体为CO_2、O_2、N_2和CO等。如何使CO_2、O_2、N_2、CO按比例调配，发挥其最佳作用，使肉品的保质期尽可能延长，是目前肉制品气调包装研究的重点(孙京新，2000)。

5.3.2.1 100%纯CO_2气调包装

在冷藏条件下(0℃)，充入不含氧的二氧化碳至饱和程度后可大大提高鲜肉的保存期，同时可防止肉色由于低氧分压引起的氧化变褐。用这一方式保存猪肉至少可达15周。如果能做到从屠宰到包装、贮藏过程中有效防止微生物污染，则贮藏期可长达20周。因此，纯CO_2气调包装适合于批发、长途运输和要求较长保存期的流通方式。为了使肉色呈鲜红色，让消费者所喜爱，在零售以前，改换含载包装，或换用聚苯乙烯托盘覆盖聚乙烯膜的包装形式，使氧与肉接触形成鲜红色氧合肌红蛋白后摆上零售柜台则会吸引消费者，促进销售。改成零售包装的鲜肉在0℃下约可保存7 d。

5.3.2.2 75% O_2和25% CO_2的气调包装

用75%O_2、25%CO_2、25%N_2组成的混合气体，充入鲜肉包装内，既可使氧合肌红蛋白产生，又可使肉在短期内防腐保鲜。0℃的冷藏条件下，可保存10～14 d。这种气调保鲜肉是一种只适合于在当地销售的零售包装。

5.3.2.3 50% O_2、25% CO_2和25% N_2的气调包装

用25% CO_2和50% O_2和25% N_2组成的混合气体作为保护性气体，充入鲜肉包装内，既可使肉色鲜红、防腐保鲜，同时又可防止因CO_2逸出包装盒受大气压力压塌。这种气调包装同样是一种适合于在本地超市销售的零售包装形式，在0℃冷藏条件下，保存期可达到14 d。实验证明，10% CO_2气调包装，防腐效果最差，保质期最短。

5.3.2.4 鲜肉气调包装应注意的几个问题

鲜肉气调包装的保鲜效果取决于以下4个因素：①鲜肉在包装前的卫生指标；②包装材料的阻隔性及封口质量；③所用气体配比是否符合保鲜要求；④包装肉贮存环境温度。

5.3.3 托盘包装

托盘包装是将肉制品切分后用泡沫聚苯乙烯托盘包装，上面用聚乙烯覆盖。托盘包装简单、实用，使用成本较低。一般情况下，肉制品先在工厂制成小包装，将冷链运输到商场后，再拆除真空包装，制成托盘小包装，这样利于零售时肉品恢复到鲜红颜色，也利于肉品的保质期，方便运输。

5.3.4　活性包装

在真空包装、控制气体包装、调节气体包装中使用一类新的包装材料，该材料在商品储存流通中能动态地维持有利于产品长期保存的包装微环境，由于这些材料具有生态功能，故称为活性包装材料或生命支持材料。活性包装技术通过包装材料与包装内部的气体及食品之间的相互作用，有效地延长商品的货架期或改善食品的安全性和感官性质，并保持食品原有的品质。活性包装不仅是食品与外界环境的屏障，而且它结合先进的食品包装技术和材料科学技术，最大程度地保持食品的质量。目前用于活性包装的材料主要有脱氧剂、乙烯脱除剂、CO_2生成剂和除去剂、水分吸收剂、抗菌剂、乙醇释放剂等。活性包装技术是一种新型的食品包装技术，活性包装可以通过包装使食品与环境相互协调，创造一种适宜食品保藏的内部条件，从而保持食品原有的品质，延长食品的货架期。

5.3.4.1　脱氧剂

氧气是造成食品品质下降的主要因素。虽然气体置换或真空包装可解决氧气所产生的问题，但机械除氧方法仍有 2%～3%的氧气残留在包装中，食品仍然会产生异味、造成营养损失、颜色发生变化，对于多孔性食物而言，会有更多的残留量；采用脱氧包装技术，可使包装内氧气的浓度降至 0.01%。脱氧剂根据其组成可分为 2 种：一是以无机基质为主体的脱氧剂，如还原铁粉、亚铁盐类、次硫酸钠等，其原理是铁粉在水蒸气和氧气的存在下，被氧化成氢氧化铁。由于铁粉氧化需要水分的参与，故包装内需要维持一定的相对湿度，脱氧效果最佳。

现已开发了水分活度为零的铁粉包装袋。脱氧包装以脱氧剂小包(sachet)为主，以铁粉为基质。日本已推出二价铁类的内贴式去氧剂产品，该产品贴于包装内侧或固定在内置标签上能有效地去除包装内的氧气；另一种是以有机基质为主体，如酶类、抗坏血酸、油酸等。使用脱氧剂时需要气体阻隔性材料，封口要完整。据调查，至今世界上已有 50 多种脱氧剂，在日本、欧美超市中已广泛应用，主要用于焙烤食品、比萨饼、面条、熏制食品、茶叶、肉类、奶酪、豆类、土豆片、干制食品、咖啡和巧克力等的包装上。目前食品行业使用最广的是日本三菱气体化学公司开发的脱氧剂小包，商品名为“Ageless”。

大多数的脱氧剂是用来控制霉菌的生长。霉菌的生长繁殖需要有氧气的存在，其会降低包装焙烤食品(如糕点、烤饼等)和包装奶酪的货架期。据实验表明，活性包装的焙烤食品存放 30 d 左右都不会有霉菌产生，并且能大大改善了包装奶酪的质量。使用脱氧包装也存在一定的问题，如包装可能会塌陷；包装水分活度高的食品可能产生异味；厌氧细菌可能生长繁殖；消费者可能误食脱氧剂小包等。针对以上问题，目前已开发出了脱氧膜(deoxidizer film)，其是将钯片或铂片包埋于阻隔层(PET/Saran/PVA/PE)及透氧层(PE)之间，制成多层脱氧膜，也可将葡萄糖氧化酶和乙醇氧化酶固定在包装膜的内侧，也可在包装膜内装入有机螯合物来达到吸氧目的。

5.3.4.2　分吸收剂

包装食品在流通过程中，如表面有冷凝结水，便会造成营养物质流出溶于水中，加速霉菌和细菌的繁殖。干燥剂能去除包装内的水汽，降低食品表面的水分活度，延长食品的货架期。干燥剂主要采用小袋包装，其基质为石灰、白土、氧化钙、硅胶等。现研制开发出的吸水薄膜，能够降低冷冻食品表面的水分活度，延长保质期。这种包装膜系统将两层聚乙烯醇(PAV)薄膜以三明治形式夹合丙二醇，再将四周密封成一张包裹薄膜。聚乙烯醇膜具有很高的水分或水汽透过性，但对丙二醇具有阻隔性。具体使用时，再包上一层玻璃纸，当与新鲜的肉类或鱼类接触时，由于食品与丙二醇的水分活度不同，水分便很快从食物表面脱离。这种活性包装可使鱼类的货架寿命延长 3～4 d，该吸水薄膜干燥后可重复使用 10 次。

5.3.4.3 抗菌剂

食品腐败变质的主要原因是由于微生物的生长繁殖。抗菌包装能杀死或抑制食品在加工、运输、贮藏过程中的微生物，延长食品的货架期和提高安全性。将包装材料和防腐剂组合、对包装材料的聚合物进行辐射处理或气流喷射等方法都可以使包装具有抗菌活性。无机抗菌剂的抗菌成分主要是银、铜和锌。这些金属是以离子状态的形式存在，通过离子交换或直接合成，以制剂的形式与载体结合。几乎所有的无机抗菌剂都是使用无机质多孔体材料作为载体的，用于食品方面的要求符合食品添加剂的标准，以达到高标准安全性的要求。无机体系稳定，本身不具活性，要与其他试剂如水分混合才能发生反应。日本新研制的抗菌材料“Zeomic”是一种由离子工艺开发的无气味白色细粒无机粉末。该沸石阳离子被银离子交换，抑制细菌的繁殖，其优点是无毒，具有广谱抗菌性，耐热性高（高达 800℃），且长期有效，耐酸、耐碱，但这种沸石较贵，通常添加量为 1%～3%。

5.3.4.4 活性包装在肉品贮藏保鲜中的应用

肉制品包装中高含氧量会助长微生物的生长繁殖、产生不良风味、使颜色发生变化、营养物质流失，从而降低了肉制品的货架期。为维持易变质食品质量或延长其保存期而使用的真空和充气包装被称为改善气氛包装（MA），虽其能大大降低包装袋中的氧气含量，但这种方法仍会使包装中有 2%～3% 的氧气残存，肉制品仍然会氧化变味，采用脱氧包装技术，就可使包装内的氧气浓度降低至 0.01%，从而更有效地控制肉制品的质量。

典型的脱氧剂是利用化学方法使铁粉氧化或是利用酶来吸收氧气。化学方法是将铁粉盛在一个小袋中，使其被氧化成铁氧化物。这个小袋必须对氧气有高度的渗透性，在某些情况下，小袋对水蒸气的渗透也是有效的。小袋中吸收剂的类型和数量由包装中最初的氧含量、食品已溶解氧的量、包装材料的通透性、自然状态（尺寸、性状、重量等）和肉制品的水分活性来决定。这种基于铁氧化的吸收系统可以吸收许多肉制品中的氧气，可以应用在高低和中湿度的肉品中。它们在冷藏和保鲜的条件下也可应用，它们甚至可以在微波食品生产中发挥有效的除氧作用。

在酶的除氧体系中，氧气是通过酶与底物反应而出去的，通常应用葡萄糖氧化酶和酒精氧化酶。由于清除氧所用的酶比较昂贵，所以这种系统与铁系统相比成本比较高，并且酶氧化体系对环境中的温度、pH、水分活度和底物状态度很敏感。因此，限制了酶除氧系统的广泛应用。

脂肪氧化也是肉制品腐败变质的一个因素，所以控制肉品中氧含量是防腐的方法之一。一般认为，真空包装是防止包装食品中微生物繁殖的有效方法，但真空包装的食品往往难以达到预期的贮存效果，这是由于包装物内部残留着少量的氧气，从而无法彻底阻止微生物的繁殖，而且某些厌氧细菌在贮存温度较高时也会生长繁殖。高水平的 CO_2 通常对肉类和禽类表面微生物的生长有一定的抑制作用。因为 CO_2 对食品包装塑料薄膜的穿透性大于氧气，所以包装内的大部分 CO_2 会穿透膜而流失。因此，注入 CO_2 体系就显得十分必要。对于高度易腐的肉制品同时应用氧气吸收体和 CO_2 注入体系可以延长其货架期。

每一种食品都有其最佳的包装气体组成，对应最长的货架期。气调包装基于这样的原因而建立，在产品包装过程中，直接调节包装袋内气体组成以获得高质量的产品，延长食品货架期。但气调包装不能控制整个销售环节中食品周围气体含量的变化情况。因此，在有些肉制品中应用 CO_2 释放体系来提高产品质量是很有必要的（凌静，2009）。

肉及其制品在存放过程中，由于受微生物、酶、氧气等因素的影响会发生一些不良变化，将会严重降低肉制品的食用价值和商品价值，缩短食品的货架期并增加食源性疾病的危害。所以，必须采取有效的保鲜方法来阻止这种变化的发生，而抗菌包装以其方便、有效的特点备受人们的关注，特别是鲜肉，因为微生物污染主要发生在其表面，不适于加热、干燥、冷藏、冷冻和盐腌等保藏方法，所以可采取喷洒或浸渍抗菌剂来延缓其腐败。然而，直接将抗菌剂添加于肉制品表面效果不佳，因为该活性物质与肉品表面接触并很快从表面向其内部扩散而被中和失去作用；另一方面，将抗菌剂添加到肉品中可能会导致肉品成分中某些活性物质的部分失活。因此，使用含油抗菌剂的包装膜更为有效，既可减缓抗菌剂从包装材料向肉品表面的迁移，还可使其维持所需的高浓度，在肉品流通、运输、贮存期间保持其活性。

目前，国际上流行使用能释放抗菌剂的膜或小包来抑制有害菌的生长繁殖，可用于肉制品抗菌包装材料的防腐剂主要有：有机酸及其盐、乳酸链球菌素（Nisin）和乙醇等。其他具有防腐效果的化学防腐剂、气体、酶制剂和天然成分也被混入到包装材料中。在肉制品表面直接涂上抗菌涂层或采用含抗菌物质的薄膜包装均能有效地抑制微生物的生长，延长食品的保质期。采用的抗菌物质主要有乳酸链球菌素（Nisin）、苯甲酸钠、山梨酸钾及天然抗菌素等。Natrajan 和 Sheldon 研究发现，用甲基纤维素（MC）和羟丙基甲基纤维素（HPMC）作为载体，加入乳酸链球菌制成的涂膜剂，对于抑制金黄色葡萄球菌和单核细胞增生李斯特氏菌很有效。

5.3.5 抗菌包装

抗菌包装技术是指在食品的包装材料中添加一定量的抗菌剂，使抗菌成分通过接触包装材料表面附着的微生物并通过抑制微生物的生长繁殖或直接将其杀灭等作用，从而延长食品货架期的一种活性包装技术。

就抗菌机理而言，抗菌包装的主要通过间接抗菌和直接抗菌两种途径来实现的。间接抗菌是在包装材料中添加能调节包装内微环境的物质或利用包装材料的选择透过性来调节包装内的微环境而不利于微生物的生长繁殖，实现抗菌的目的直接抗菌是将具有抗菌功能的物质直接添加在载体内制成包装材料，这类材料会不断地向与其接触的食品表面释放抗菌物质而实现对食品的防腐。

5.3.6 未来肉品包装产业展望

5.3.6.1 新技术、新材料——生鲜包装的领跑者

在我国，对于生鲜肉的包装材料并没有明确的规定，加上包装企业格局尚未完全成型，所以生鲜肉的包装呈现出多元化的趋势，这给材料与工艺的创新提供了一定的空间和动力。“十二五”期间，国家提出了要通过高新技术推动包装产业发展方式的转变，以推动整个包装产业的发展和升级。在国内包装市场上独立的中小型企业占大多数，做得比较成功的大多依附于

产品型公司，如雨润、双汇等。这种格局是否会阻碍包装业的创新呢？包装本身是服务于产品的，所以才会出现附属于主营产品企业这种局面。这样的话有一个好处就是，能够根据产品及设备的特点和要求设计包装，保证做出来的包装与产品完全契合。像雨润、金锣这样的大型企业，公司有实力，也有必要配备专门的包装研发机构，这样就保证了包装的质量和创新性。

而生鲜肉的发展离不开包装技术的支持，包装作为产品的外衣，也是肉类企业塑造品牌的重要元素之一。南京农大导师章建浩教授正在致力于高压电场冷源等离子体冷杀菌技术的研究。据章建浩介绍：该方法使用高压电场等离子体对MAP包装的生鲜肉实施冷杀菌保鲜处理，避免包装产品的二次污染，为生鲜肉MAP包装产品提供一种安全高效易操作，能够延长货架保鲜期的冷杀菌保鲜方法（魏天飞，2014）。

5.3.6.2 安全卫生环保——包装永恒的主题

生鲜肉从屠宰到加工，再到物流、销售是一个漫长而复杂的过程，而包装作为保护产品的一种形式存在，在这个过程中对维护食品安全肩负着重要责任，因而遵守国家政策法规，积极做好安全控制是包企获得生存和发展的必经之路。我国食品包装安全保障体系由政策法规、监管方式、企业诚信、现有行业水平、相关支撑技术等多方面因素共同组成，而政策法规则是所有其他因素实施和发展的重要依据。目前我国现行有效的食品包装相关标准有400多个，其中国家标准200多个，行业标准200多个，还有一些地方标准，这些标准涉及塑料、纸以及一些辅助材料，基本包含了目前实施的包装市场准入产品。2009年2月28日颁布的《食品安全法》已经将监管范围渗入企业内部，包括生产过程、流通过程等环节进行安全性监控和保障。

5.3.6.3 绿色包装——环保和品牌的构筑者

推行绿色包装是包企冲出国门走向世界的有力手段。在经济全球化浪潮的推动下，国内产品获得了更多走出国门的机会，然而对外贸易受到一系列环保条约的限制，相对内销产品而言，出口产品除了对产品的品质有严格的要求之外，对于生产型企业内部运作是否绿色环保、节能减排也有一定的要求。在绿色包装呼声高涨的形势下，肉类保鲜材料发展的契机在哪里呢？

随着人们食品安全意识和对生活质量要求的提高，消费者越来越偏好冷鲜肉。而冷鲜肉对包装的功能要求并不高，具备保湿、耐油、透明及内装物良好的可视性即可，并且单层材料容易回收，在绿色包装呼声高涨的今天，单层包装的研发确实是一个很好的方向。容易回收、节约资源无疑是推动单层包材研发的巨大推动力，而在对外贸易中，秉持安全绿色环保的理念能让我们的产品走得更远。品牌保护让消费者更放心。在生鲜肉的市场上，私屠滥宰是成为阻碍肉类产业进步和发展的一大困扰。尤其是在电子商务发展迅猛的背景之下，未经安检就流向市场的肉类不仅对品牌肉类造成一定冲击，对消费者的安全健康也存在一定的威胁。所以，给产品贴上标签，使市场上的每一块肉都具有可追溯性，增强消费者对品牌的信任度，具有极其重要的意义。

第6章
猪肉质量安全保障

本章内容提要

食品是保证人们生存的基本物质之一，我国自古就有“民以食为天”的说法，食品供应的质量是关系国计民生的一件大事。其中，猪肉在我国居民的日常膳食中占有举足轻重的地位，是我国居民蛋白质的重要来源。我国是猪肉的生产和消费大国，新中国成立以来，猪肉生产突飞猛进，不仅保证了居民的日常消费，而且质量也日益提高。但由于利益的驱使和科技手段的滥用，我国食品行业的质量安全问题日益增多，肉品质量安全问题令人担忧，猪肉行业也不能幸免，“瘦肉精”、注水猪肉等事件经常见诸报端，已经成为社会民众普遍关注的问题之一。肉品质量安全问题对人们的身体健康产生了一定的威胁，人们对肉品质量安全问题的信任度在不断下降，不利于我国猪肉产品的良好发展。因此，针对目前肉品质量安全方面存在的问题，必须采取有力措施加以解决，保障肉品的质量安全。

6.1 猪肉质量安全的影响因素

食品安全直接关系到人们的身体健康和生命安全，关系到经济的发展和社会稳定。食品安全成为衡量居民生活质量、社会管理水平、法律规章制度和国家执政能力的一个重要方面。食品安全中最重要的领域之一就是猪肉质量安全，从猪肉加工及消费市场来看，由有毒有害物质引起的食物中毒和微生物污染引发的食源性疾病是影响中国猪肉加工质量安全及消费者饮食健康的重要因素。近10年来，由于食品加工企业非法经营及食品安全管理制度不完善而引发的食品安全事件屡有发生，对消费者的身心健康造成了很大的伤害，也从侧面暴露出中国食品安全监管工作的漏洞。这促使我们要更多地了解影响猪肉质量安全的因素，从而全面有效地控制猪肉的质量安全，这对肉类行业的发展和整个社会的和谐、稳定具有重大意义。

影响猪肉安全的因素众多，不仅要考虑屠宰、加工、包装和销售过程中微生物的污染，也要顾及到动物饲养过程中兽药、激素等残留问题。按其性质不同，可基本分为生物性因素和化学性因素。

6.1.1 生物性因素

猪肉营养物质丰富、水分含量大，是微生物生长繁殖的天然培养基。同时商品猪在屠宰、加工过程中工序烦琐、猪肉与外界物质接触机会多，交叉污染导致微生物污染水平居高不下。此外，有些寄生虫也可以通过污染猪肉肉产品来传染给人类。其中微生物存在广泛、生长繁殖速度快，对猪肉安全的影响最为严重。

6.1.1.1 致病菌

食源性致病菌可以通过直接或间接污染猪肉引起人类的细菌性食物中毒。在中国较常见的细菌性食物中毒主要有沙门氏菌、金黄色葡萄球菌、单增李斯特菌、大肠杆菌、肉毒梭菌等引起的(张培培，2012)。主要影响猪肉安全的致病菌如下：

1. 沙门氏菌

沙门氏菌是一种需氧或兼性厌氧的革兰氏阴性杆菌，没有芽孢，除了鸡白痢沙门氏菌和鸡伤寒沙门氏菌外，其余均有周身鞭毛，表现出较强的运动性。该菌的生长温度范围为5～46℃，最适温度为35～37℃。据世界卫生组织报告，世界各国沙门氏菌污染食物日益增多，被列为食品中致病菌检测的重要对象和指标。沙门氏菌感染人类的主要方式之一是通过污染食品(尤其是动物性食品)传递给人体。在中国受沙门氏菌污染的食品中，90%以上是肉类等动物性产品。沙门氏菌菌型繁多，其中有许多血清型能在人和动物之间交叉感染。目前，全球范围已分离获得的血清型多达2 600个，在中国发现了约300个血清型。在肉品中引起食物中毒的最常见的血清型有鼠伤寒沙门氏菌、肠炎沙门氏菌、猪霍乱沙门氏菌等。该菌引起的食物中毒主要是摄入活菌引起的。活菌的数量越多，引起中毒的机会越大。一旦沙门氏菌进入肠道便开始生长，当细菌数量多时，便会有足够多的毒素释放出来而引起疾病。沙门氏菌引起的最典型的疾病为肠胃炎，表现出如呕吐、腹部绞痛、头痛和腹泻等症状，这些症状可持续3～7 d。到目前为止，沙门氏菌感染的治疗主要依赖于抗生素，如头孢曲松与环丙沙星。然而，随着抗生素的使用和滥用，沙门氏菌的耐药性正在逐渐增强，急需人们的重视。

2. 金黄色葡萄球菌

金黄色葡萄球菌是一种需氧或兼性厌氧的革兰氏阳性球菌，呈葡萄状，无芽孢和鞭毛。生长温度为6.5～46℃，最适温度为30～37℃，产毒素的最适温度为21～37℃。其广泛存在于自然环境中，对各种理化因素都有较强的抵抗力，极易污染肉类食品，感染人及动物。30%～50%的人群都是这种细菌的携带者。金黄色葡萄球菌具有产生多种胞外毒素的能力。其中，肠毒素是引起食物中毒的主要原因。肠毒素是一种低分子量且热稳定性高的蛋白质，即使经100℃煮沸30 min其产生的毒素仍然存在。此外，多重耐药性金黄色葡萄球菌引起的感染是目前人们面临的最大问题。在中国，超过60%的金黄色葡萄球菌病人分离出的分离株是耐甲氧西林型的金黄色葡萄球菌，该种细菌又称为“超级细菌”。这种多重耐药性的菌株的出现与抗生素的滥用密切相关，目前已经引起了国际社会的普遍重视。

3. 单核细胞增生李斯特菌

单核细胞增生李斯特菌是革兰氏阳性杆菌，无芽孢，兼性厌氧，生存温度范围较广（0.4～50℃），最佳生长环境为37℃的中性或微碱性环境。该菌共有16个血清型，其中对人致病的主要为血清型4b、1/2a和1/2b，约占由该菌引起病例的98%。血清型4b多见于李斯特菌病的流行暴发中，1/2a和12b血清型多见于零星感染的病例中。单核细胞增生李斯特菌是一种致病性强、病死性高的食源性致病菌，它可引起脑膜炎、败血症、流产等症状，致死率可达20%～40%。它广泛存在于自然界中，猪肉中存在的单增李斯特菌对人类的安全具有危险，该菌在4℃的环境中仍可生长繁殖，是冷藏猪肉威胁人类健康的主要病原菌之一，因此，在猪肉卫生微生物检验中，必须加以重视。

6.1.1.2　病毒

食源性病毒是影响猪肉质量安全的另一种重要病原体，至少包括10个病毒家族，主要通过粪-口途径传播。大多数食源性病毒具有宿主特异性，能够感染动物或人类。但是有些食源性病毒既能感染动物又能感染人类。此外，食源性病毒在恶劣环境条件下仍然有较长的生命周期，并对多种细菌病原体消毒剂具备中度耐受性。多数食源性病毒能够引起急性胃肠炎症状，如诺如病毒和轮状病毒。此外，甲型和戊型肝炎病毒还能够引起人的急性肝炎，朊病毒能引起人的克雅氏病，禽流感病毒对畜禽与人类造成危害。

1. 戊型肝炎病毒

戊型肝炎病毒是引起肠道转运急性肝炎的重要原因。据统计，在流行地区每年约有200万人被感染，这些感染主要由该病毒的1型和2型引起。目前，欧洲食品安全局已经将戊型肝炎病毒认定为一种新兴的动物源性和潜在的食源性病原体。戊型肝炎病毒的1型和2型主要通过粪-口和水源性途径传播，3型和4型主要通过摄食生的或未煮熟的肉类传播，有报道指出在零售猪肉产品中检测到3型和4型戊型肝炎病毒污染。猪肉产品、其他肉类的摄食和人类感染之间有很强的流行病学关联。非动物源性的3型和4型病毒感染主要来源于受猪或其他动物废物污染的水、贝类和新鲜农产品。

2. 轮状病毒

轮状病毒是引起2岁以下儿童腹泻的最常见病因。在2006年轮状病毒口服活疫苗发布之前，世界上每年导致约240万人住院，50万名儿童死亡，发展中国家的死亡人数最多。轮状病毒主要通过粪-口途径传播，食用被污染的食物可能是儿童轮状病毒感染的一个重要原因，食品在供应链中可能会受到轮状病毒污染。在欧美和中国曾发生过水源性轮状病毒的暴发，中国受粪便污染的水体中的贝类也检测到过轮状病毒。此外，轮状病毒也可以通过动物源性传播，人类和动物轮状病毒基因的重配株也很可能是导致人类轮状病毒感染的罪魁祸首。

6.1.1.3　寄生虫

食源性寄生虫病是因为生食或半生食含有感染期寄生虫的食物而感染的寄生虫病。食源性寄生虫病已对人类健康构成了巨大的威胁，是一个不容忽视的公共卫生问题。其中肉源性寄生虫病可以将这些寄生虫通过肉类产品传染给人类，其中危害较大的主要包括旋毛虫和绦虫等。

1. 旋毛虫

又称为旋毛形线虫，属于线虫纲，是人和多种哺乳动物小肠和肌肉组织内的寄生虫。由其引起的旋毛虫病对人体的危害性很大，严重感染常能致人死亡。很多种动物可作为本虫的宿主，是人兽共患的寄生虫病之一。旋毛虫成虫微小，寄生于宿主的小肠，称为肠旋毛虫。雄虫大小为(1.4～1.6) mm×(0.04～0.05) mm；雌虫为(3～4) mm×0.06 mm；幼虫寄生于同一宿主的肌肉，称为肌旋毛虫。大小为(0.25～0.5) mm×(0.21～0.42) mm，在寄生动物的横纹肌纤维内长大并形成包囊，包囊多为纺锤形。每个包囊内有1条或2条幼虫。猪肉是人体旋毛虫病的主要传染源。目前世界各国均把待屠宰动物的旋毛虫病检验作为强制性必检项目，以此来切断动物向人的传播。国际屠宰法规定所有生猪屠宰场的屠宰生产线必须配备专门的旋毛虫病检测室。当人生食或半生食含有包囊的肉类时，幼虫脱囊，钻入肠黏膜中，再返回肠腔发育为成虫。包囊对低温的抵抗力较强，但对热的抵抗力较弱，当肉中心温度达60℃时5 min即可杀死虫体。用盐腌、烟熏和曝晒等方法加工肉制品不能杀死包囊。旋毛虫对人体产生的危害有虫体产生的机械性损伤、过敏反应、虫体代谢产物及排泄物的毒性作用。成虫寄生于小肠可引起肠炎，幼虫侵入肌肉后，患者会出现头痛、肌肉疼痛，并伴有发热；严重时呼吸、吞咽困难。

对旋毛虫的检验，自然感染的病猪无明显症状，生前诊断较困难，旋毛虫所产幼虫不随粪便排出，宿主粪便中虽然偶尔有旋毛虫包囊或幼虫，但是极难查到。猪旋毛虫大多在宰后肉检中发现，诊断该病时多采取膈肌、舌肌、喉肌、肋间肌和胸肌等部位的肌肉剪成麦粒样大，用玻片压薄后放在低倍显微镜下检验。生前诊断可剪一小块舌肌进行压片检查，还可采用酶联免疫吸附试验、间接血凝抑制试验、皮内试验和沉淀试验等，如果血清中特异性抗体增加即可判定为该病。

2.绦虫

绦虫属于绦虫纲，是一种巨大的肠道寄生虫。成虫体背腹扁平、左右对称、大多分节，长如带状，无口和消化道，缺体腔，除极少数外，均为雌雄同体。成虫寄生于宿主肠道，普通成虫的体长可以达到72英尺(1英尺＝30.48 cm)，可大量地掠夺宿主的营养，引起的症状通常并不严重，仅有腹部不适、肌痛、消化不良、腹泻或交替的腹泻与便秘等，个别种类如阔节裂头绦虫因为大量吸收宿主的维生素 B_{12} 可引起宿主贫血。引起这些症状的主要原因是虫体固着器官吸盘、小钩以及微毛对宿主肠道的机械刺激和损伤，以及虫体释出的代谢产物的刺激。其成虫寄生于脊椎动物的消化道中，虫卵自子宫孔排出或随孕节脱落而排出，随后发育成幼虫，也被称为囊尾蚴。幼虫在人体寄生造成的危害远大与成虫，它可在皮下和肌肉内引起结节和游走性包块；若侵入眼、脑等重要器官则可引起严重的后果。另外对肝、肺等器官也能造成严重危害，其囊液一旦进入宿主组织，更可诱发变态反应而致休克，甚至死亡。经猪肉传播的绦虫主要有猪带绦虫，寄生于人体肠道中可以存活20～30年，给人类健康带来巨大危害。

绦虫的检验以粪检见有排出绦虫节片为主要依据，活体组织检查可确诊。

6.1.2 化学性因素

影响猪肉质量安全的化学性因素主要包括兽药、激素等化学物质在肉中的残留。这些化学物质一般是在动物饲养过程中进入动物体内，并在屠宰后残留在肌肉组织中。如果残留量超过最高残留限量就会有可能引起人的食物中毒(张磊，2015)。

6.1.2.1 兽药残留

兽药残留是指动物产品的任何可食用部分所含兽药的母体化合物及其代谢物，以及与兽药有关的杂质的残留。随着猪肉在人们的膳食结构中所占的比重越来越大，滥用兽药和会导致其在人体内累积，影响人体健康。猪肉中的兽药残留已成为公认的农业和环境问题。近几年已成为全球关注的焦点，受到各国政府和全社会的高度重视。兽药残留对人类的危害主要是慢性和积累性的，如直接毒性、诱发癌症、体内积蓄、免疫抑制、致敏和诱导耐药菌株等。猪肉中残留的克伦特罗(瘦肉精)可引起对人的急性毒性；氯霉素可引起再生性贫血，链霉素会引起肾毒性，四环素对牙齿和骨骼有害，诱发对人的慢性毒性；有抗菌药物残留的猪肉还会引起人肠道微生物菌群紊乱，甚至杀死部分敏感的有益菌；长期使用亚治疗剂量的抗微生物药物会诱导耐药菌株的出现，动物体内产生的耐药性和传递给人类细菌，产生耐药性，导致严重后果。

兽药残留的原因主要由于非法使用违禁药物、标签外用药、不遵守休药期规定、超量用药、饲养管理不当或其他无意识错误。要控制兽药残留需要从理论和技术角度制定休药期和分析方法，严格执行休药期规定；建立完善的动物性食品中的兽药残留监控体系；加强对生产者的教育，使生产者具有较高的自觉性和素质，实施资格认证制度；制定动物性食品中兽药残留的检测方法，完善现有的检测标准；成立相关研究机构，加大研究投入，增强研发和创新能力；国家颁布有关法律规定，从法律层面规范兽药使用。

6.1.2.2　激素残留

激素残留是指畜牧业生产中应用激素作为动物饲料添加剂或埋植于动物皮下，达到促进动物生长发育、增加体重和肥育或促使动物同期发情等目的，导致激素在畜产食品中残留。激素类物质虽然可促进动物生长，但其残留会对人的健康产生危害。在养殖业中使用的激素主要有三种：性激素、生长激素和β-兴奋剂。

(1)性激素按其结构和来源可分为三大类：内源性性激素(睾酮、孕酮等)、人工合成类固醇激素(丙酸睾酮、甲烯雌醇等)和人工合成非类固醇激素(乙烯雌酚、乙烷雌酚等)。这些性激素和其衍生物具有促进动物生长、增加体重、提高饲料转化率的作用，这些效果在反刍动物中最为明显。然而如果大量使用性激素则可在动物体内残留，并随食物链进入人体，从而危害人的肝脏、生殖系统甚至诱发癌症。

(2)生长激素可以调节动物机体物质代谢过程。在畜牧饲养业中认为食用生长激素可以提高动物生长性能，改变胴体组成，提高肉的品质和饲料转化率。有关研究证实它不同于性激素，具有种属特异性，对人未见生理活性。但各国对该种激素的使用仍存在着较大的分歧。

(3)β-兴奋剂全称为β-肾上腺素受体激动剂。人们发现当动物大量使用β-兴奋剂时，会促使营养物质从脂肪组织转移到肌肉组织，能促使组织细胞内蛋白质合成，特别对骨骼肌细胞较为敏感，结果导致胴体的瘦肉增加。但β-兴奋剂对动物有明显的副作用，能显著影响心血管系统功能，大幅度减少皮下脂肪厚度，使动物对环境的适应能力下降，导致疾病的发生率增加。β-兴奋剂的使用还会降低肉的品质，使用β-兴奋剂后，肌肉中的糖原分解增强，宰后肌肉中糖原含量低，限制了肌肉 pH 的下降，易出现异质肉。同时使用β-兴奋剂还会使背部脂肪层变薄，肌肉易发生寒冷收缩，使肉的食用品质降低。这种激素随食物链进入人体后，会引起人头痛、头晕、呼吸困难、代谢紊乱等症状，β-兴奋剂的残留对高血压、心脏病患者危害更大。

6.1.2.3　其他化学性因素

还有一些其他化学性因素的污染，如重金属污染、有机物污染、放射性污染等，也会对猪肉质量安全造成程度不同的影响。

6.2 猪肉质量安全检测技术

猪肉质量安全事关人民生活水平的提高，猪肉的安全性问题也逐渐凸显在人们的面前。近几年来，猪肉质量安全事故的发生，给消费者心理和市场的稳定供求带来了一定的影响。因此研发制定可靠有效的猪肉质量检测技术对实现猪肉质量安全有非常重要的意义(曹文彬，2015)。目前，肉品检测技术主要包括感官检测法、生物化学检测法、仪器分析检测法、无损检测法和分子生物学检测法。

6.2.1 感官检测法

感官检测依靠人的感觉对猪肉品质进行评价，使用设备简单、易于操作，是最常用、最直接的检测方法。在猪肉质量安全检测过程中，通常使用色泽、黏度、弹性和气味来进行感官分析。优质猪肉的表面有一层微干或微湿润的外膜，呈淡红色，有光泽；切面稍湿不黏手，肉汁透明；质地紧密并且富有弹性，用手按压后凹陷会立即复原；具有新鲜猪肉的正常气味，无腐臭味。劣质猪肉表面干燥或黏手；切面呈灰或绿色、黏手，肉汁混浊；组织失去弹性，手指按压后凹陷无能复原；有明显的腐臭味。

6.2.2 生物化学法

生物化学法通常用于检测猪肉中的微生物与有害物质残留，主要包括传统微生物检测方法和免疫分析法。对猪肉中的致病菌实施监控与检测可以预防与控制食源性疾病的发生，但是传统的肉源性微生物检测需要将样品选择性增菌后挑取可疑菌落，分离培养再进行常规生化鉴定、血清学试验和毒素鉴定，得到检验报告的试验周期长、操作烦琐、准确性低、工作量较大。随着科学技术的发展，微生物快速检测技术得到了改进，正朝着快速、准确、简便及自动化的方向发展。利用传统微生物检测原理，结合先进技术，设计了形式各异的微生物检测仪器设备，正逐步广泛应用于肉品微生物检测。如全自动微生物快速鉴定系统VITEK、微生物总数快速测定仪等。免疫分析法是以抗原与抗体特异性以及可逆性结合反应作为基础的分析检测技术。具有很高的选择性和灵敏度，非常适合用于痕量组分的分析检测。但是由于其靠抗原与抗体的特异性，只能检测单一组分，在兽药残留检测中难以做到多残留同时检测。而且免疫分析法受较多因素影响，结果容易出现假阳性，标准化方法难以实现。此外，微生物分析有时也用在兽药残留的检测中。目前在兽药残留方面生物化学法不能完全替代常规的仪器分析法，只能作为补充部分。

6.2.3 仪器分析法

仪器分析法主要包括色谱法及色谱质谱联用法，可以分为薄层色谱法(TLC)、气相色谱法(GC)、气相色谱-质谱联用法(GC-MS)、毛细管电泳法(CE)、液相色谱法(HPLC)、液相色谱质谱联用法(LC-MS)等。其中,薄层色谱法具有设备简单、操作简便、分析检测速度快、选择性好、成本低廉,既能够适合微量样品的检测,也适用于高含量样品的分析。气相色谱法主要适合分离沸点相对较低、热稳定性较好的物质。在猪肉及其肉制品质量检测中通常用于提高有毒物质的筛选速度、检测农药残留、分析卤化物成分和检测防腐剂;液相色谱主要适合分离沸点相对较高、分子较大、热稳定性较差和极性较大的物质。通常用于食品添加剂、农药残留和生物毒素的分析检测,具有灵敏度高、操作简便、结果准确可靠、重现性好且成本较低的优势。特别是在抗生素检测中,传统的微生物方法灵敏度较低、耗时较长,一次只能检测一种抗生素,高效液相色谱可以同时监测多种抗生素,并且简单快速,已经成为猪肉抗生素检测中常用的方法;毛细管电泳法具有操作简便、毛细管柱不易污染堵塞、分析速度快、样品用量少、分离效率高、运行成本低等优点,但电泳时间多为 5～30 min,因此近年来芯片毛细管电泳技术成为电泳的一大热点,芯片毛细管电泳技术实质上是将毛细管电泳的仪器微型化,采用窄内径且短的毛细管和提高分离场强的方式来提高分析速度,因此保持电泳高效的同时提高其分析速度是电泳技术的发展趋势。在目前的分析检测工作中,这几种方法都有较多使用。

6.2.4　无损检测法

传统猪肉检测方法感官检测存在主观性强、不易量化、评价人员意见难以一致的问题,生物化学方法测存在待测样品预处理烦琐、化学试剂消耗量大、检测周期长以及成本较高等问题。为满足人们对肉品质量安全的要求,无损检测法已逐步替代传统的检测技术成功地应用到肉和肉制品检测之中。无损检测是在物理学、电子学、计算机科学、信息技术以及人工智能等学科的基础上发展起来的一门新兴的综合性应用学科。该技术是在不损坏待测样品的前提下,通过样品的外部属性特征和内部组成成分所引起的对热、声、光、电、磁等的不同反应来检测样品的物理性质、机械性能以及内部结构等发生的变化,是探测其内部或外表异样的现代检验技术。针对猪肉在检测过程中呈现出的光学特性、声学特性、电磁特性等,光谱、射频识别、超声波、核磁共振、X 光成像、计算机视觉、高光谱成像、电子鼻与电子舌和生物传感器等快速、实时、准确、无损检测技术被应用到猪肉品质检测与评价中。

6.2.4.1　电磁特性检测技术

电磁特性检测技术是利用待测样品在电、磁场中发生变化的电磁特性参数来反映样品的某些变化信息。猪肉的电磁特性与肉的组织结构、内部成分、状态等有密切关系。猪肉从新鲜到腐败的过程中,其阻抗值具有一定的变化规律,可以通过检测这种变化特征对猪肉品质进行分析与评价。电磁特性检测技术所需设备相对简单、数据的获取和处理比较容易、具有快速准确、不受场合地点限制的优势,因此其应用前景较为广阔。

6.2.4.2　超声波检测技术

超声波检测技术是依据声波在肉品中传播时的反射、散射、透射和吸收、以及衰减系数、传播速度和其自身的声阻抗和固有频率等特性,来反映出肉品与声波相互作用时所产生的特征信息,并据此实现对肉品品质的快速无损检测。利用超声波技术可以实现对肉品的内部组成成分、肥瘦肉厚度、肥瘦比以及胴体分级等指标的检测(杨东,2015)。

6.2.4.3 电子鼻、电子舌检测技术

电子鼻是一种模拟哺乳动物鼻子的嗅觉功能，对样品产生的挥发性气体进行感知与识别，并进行气味检测的智能系统。这是一种通过采集样品挥发性成分整体信息来评价样品的方法。已有大量研究表明，不同肉类具有不同的物质组成，使其有不同的风味和气味，电子鼻技术是以待检测肉品在电子鼻传感器上反映出的不同的特征性响应图谱为依据，对猪肉品质进行定量分析与定性判别。

电子舌是一种模拟哺乳动物味觉模式，由交互式传感器阵列、信号选择装置以及模式识别算法构成的智能检测系统。对于复杂呈味物质的样品，电子舌系统可实现检测、识别及分析的功能，并以其快速、简便、安全等特点迅速在很多领域内都得到广泛的应用。在猪肉质量检测中，电子舌传感器获取其味觉物质的信号，并将信号传至电脑，由模式识别算法分析并对不同猪肉进行鉴别，得出不同肉品的味觉信息。

目前电子鼻和电子舌技术在猪肉质量安全检测中的应用主要集中在新鲜度的检测、肉的分级及肉类掺假检测等方面。

6.2.4.4 光谱检测技术

不同波段的光照射肉品时，肉品会对光产生吸收、散射、反射和透射等现象。一些特定

波段的光照射至于肉品内部时，通过透射和散射采集的光谱数据中会携带有丰富的肉品内部成分信息；而另一些波段的光作用于肉品表面时，所形成的光谱图像会呈现出肉品的外部特征信息。将光谱技术与化学计量学方法、图像信息处理技术、人工智能技术有机的结合，可实现对肉品品质与安全快速无损检测。当前广泛应用到肉品质安全检测的光谱技术主要有近红外光谱、拉曼光谱、X射线荧光光谱和高光谱成像技术。其中，高光谱成像技术是新一代检测技术，融合了光学、电子学、数字图像信息处理以及计算机科学等技术。该技术将传统二维成像技术和光谱技术有机地结合在一起，具有连续多波段、光谱分辨率高和图谱合一等特点，即同时含有图像信息和光谱信息。图像信息可以用来检测猪肉的外部特征，而光谱信息则可以用来检测猪肉的内部品质特性。应用该技术可以对猪肉的内外部品质进行高效定性判别和定量分析。

6.2.5 分子生物学法

随着分子生物学的飞速发展，对猪肉的感官及常规物理化学检验已无法满足人们对猪肉质量安全检测快速高效的要求。在分子生物学基础上建立众多的检测技术的出现实现了这种要求。分子生物学技术主要包括PCR、核酸探针和生物芯片等。

6.2.5.1 PCR技术

分子生物学中最常用的是PCR技术，该技术能够从样品少量的微生物菌体中扩增出目的基因或基因片段，克服了常规技术的检测时间长、容易造成漏检等缺点，提高了检测的灵敏性和特异性。PCR法检测猪肉中的有害微生物先要经过离心沉淀富集微生物细胞、裂解细胞以释放DNA等前处理，然后用进行PCR反应数小时，即可根据所得的拷贝数来判断样品中的目标微生物。近年来用PCR技术检测猪肉中微生物的方法有很多种，如常规PCR、实时荧光定量PCR、多重PCR和逆转录PCR等，也可将几种方法结合使用。PCR技术除了可用于微生物鉴定，还可用于在肉类真伪鉴别方面。

基于属间或种间DNA分子多态性的分子技术来对培养出的细菌进行鉴定和分型，可以对猪肉中微生物种群进行鉴定，可以分为依赖培养的方法和不依赖培养的方法。以来培养的方法需要前期进行常规的微生物分离试验，得到菌株后有以下几种常用技术：随机扩增多态性DNA-PCR技术（RAPD-PCR）技术和基因外重复回文序列-PCR技术（rep-PCR）是两种基于PCR技术，对整个未知序列进行多态性分析的鉴定方法。脉冲电场凝胶电泳技术（PFGE）是一种利用限制性内切酶消化菌株基因组DNA，随后通过脉冲电场分离不同大小DNA片段得到菌株特异性条带图谱的技术。16S rRNA的扩增测序技术是利用16S rRNA基因具有保守区和可变区的特点，通过对该基因的扩增测序，随后在公共数据库中比对，是用于细菌鉴定最常见的手段之一，仅依靠16S rRNA基因无法对部分细菌鉴定到种水平，某些情况下还需要其他的看家基因或功能基因结合来实现鉴定的准确性，如针对看家基因的多位点序列分型（MLST）、RNA聚合酶β亚基基因rpoB和物种特异性基因PCR技术。此外，还可以利用十二烷基硫酸钠聚丙烯酰胺凝胶电泳（SDS-PAGE）取得全细胞蛋白条带图谱进行鉴定。不依赖培养的分子生物学鉴定方法可以准确反映样品中细菌的真实存活情况。变性梯度凝胶电泳技术（PCR-DGGE）是其中非常具有代表性的技术。该技术由Muyzer在1993年首次提出，针对细菌16S rRNA可变区进行PCR扩增，在变性梯度凝胶中产生不同的条带图谱来反映样品中微生物群落的结构。它不仅能够分析不同环境猪肉中的微生物组成，并且能够方便地展示出猪肉在储藏过程中微生物种类的动态变化。近些年来随着高通量测序技术的发展，宏基因组测序技术成为研究微生物种群多样性的有力工具。它能够对样品中所有微生物基因组DNA片段化后进行高通量测序，进行序列组装和基因注释，分析该样品中所有微生物的基因组信息。宏基因组技术不仅能准确鉴定微生物的种群结构和组成，还能分析微生物种群间的功能活性和代谢网络信息。

6.2.5.2　核酸探针技术

核酸分子杂交可以用于待测核酸样品中的特定基因序列。该技术不仅具有特异性、灵敏度高的优点，而且兼备组织化学染色的可见性和定位性。在猪肉检测中，核酸探针技术主要用于病原微生物的检测。目前我国致病菌的检验普遍采用传统的细菌学检验方法和血清学方法，方法烦琐，灵敏度和准确性都不高（刘洋，2016）。核酸探针技术可广泛应用于进出口动物性食品的检验，包括沙门氏菌、弯曲杆菌、轮状病毒、狂犬病毒等多种病原体。核酸探针的应用均比常规方法快速、灵敏、准确。

6.2.5.3　生物芯片技术

生物芯片技术是将生命科学中不连续的分析过程通过分子间特异性的相互作用都集成在芯片上完成，以实现对核酸、蛋白质及其他生物组分的高通量的快速检测。一次实验就可检测多种疾病或分析多种生物样品，已经广泛用于食品安全检测、食品微生物检测、动物疫病检测、转基因动植物检测等方面。根据所固化的材料的不同，可以将生物芯片分为基因芯片、蛋白质芯片、细胞芯片及组织芯片，其中目前最为成功的是基因芯片。基因芯片虽然源于核酸杂交技术，并利用PCR技术制备检测模板，但基因芯片所体现的优势是超越前两者的，主要表现在以下几方面：①高密度基因芯片可同时对成千上万个样品进行检测分析，即可实现样品的高通量检测；②可对大量样品进行并行检测；③反应体积小，降低了试剂的消耗；④反应物在单位体积内浓度高，反应快，缩短了检测时间；⑤特异性强；⑥可完全实现自动化等。

6.3 猪肉质量安全控制体系

6.3.1 国外猪肉质量安全控制体系

发达国家以经济学对政府干预的观点和政策主张为指导，以对食品安全的理论研究为依据，普遍建立了比较完善的食品安全控制管理体系。在猪肉质量安全控制保障方面，如丹麦、德国、日本、美国、荷兰等，都有各自的做法和特色。

6.3.1.1 丹麦猪肉一体化生产体系

丹麦猪肉一体化生产体系应用于整个猪肉产业，从猪肉饲养、生产、运输、屠宰、切分、加工、包装到消费的全过程，使猪肉产业的安全得以保证。丹麦猪肉一体化生产体系的内容涉及可追溯性、生产说明、加工、监督管理、教育与培训、食品安全、饮食质量、动物福利、营养和环境等10个方面。

丹麦的所有农场都有一个头数号码，这些号码都储存在农业部的数据库中。除此之外，送去屠宰的每头生猪都标有其生产商的号码，这样可以追溯到每头猪的产出农场。在丹麦，猪肉行业监督和企业管理的双层体系(基于风险分析和风险评估—HACCP)是丹麦多年以来高质量生产的基石。卫生管理的责任由企业管理部门和丹麦兽医局共同承担。尽管食品安全取决于多种因素，但是丹麦肉类质量控制成功的关键在于全行业的安全标准不断的改进和实施，以及在各个领域开展的广泛研究。在一体化生产体系中，生产者之间的高技术竞争和高知识以及完备的信息获取途径使得猪肉产业达到很高的水平，在一体化生产体系中，任何问题都能够得到迅速、高效的处理。

6.3.1.2 德国猪肉质量保障工作

德国政府非常重视猪肉质量的保障工作，在饲料、兽医、检疫、屠宰、流通和销售等方面制定了健全的法规，采取了一系列措施。严格控制饲料、兽药的生产和使用，制定并严格执行生猪屠宰前后的检验制度，常随机地从零售商那里购买样品进行检验，制定并执行生猪的等级标准，实行生猪及猪肉的商标化，以进一步保证生猪及猪肉的质量。

6.3.1.3 日本猪肉质量保障体系

日本政府在优质猪肉生产销售过程中发挥了重要作用，主要是对优质生猪及猪肉重要性的宣传，品种的培育和保护，饲养和加工技术的引进与推广，相关设施建设的投资，产销环节的质量监控及法管制定等。

6.3.1.4 美国猪肉质量保障体系

美国国家猪肉生产者委员会(NPPC)于1989年开始了猪肉产品质量保障计划，核心是猪肉质量保障体系(PQA，Pork Quality Assurance Program)，分为1、2、3个级别。是向养猪生产者提高一个小册子，内容包括消费者对安全猪肉的态度，在养猪生产中谨慎合理使用抗生素，养猪场户内饲料的准备，对药物残留的监测等是养猪生产者对内容进行自我检查对照的材料，放在小册子的后面。在这个小册子中有一个登记卡，生产者填好后返回给，待审批后成为的成员是体系的最高级别，适用于专业化的生猪生产者，它应用 HACCP 原理，使生产者对整个养猪过程有全面的了解，从而生产出高质量的猪肉产品。美国农业部成立了专门的督查队，其成员既监督成员猪场的生产过程，又根据各成员猪场的情况与生产者讨论怎样实施对每个关键点的控制，以达到 PQA 的标准。PQA 体系的建设和实施，减少了美国猪肉中的药物残留比例，在监督、控制猪肉质量方面发挥了积极的作用。

6.3.1.5　荷兰动物性食品链综合管理体系

荷兰是世界上猪肉生产装备最为现代化和最有效率的国家之一。荷兰的猪肉以安全、高质量而闻名世界。荷兰政府对肉类的质量控制主要应用"动物性食品链综合管理体系"(IKB，Intergral Ketenbeheersing)，这是"荷兰家畜、肉类、鸡蛋生产委员会"(PVE)对符合 IKB 的肉类产品的一种奖励性标志。由于消费者和肉类生产者之间存在着很大的距离，实践已经证明，质量检测系统在动物生产部门中维持消费者的信任起着很重要的作用。IKB 体系包含 HACCP 体系中的一些概念和 ISO9000 的标准，对兽药的使用、牲畜健康的保护、动物的来源、饲喂和畜舍、肉类中各种物质残留、肉类卫生以及运输等都做出了规定，对猪场拥有者、屠宰厂、监督及罚款也做出了明确的要求和规定。

荷兰的 IKB 质量体系，给荷兰的肉类零售商和消费者在肉类质量和安全上以高度的保障。IKB 体系包括一个有弹性的和以市场为导向的协议和保证，所有直接或间接地参与 IKB 的猪肉生产和加工体系的企业和个人都要受到 IKB 体系的有关约束的制约。

6.3.2　我国猪肉质量安全控制体系

我国猪肉质量安全监管的部门体系主要由国家食品药品监督管理局、公安部、农业部、商务部、卫生部、国家质量监督检验检疫总局、国家工商行政管理总局、环境保护部、海关总署等九大部(局)共同构成的。各个部局对猪肉供应链上各环节的监管均有不同程度的侧重，其中对种猪母猪仔猪、生猪生产流通、猪肉运输销售各环节的监管情况见表 6-1。

表 6-1　我国猪肉产业链上各部门监管职权范围

部门	种猪/母猪/仔猪				生猪				猪肉			
	保险	防疫	补贴	流通	投入	养殖	屠宰	流通	生产	运输	销售	出口
食药局	√	√	√	√	√	√	√	√	√	√	√	√
公安部					√	√	√	√		√	√	
农业部	√	√	√	√	√	√	√	√				
商务部				√			√	√				√
卫生部								√		√	√	
质监局		√			√		√		√			√
工商局				√	√		√	√			√	
环保局				√		√	√		√	√	√	
海关署				√						√		√

在冷却肉及猪肉的生产与流通过程中，良好的屠宰卫生状况与设施设备和员工的清洁是保证产品质量的前提，完善有效的冷却链是产品安全卫生的关键，合理的包装将明显延长保质期，栅栏技术与HACCP系统的应用将使产品质量管理规范化和科学化。

1. 栅栏技术

栅栏理论是德国肉类食品专家L. Leistner提出的一套系统科学地控制食品保质期的理论。栅栏技术(hurdle technology)是指在食品设计和加工过程中，利用食品内部能阻止微生物生长繁殖的因素之间的相互作用，控制食品安全性的综合性技术措施。在食品防腐方面，栅栏技术已经得到广泛的应用。

猪肉防腐上最常用的栅栏因子都是通过加工工艺或添加剂的方式设置的，这些栅栏因子可以更好地保证食品微生物的稳定性以及改善产品质量。栅栏技术在肉类工业上的应用由来已久。中国腊肠和意大利色拉米发酵香肠就是用栅栏技术延长货架期的成功典型。

栅栏技术的应用步骤如下：

(1)确定产品类型、感官特性及货架期；

(2)制定工艺流程和工艺参数；

(3)确定栅栏因子，主要包括Aw、pH、防腐剂、处理温度、竞争性菌群等；

(4)测定效果，对产品感官指标和微生物指标进行测定；

(5)调整和改进，通过分析，调整栅栏因子及其强度；

(6)工厂化试验，在生产条件下验证设计方案，并使方案切实可行。

2. HACCP体系

HACCP(hazard analysis and critical control point)意为危害分析和关键控制点，是保证食品安全和产品质量的一种预防控制体系，是一种先进的卫生管理方法。HACCP体系是20世纪60年代美国太空总署、陆军NATICK实验室和美国PILLSBURY公司共同发展起来的一套科学的卫生质量监控系统。HACCP系统经过30多年的发展和完善，已被食品界公认为确保食品安全的较佳管理方案。

HACCP体系是将食品质量的管理贯穿于食品从原料到成品的整个生产过程当中，侧重于预防性监控，不依赖于对最终产品进行检验，打破了传统检验结果滞后的缺点，从而使危害消除或降低到最低限度。一个完整的食品安全预防控制体系即HACCP体系，它包括HACCP计划、良好卫生操作规范(GMP)和卫生标准操作程序(SSOP)三个方面。GMP是政府强制性的对食品生产、包装、贮运等过程的卫生要求，以保证食品具有安全性的良好生产管理体系。GMP是食品生产企业实现生产工艺合理化、科学化、现代化的首要条件。SSOP是食品生产加工企业为了达到GMP的要求而制订的卫生操作控制文件——卫生标准操作规范，以消除与卫生有关的危害。GMP和SSOP是企业建立以及有效实施HACCP计划的基础条件。只有三者有机地结合在一起，才能构筑出完整的食品安全预防控制体系(HACCP)。如果抛开GMP和SSOP谈

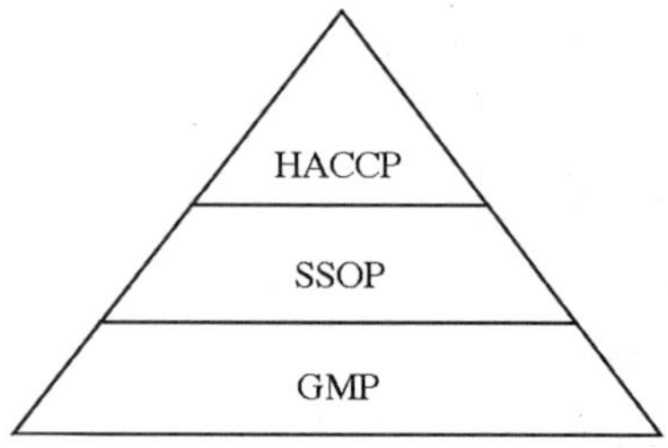

图6-1　HACCP、SSOP、GMP三者关系图

HACCP 计划,HACCP 计划只能成为空中楼阁;同样,只靠 GMP 和 SSOP 控制,也不能保证完全消除食品安全隐患,因为良好的卫生控制,并不能代替危害分析和关键控制点。三者之间的关系可用图 6-1 来表示。

例如对冷却肉生产流通过程中微生物污染状况进行调查,分别调查屠宰线污染状况、分割、剔骨和包装过程中污染以及冷却肉零售污染状况,进行危害分析与危险评估,确定主要危害为源及危险程度,从而可以确定关键控制点(CCP)与控制措施,如图 6-2 和表 6-2 所示。

在食品设计和加工过程中,应用栅栏技术与 HACCP 管理系统,并借助计算机和现代技术改造现有的加工方法,可有效地控制食品安全和卫生,提高产品质量。

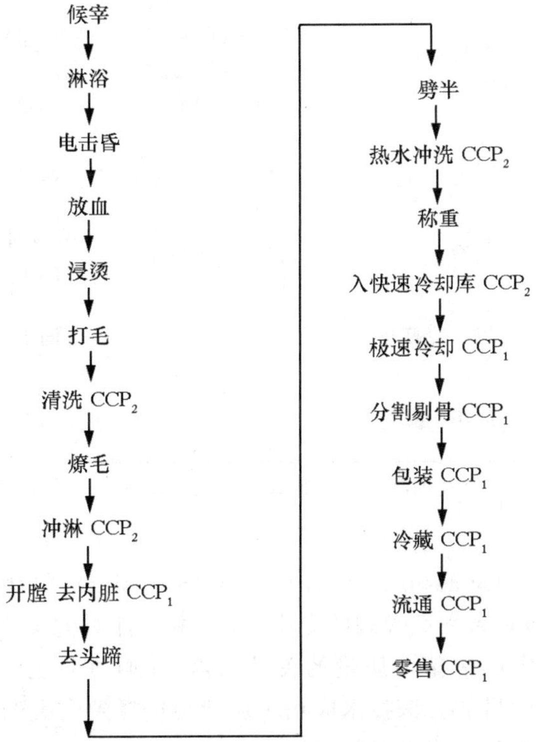

图 6-2　冷却肉生产关键控制点(CCP)

表 6-2　冷却肉的关键控制点与控制措施的选择

工序	危害因素	CCP 类型	控制措施	控制限度	监测方式	纠偏行为	责任主管
清洗	微生物污染	CCP_2	保持水的清洁加消毒剂		目测	加快水的更换速度	
冲淋	微生物污染	CCP_2	加大水压		目测		
开膛	肠容物外溢	CCP_1	由里向外进刀	胴体表面无可视污物	目测	不做冷却肉加工	

续表 6-2

工序	危害因素	CCP类型	控制措施	控制限度	监测方式	纠偏行为	责任主管
热水冲洗	微生物污染	CCP_2	使用热水	水温 90℃，时间<10 秒	温度计测量	调整水温	
入冷却间	交叉污染	CCP_1	使用一次性清洁手套	胴体表面 TVC <10^4个	实验室检测	注意操作卫生	
快速冷却	微生物增殖	CCP_1	宰后 1 h 内冷却	胴体温度<4℃ 时间<24 h	温度计测量	调整室温	
分割剔骨	交叉污染	CCP_1	注意操作卫生，室内制冷	肉 TVC < 10^4个，室温<12℃，时间<30 min	实验室检测温度计测量	注意操作卫生	
包装	交叉污染	CCP_1	同上	同上	同上	同上	
冷藏	微生物增殖	CCP_1	制冷	0～4℃	温度计测量	调整温度	
流通	微生物增殖	CCP_1	使用冷藏车	<7℃	同上	同上	
零售	微生物污染与增殖		使用冷藏柜	<7℃	同上	同上	

注释：CCP_1 表示确实可以控制并消除一个危害；CCP_2 表示能减少一个危害，但不能完全消除

3. 肉类 PACCP 技术

所谓 PACCP(palatability assurance critical control point)，即食用品质保证关键控制点，由 20 世纪 80 年代美国和澳大利亚等国的专家提出，主要针对肉类生产过程中各环节对猪肉品质的影响进行分析，确定影响猪肉质量的关键因素，并通过对主要影响因素进行控制和改善，以达到提高猪肉品质的目的。该技术应用于从遗传选择到肉类的最后处理、烹调等肉类生产过程的每一个阶段，以保证最终产品的口感和质量。

在美国，实施 PACCP 技术主要集中在以下 3 个领域：①在选育过程中确定提高肉类嫩度的遗传标记；②建立和检测肉类嫩度的关键控制点，如宰前给予高能量的膳食、屠宰时采用电刺激、宰后进行自然成熟等；③开发自动分级技术保证嫩度越好价格越高，从而刺激饲养者饲养高嫩度的家畜(罗欣，2014)。

PACCP 技术最大的优点是考虑因素全面，涉及肉类生产的产前、产中和产后，因此，具有广阔的应用前景。

第7章
肉品加工设备的技术进步

本章内容提要

肉制品加工与流通装备是指从生猪屠宰到肉制品精深加工，再到物流配送过程中用到的与之相关的机械设备。生猪屠宰加工设备按其屠宰工艺流程可分为赶猪、致晕环节装备，洗猪环节装备，烫毛环节装备，刨毛环节装备，解剖环节装备，劈半环节装备，分级、输送、预冷、分割、鲜销发货装备，猪头、猪蹄等副产品加工装备等。肉制品加工设备按照不同肉制品类别所用到的机械设备有所不同，但也很多共用的设备。因此，本章中从加工程度的角度，对肉制品加工设备进行了统一分类，主要包括原料初步加工机械设备、半成品加工机械设备以及成品加工机械设备。同样，物流配送各个环节均需要相应的机械设备以提高生产效率（韩青荣，2005）。随着工业4.0的快速发展，我国肉制品加工与流通装备将进一步接近世界先进水平，从根本上提升肉制品品质。

7.1 肉品加工设备发展的现状

7.1.1 发展现状

随着我国经济的逐步发展，我国的农业经济以及畜牧业经济的发展取得了巨大成就。特别是生猪养殖行业，我国是世界第一大国，具有丰富的猪肉资源。新中国成立以来，在我国肉类工业发展的同时，肉类加工机械也得到了大力发展，取得了巨大进步，建立和产生了一批肉类食品的机械设备生产加工企业，为我国肉类食品工业的发展奠定了坚实的基础。改革开放以来，我国肉类机械行业进入快速发展阶段，经过30多年的发展，我国肉类机械制造厂已经能够生产绝大部分的肉类加工设备。而在国际方面，德国、奥地利的肉类加工设备和工艺处于世界领先水平。而且国外在肉类深加工技术上的研究正向多品种、自动化的方向发展。

7.1.2 发展意义

在现代化的肉制品生产中，肉制品加工机械和设备具有重要的作用(苏春山，1983)。因为它们能保证：

第一，产品的严格卫生质量。以各种灌肠为例，由原料到成品，从生的加工成为熟的，要经过20多道工序。在手工操作过程中，原料、半成品和成品与人手接触频繁，产品易受污染，卫生质量得不到可靠的保证。采用机械代替手工，可以将原料、半成品和成品与人手的接触次数减少到最低限度，为保证产品的严格卫生质量创造了必要条件。

第二，产品加工质量的稳定性和均一性。肉制品加工质量的主要标志是色、香、味、形和营养价值。手工操作，一般是凭经验来确定加工质量，普通操作工不易掌握。使用机械操作，只要严格遵守操作规程，就能基本上保证产品加工质量的稳定性和均一性。

第三，文明生产，减轻体力劳动强度，改善工作条件，提高产量。肉制品加工的机械设备，目前尚无统一的分类方法，从现代化肉制品加工过程来看，大致可分为：原料肉的分割、剔骨、切成小肉条或肉块、绞碎、拌和、灌填、蒸煮、水煮、烟熏、包装、冷却、冷冻、冷藏(或直接销售)等过程。通常我们把肉制品的加工机械和设备分成四大类。第一类为屠宰加工设备，其中包括自走悬空装置、烫毛推挡机、刮毛机、劈半机、电击晕装置等；第二类为原料初步加工机械，其中包括解冻、分割、剔骨、切块或切肉条、绞碎；第三类为半成品加工机械和设备，其中包括：斩拌、拌和、灌填、腌制、压模；第四类为成品加工机械和设备，如水煮、蒸煮、酱卤、油炸、烘烤、干制等(韩青荣，2013)。

7.2 肉制品加工设备

7.2.1 原料初步加工机械

7.2.1.1 分割机(即分段机)

目前我国肉类胴体的分割多采用人工和机械两种方法。机械分割又有电动、液压和气动等多种。

1. 人工分割机

小型加工厂(场)或作坊，多用人工分割，即用1.5～2.5 kg重的砍刀，将原料胴体先沿前胸肋骨中间及尾椎横断面切开，共为三段，以便下道工序剔骨使用，鲜冻肉胴体皆可。砍刀分割主要特点是：不致因分割而提高肉温造成骨肉变色，汁液损失。但消耗体力大，且因一刀断不开需多刀砍切，造成骨屑碎肉较多。

2. 液压及电动、气动分割机

带有动力分割机适于大、中型加工厂分割鲜冻肉胴体使用。这两种机械都是以电动机为动力，带动油压缸或风动机械，驱动刀杆起落进行切割。刀具都是用优质钢材锻打而成，一般是上下各装有一把刀，底刀固定，上刀可起落，两刀交错间隙很小，弥补了人工砍剁的缺陷，但噪声和震动大。这类机器在使用前，必须将整机机架垫平，使各腿均起支撑作用，对润滑部位齿轮和立柱轨道应加注润滑油，接通电源空载运行确无异常现象时方可使用。剁切冻品时，最好在常温下缓解几小时后进行，而且剁切的冻盘装品厚度以不大于 100 mm 为宜，剁切成片冻肉时最佳厚度为 270 mm。这种机器也可用做片肉分段或截取排骨及肘关节。

图 7-1 是型号为 DQ-400 的冻肉分割机。该机主要技术参数：功率为 5.5 kW，外形尺寸为 1 350 mm×680 mm×1 300 mm，重量为 600 kg。

3. 轮锯分割机

目前国内有悬挂式和固定式两种。悬持式有液压多刀和气动多刀。固定式分单锯片和双锯片，单锯片肉尸分解时需二次才能截为三段，双锯片可三次分割，这两种轮锯片的直径均为 650 cm 左右，为了减少分割过程肉的损失，大多是相距 20～30 cm 才有 5 个左右的锯齿，而且齿也很小，这种设备的最大优点是投资少，工效快，维修方便，缺点是锯骨时因摩擦生热而出现焦味和化脂现象，并且噪声大。

图 7-2 是型号为 BDJ-600D 的带锯。该机主要技术参数：功率为 5.5 kW，外形尺寸为 1 986 mm×1 470 mm×1 860 mm，锯条尺寸为 0.6 mm×20 mm×4 450 mm，重量为 580 kg。

图 7-1　DQ-400 冻肉分割机

图 7-2　BDJ-600D 型带锯

7.2.1.2　剔骨机

由于牲畜的品种不一、大小不同，骨骼的粗细、长短、数量也不一样，因而至今世界上还没有一台完整的剔骨设备。大多还是人工剔骨，只是在几个体力消耗较大的部位有单一的剔骨机，如头骨、肩胛骨、后腿骨以及还有一种可自动调节的剔腰肉机。在我国以骨头上带肉率多少为考核标准。在国外由于骨肉分离机的普遍使用，骨头带肉多少并不影响出肉率，经骨肉分离机打出的肉糜仍可作为原料。

图 7-3 为型号为 MAG-120 型猪头去骨机，该机主要技术参数为：电压 380 V，功率 3 kW，外形尺寸 2 000 mm×1 200 mm×1 900 mm，净重 450 kg。

7.2.1.3 骨肉分离机

为了解决骨头的带肉问题，美国在1964年最先研制出骨肉分离机。这种骨肉分离机已畅销60多个国家。骨肉分离机必须与重型粉碎机配套使用，其工作程序是：

(1)将重型粉碎机粉碎的骨头肉块投入骨肉分离机的进料斗中。

(2)骨肉块由料斗进入旋转套筒，由于骨肉硬度不同，从不同方向把骨肉分离。分离出来的肉比手工剔骨肉渣少而小，而且肉糜很细可作肠类制品的原料。

图7-3 MAG-120猪头去骨机

7.2.1.4 解冻设备

把冻肉放入解冻池或其他解冻容器中与水充分接触，利用水和冻肉存在的温度差进行热交换，使肉温升高，从而达到能剔肉、选料程度。解冻后的肉温一般保持在3～5℃为宜。

1. 冻池

解冻池材料可以采用砖、沙、水泥垒砌成长方形水池，或者用铁板或不锈钢板焊接成水箱。在水池底部安装来自水管出水口，体积的大小应根据生产量而定，一般一个解冻池容积在5 m^3左右，解冻池壁侧面安装温度表，池的上方应有一个污水排出槽，在冻肉浸泡中出现的血水及上漂的污物可及时从水槽排出。

2. 封闭解冻箱

封闭解冻箱是一种用不锈钢加工制造的容器。解冻箱一次容量一般在100～150 kg，可根据工作需要任意移动，宜根据产量设置解冻箱数量，进行组合与排列安装。解冻箱流水管路可采用活接头从箱底部连接供水，供水时将水管截门打开使血水和污物从溢水口流出。解冻时间15～20 h。

3. 淋式解冻架

喷淋式解冻架只适于冻白条肉的解冻，对于剔骨解冻流水线生产比较适宜。喷淋式解冻架由滑轨、链条，滑轨架上的喷淋水管、驱动电钮、电机、容器箱等组成。

7.2.1.5 剥皮机

剥皮机是将剔骨后的白条肉用机械方法将肉皮剥掉的一种机械设备。剥皮机由进出料台、剥皮齿形滚轮、长方形片刀、蜗轮、蜗杆、减速器电机及机架等组成。

剥皮机的工作由电机，通过三角带来带动蜗杆皮带轮转动，并由蜗杆带动蜗轮，通过蜗轮连轴上安装的链轮带动工作齿形滚轮转动。齿形滚轮轴上安装长方形片刀，由联杆与调节手柄来调整刀片与齿形滚轮间隙，来调整剥皮厚度。

图7-4是型号为BF的卧式剥皮机。该机主要技术参数：功率为5.5 kW，工作宽度为1 800 mm，滚筒直径为650 mm，滚筒转速为8.57 r/s，外形尺寸为3 340 mm×1 150 mm×1 141 mm，重量为3 t。

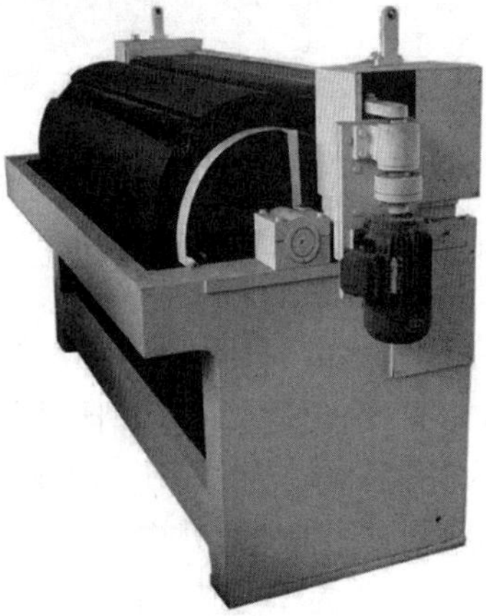

图7-4 BF卧式剥皮机

7.2.1.6　切条机

切条机是把不同部位的原料肉，按切条机入口尺寸，根据工艺要求切割成不同规格厚度的肉条、肉片的机械设备。

切条机由料盘、出入料导槽、圆锯片、机架及机械转动机构等组成。切条机的转动是由电动机皮带轮，将力矩传给主轴，使主轴上安装的锯片组运转，以达到切割原料肉的目的。切条机上安装不锈钢料盘，料盘上堆放着按入口尺寸分割好的原料肉。机器开动后，由人工原料依次推入切条机入口处，由于自重，原料肉进入料口，滑向锯片组，在锯片组高速转动下，原料肉迅速通过锯盘被加工成肉条或肉片。

7.2.2　半成品加工机械设备

7.2.2.1　切肉机(又称切割机)

切肉机的型号很多。可切块、切片、切丝等，是肉类制品加工必须的设备。目前切肉机有上下往复切割的，也有固定多刀旋转，以及刀数根据切块的大小来调整等多种形式。西德杜尔公司生产的切肉机是利用自动旋转的盘子和转动的切刀进行工作，设有各自独立的四个速度，可自行调整。

图 7-5 为型号为 QR-300 型鲜肉冻肉切片机，该机的主要技术参数为：电压 380 V，功率 2.2 kW，外形尺寸 560 mm×420 mm×920 mm，净重 75 kg。

图 7-6 为型号为 JY-240 型电动猪蹄冻肉切割机，该机的主要技术参数为：电压 380 V，功率 2.2 kW，外形尺寸 700 mm×650 mm×1 610 mm，净重 125 kg。

图 7-5　QR-300 鲜肉冻肉切片机

图 7-6　JY-240 电动猪蹄冻肉切割机

7.2.2.2　绞肉机

绞肉机是把已切成的肉块绞成碎肉的一种机械，经过绞肉机绞出来的肉可以同其他辅料混合在一起制成各种不同风味的馅料。

目前，国内外有多种型号的绞肉机。有的是多孔眼园盘状板刀，板刀的孔眼又有锥形和直孔，孔眼直径根据工艺要求确定。有的绞刀则是“＋”字形。其刀刃宽而刀背窄，厚度也较圆盘状刀厚 3～5 倍，不管圆盘式或“＋”字形的绞肉机，其内部都有一个螺旋推进装置(亦称绞龙)，原料从进料口投入后通过螺旋推进，送至刀刃而进行绞肉，绞刀的外面则是多孔漏板，漏板孔径可调整。

使用绞肉机时必须注意：

(1)螺旋体的推进装置容易将操作人员的手卷进挤伤，所以最好采用连续自动送料或者将进料口做的大一些，高一些，设置防护装置。

(2)绞肉机的进料口漏斗应经常保持满料，切不可使绞肉机空转，否则将损坏板刀。

(3)进入绞肉机的肉料应注意拣净小碎骨及软骨，硬筋，以防板刀眼被堵塞。

(4)绞出的肉不要堆积在板刀的出口处，否则会增加料漏斗自行卸料的阻力。

(5)绞肉机使用时不要超载，绞冻肉或其他硬肉时要先用粗孔眼的板刀绞，再用细孔眼板刀，这样可减少设备的损坏。

图7-7为型号BJRJ-200D的绞肉机。该机主要技术参数为：功率37.5 kW，生产能力2 500 kg/h，外形尺寸1 304 mm×1 440 mm×1 570 mm，出料口径200 mm，重量2 000 kg，为鲜、冻肉两用。

图7-8为型号BJRJ-160A的绞肉机。该机主要技术参数为：功率7.5 kW，生产能力2 000 kg/h，外形尺寸1 500 mm×835 mm×1 350 mm，出料口径160 mm，重量600 kg。

图7-7 BJRJ0-200D型绞肉机

图7-8 BJRJ-160A型绞肉机

7.2.2.3 搅拌混合机和真空搅拌机

该机可同时进行搅拌、混合。在容器内部设有两个反、正方向旋转的翅叶，形似船桨形的划动部件，机器运转时，这些划动部件可将投入的料推前推后并搅拌混合均匀。划动部件向后推动的目的是刮除贴在器壁上的肉屑，使肉屑回到搅拌混合的中心，搅拌混合机的出料口大都设置在罐体的下方或斜下方。

有些搅拌混合机装有密制盖可以抽空。同时密制盖上带有专用的孔眼，需要时可以输入液氮等降温物质使混合物冷却。有的还可安装称重设备，精确称量不同品种的重量，可人工操作，也可使用电子计算机来控制配料。

图7-9为型号BVBJ-750的搅拌混合机。该机主要技术参数为：功率4.4/5.6 kW，转速16/24 r/min，外形尺寸1 600 mm×1 176 mm×1 500 mm，气源0.4～0.8 MPa，重量500 kg，搅拌能力515 kg，手动或气动出料门。

真空搅拌机除具有搅拌机的一切性能外，还因为是在真空条件下搅拌，因此有利于减缓蛋白质分解，使微生物处于相对稳定状态，防止脂肪氧化，加速肉馅乳化，使肉馅具有更好的黏结性、保水性，从而提高产品质量。

其结构由机体、搅拌缸、摆动油缸、液压装置、真空装置、压紧轮、电气控制等部分组成。

搅拌机的转和停、翻缸和复位，以及开、闭盖，均用液压电气控制，并用电磁阀控制真空系统。搅拌时间采用自动定时，并设有紧急停车、点动搅拌、复位、中停等按钮，操作方便。闭盖动作设有安全保险装置，保证在翻缸和复位时不会因操作有误而发生事故。工作原理同搅拌机。

图 7-10 为型号 BVBJ-500 的真空搅拌混合机。该机主要技术参数为：功率 5.15/6.35 kW，转速 16/24 r/min，外形尺寸 1 830 mm×1 258 mm×1 660 mm，气源 0.4～0.8 MPa，真空度 0.055～0.08 MPa，重量 720 kg，搅拌能力 360 kg，真空、气动出料门。

图 7-9　BVBJ-750 型搅拌混合机

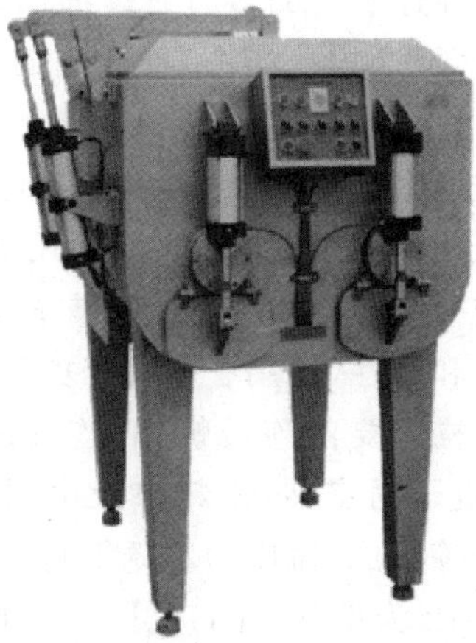

图 7-10　BVBJ-500 的真空搅拌混合机

7.2.2.4　斩拌机

斩拌机在肉制品加工中的作用：将原料切割剁碎成肉糜，并同时将剁碎的原料肉与添加各种辅料相混合。使之成为达到工艺要求的物料。斩拌机一般都设有几个不同的速度，效率很高。这种机器内部还装有液压控制喷射器，能使搅拌的原料顺利地从搅拌罐中排出。机器的切割部分，形状像一个大铁盘，盘上安有固定并可高速旋转的刀轴，刀轴上附有一排刀，随着盘的转动刀也转动，从而把肉块切碎。

有的在机器上附加了抽真空的设备，这是为了适应生产灌肠必须排出原料中所含有的空气而设，如瑞士赫其尔公司出产的就属于这一种产品。这种机器操作方便，使用前新鲜肉或冷冻肉都要先加工成 5 cm×5 cm 的块状，然后经过称量借助自动升降设施，把原料投入切割混合机的盘形容器中。

机器开动后原料就在搅拌盘中作螺旋式运动，盘体内的刀具是特制的，系采用双重固定。根据生产的不同要求可以使用 2～6 个刀片。机器的上盖经过镀铬处理，分上下两层。有绝

图 7-11　BZBJ-130 型斩拌机

缘体填充其间,可起隔音作用。机器上附加的电子计算机可以精确地控制水分。

采用这种机器可以充分保证肉糜的混合与乳化质量。节省生产时间,占地面积小,生产效率高,清洁卫生。同时还可以通过6个不同的速度调节生产。

图7-11为型号BZBJ-130斩拌机。该机主要技术参数:功率32.6 kW,转盘容积125 L,转盘转速12/24 r/min,外形尺寸2 070 mm×1 150 mm×1 820 mm,刀轴转速200/1 800/3 600 mm,重量1 500 kg,带卸料装置。

7.2.2.5 乳化机

乳化机把绞碎的原料肉送进乳化机头,在抽真空的条件下,由转子的高速旋转迫使原料肉进行乳化,加工成乳化肉糜。乳化机将绞肉后的肉粒在瞬间经过高速旋转的多刃刀盘细切,使肉中的蛋白质充分活化,达到乳化效应。通过式的加工使肉的粒度均匀,温升很小,特别适用于低档原料肉的精切乳化。因此,乳化机通常与绞肉机连接在一起使用。

经乳化的原料肉,较好地利用脂肪,使蛋白质和水将脂肪包裹起来,防止产品脂肪表面化,使产品具有较好的黏度和弹性,适用于多种肠类产品的需要。

其结构主要由连接螺帽、连接缩孔管、定子、转子、乳化管、定子固定夹、出料口及电机、机械传动机构、抽真空系统等组成,机座为不锈钢材料。

图7-12 BRHJ-Ⅰ型乳化机

图7-12为型号BRHJ-Ⅰ的乳化机。该机主要技术参数:功率11 kW,生产能力1 200 kg/h,外形尺寸825 mm×725 mm×1 520 mm,刀具间隙0.6 mm,刀轴转速2 900 r/min,重量260 kg。

7.2.2.6 灌肠机(亦称充填机)

灌肠机种类很多,大体上分为泵式与活塞式。这些都属于旧式设备,在国外已基本淘汰。目前国内使用的转子灌肠机就属泵式挤压机。本机的上方是方形漏斗式进料口,进料口以下共有三层六根对转流通轴,这三层的安装从断面看成为扇形,上层两根对转的最大宽度与进料口下部宽度相等,越往下间隙越小,三对对转轴有两层(四根)安在机身上的一个U形管即变为两个灌肠口,每个管口之前都设有一个控制阀,当阀关闭后,可往管口上加套肠衣,当肠衣套完后将U形管旋转至对方继续灌制,而对方已灌完的管口恰好又转过来继续套肠衣。如果两个管同时各自套灌也可。这种转子灌肠机的特点是便于实现连续作业,上料口可均匀陆续送料连续灌装。

液压灌肠机是利用液压系统为驱动,把料缸活塞与油缸活塞杆连在一起同步动作,进出料口均设在本机上部的机盖上,上料时打开上盖,搬动换向阀手柄,使活塞在料缸下端,然后将拌匀的肉料倒入料缸后,将机盖对正并旋紧压紧装置。本机可通过更换出肉管径来适应直径不同的肠或粗细不同的肉糜。换管时只要将球阀关闭就可进行,当肠衣套在出肉管后,即将换向手柄转到使活塞向上的位置,打开出肉口的球阀即可进行灌肠。

该机的料缸容积为30 L。灌肠的松紧度,可以通过压力的调整来解决[(0～2.5)×

10^5 Pa]。这种灌肠机的最大缺点是不能实行大批连续生产，启闭缸盖比较麻烦。本机的形状有方形的，也有圆形的。

目前世界上普遍采用的是连续灌肠机。该机装有一个料斗和一个叶片式连续泵或一个双螺旋泵。为了排除肉品中的空气，它还装有真空泵，特别适合加工肉糜和粗肉末。有的还配有自动称量，打结和肠衣截断等装置。如丹麦"韦玛戈"厂制造的液压灌肠机，有三个充填口，都可根据需要转动，从而大大提高了充填速度。

图 7-13　BVGJ-2000 型灌肠机

灌肠机的好坏不仅取决于它的自动化程度，更重要的是充填时不使肉末和喷嘴的管壁有过度摩擦，以免肉糜升温，降低质量。最好要使用短粗的管子，转弯处最好大于 90°角。

图 7-13 为型号 BVGJ-2000 的灌肠机。该机主要技术参数为：功率 4.92 kW，扭节速度 110 次/min，定量范围＞25 g，生产能力 3 000 kg/h，出料高度 1 000 mm，外形尺寸 1 170 mm×750 mm×1 900 mm，料斗高度 1 900 mm，真空度 0.08 MPa，重量 950 kg，能定量、扭节、真空。

7.2.2.7　打结机械

1. 连续打结器

国外这种装置的型号也很多，有分段扎结灌肠的连续打结器，有用于肉糜肠的快速打结器，它可以精确控制每一节灌肠的进肉量，而且能够连续或间歇操作。

美国"汤森"公司制造的一种灌肠机设有打结装置，并能把打好结的灌肠依次挂在输送系统的小钩上，其结构、性能均较先进。

2. 双卡机

双卡机是灌肠机的辅助设备。它可封闭肠衣并形成铝丝卡子。瑞士"赫其尔"公司制造的 DK-1060 型就属于这一种。

双卡机的连续支架可按照长度进行调整。卡的长度通过一个刻度牌来调节。天然肠衣或人造肠衣均能适用。为了避免划破肠衣，卡子的形状特殊，没有尖棱尖角，铅丝绕在一个线轴上，生产各种肠制品都可使用。

图 7-14 为型号 ZH-01 的打结机。该机主要技术参数为：功率 0.75 kW，外形尺寸 850 mm × 560 mm×1 000 mm，电压 380 V，重量 73.5 kg，适用于各类肠制品打结扎线。

图 7-14　ZH-01 型打结机

7.2.3 成品加工机械设备

7.2.3.1 蒸煮设备

1. 煮锅(蒸煮桶)

煮锅是用传统方式生产灌肠、火腿的主要设备，具有结构简单、操作方便、工作效率高、费用低等优点。由机体(系不锈钢无盖长方体)、蒸汽加热管、排放阀等组成。

把水加热到适当的温度，控制好进气阀，再把应下锅的产品放入锅中，适当地掌握水温和时间，待产品中心温度达到68℃以上，即为成熟。

图7-15为型号BZZT-Ⅱ的蒸煮桶，技术参数为：外形尺寸1 320 mm×1 000 mm×830 mm，容积0.6 L，夹层、带盖，自动温控。

2. 夹层锅

夹层锅一般由不锈钢材料制成，常用来煮制各种肉制品。夹层锅按操作分为固定式和可倾式。最常用的夹层锅为半球型(夹层)壳体上加一段圆柱形壳体的可倾式夹层锅。可倾式夹层锅主要由锅体、填料盒、冷凝水排出管、进气管、压力表、倾覆装置及排出阀等组成。内壁是一个半球形与圆柱形壳体焊接而成的容器。外壁是半球形壳体用普通钢板制成。内外壁用焊接法焊接。

倾覆装置是专门为出料用的，常用于烧煮一些固态物料的出料。当熬煮液态物料时，通过锅底出料管出料更为方便。倾覆装置包括一对具有手轮的蜗轮杆，蜗轮与轴颈固接，当摇动手轮时，可将锅体倾倒和复原。

图7-16为型号DL500 L的夹层锅，技术参数为：直径1 100 mm，容积500 L，可倾斜式夹层锅。

图7-15 BZZT-Ⅱ型蒸煮桶

图7-16 DL500 L型夹层锅

7.2.3.2 蒸汽式烘烤炉

蒸汽式烘烤炉工作的热源主要靠加热器加热空气，由引风机将空气吹入炉体内烘烤肉制品。其主要由引风电机、蒸汽压力表、离心风机、排风扇、温度表、炉体、加热器等组成。烘炉主要靠蒸汽加热器加热空气后，通过引风机引入，并进行搅拌和循环，来达到烘烤肉制品的目的。

7.2.3.3 烟熏室

烟熏室是肉类制品生产中的主要设备。烟熏设备的类型大体上可分为三类，即：自然通风烟熏室；有空调的或强制通风的熏室和连续熏室；另外还有属于以上三种类型的改良熏室。

1. 自然通风的熏室

这种熏室可以自然通风，室内的空气流量通过气流调节器来控制。室内所用的引火材料是干木柴、锯末或者是两者的混合材料。蒸汽管或气体可供热能的补充，熏室内还装有喷水设备，或以用来熄灭刚刚出现的燃火。

国产 RLO25 蒸熏炉就类似这一种，只不过需另设生烟设备。这种炉可用作熏蒸及烘干。炉体用薄钢板制成，两板中间夹有石棉板隔热层，总耗气量为每小时 180 kg。

该炉为单开门碰锁制动把手，门设在炉长的断面一端，门上方的炉体上设有两只圆形湿度指示计，门的中部设有玻璃透视可以观察炉内变化，炉内左右两壁设有带翅片的铸铁管暖气片各一组(底部也有一组)，发烟管道设在底部两根暖气管中间，该烟道开有三个方形喇叭式样的出烟口，发烟管两侧除暖气管外并设有两根平行的轨道，以便装货的笼子进出滑动。

炉顶部均匀的设有三个排烟控制阀，阀的开关各用一根钢筋延伸到炉壁外侧作为开关拉手，烟道是由炉门对方的断面底部伸进去的，从外面可以连接任何一种发烟设备，靠近炉门的侧壁上方有三根进气管，两根供暖气片用，一根直接喷洒蒸汽以便调节炉内的湿度。

这种熏蒸炉有着很大的局限性，产量小，不适应大生产需要，又需配备蒸汽锅炉、发烟等设备，造价昂贵，故不易推广。

2. 空调或强制通风的熏室

熏室内的气流循环采用电风扇，使熏室内气流一部或部分循环排出，这不仅使熏室内的气流均匀，温度和湿度也可调节，能控制烟气的流速。

3. 连续式熏室

这种熏室装有连续加工系统，主要适用于大型工厂生产肠制品。每小时的生产能力或达到 1.5～5 t 产品。与同样生产能力的熏室相比，它具有占地面积少，节省劳力的特点，但因生产量过大，投资费用过高故限制了它的发展。

熏室部分装有烟雾发生器，可以在保证不停产的情况下进行清洗和修理。西德就使用这种烟熏室。

瑞士阿特莫斯 RES23 型熏烟发生器，系用电将木屑点燃。稳定的供给空气，使木屑保持闷烧发烟状态。木屑在圆形炉栅上闷烧。圆形炉栅装有搅动器，它不断地将闷烧过的木屑清除。产生的熏烟通过合适的管道送入熏烟设备。烟法通过附属的烟气洗涤器，用高压水喷淋熏烟以清除污杂物质和其他颗粒杂质。阿特莫斯 CIP 清洗系统，是通过管道内的清洁剂和水与蒸汽喷嘴喷到所有的部件上来完成的。当通过压缩空气使水和清洁剂合为泡沫后，这些泡沫在被清洗的部件上停留一定时间，再用喷水将泡沫冲去，这样既代替人工清洗，又不用停产。

近年来，美、英、法、日等国又进一步研制出万能熏室。如日本花木制作所株式会社制造的新型熏室，可在同一熏室内完成烟熏、蒸煮、干燥、冷却和清洗等多道工序。

烟熏时不仅可以热熏也可冷熏和湿熏。熏室内装有温湿度记录调节器、蒸汽电磁阀、气动电磁阀、蒸汽继电器、冷水喷雾器、恒温器等各种设施，内部由不锈钢制成，为了调剂风量的大小，还装有连续变速机的设备。

7.2.3.4　烤、蒸、熏联合式烘炉

烤、蒸、熏炉是把肉制品半成品加热处理中的烤、蒸、熏三道工序结合在一台机器中来完成的机械设备，是近年来在熟制品加工中较普遍采用的加热机械。该机加热过程中的热传导、热

对流、热辐射三种传热形式同时并存,减少能源消耗,提高了经济效益,方便操作,减少三道工序交叉搬运,避免半成品污染和产品损失,缩小基建面积,改善工作环境。

瑞典阿法-拉代集团阿特莫斯公司制造了一套蒸汽干燥、烟熏和蒸煮及冷却清洗的完整设备,可以进行干燥、烟熏和蒸煮,并能连续作业。

这种热熏和蒸煮设备操作的温度范围是:开始时的操作温度大约比室温高 10℃,干燥和烟熏作业时升到大约 85℃,最高的蒸煮温度约为 95℃,相对湿度约为 98%。对只需少量或不需要混入新鲜空气的加工产品,其操作温度约达 130℃,通常加热所需要的蒸汽压力约为 5.9×10^5 Pa,蒸汽压力增高,操作温度也相应增高。

由于加热过程中排出空气的温度大大低于入口的空气温度,故特设置了一个传感器,它能系统地显示加工室内流通空气的实际温度。

图 7-17　BYXX-Ⅱ的烟熏箱

图 7-17 为型号 BYXX-Ⅱ的烟熏箱。主要技术参数为:功率 11 kW,气压 0.5 MPa,生产能力 250 kg/h,外形尺寸 1 600 mm×2 590 mm×2 980 mm,蒸汽压力 0.2～0.8 MPa,重量 1 600 kg,为一门两车。

7.2.4　火腿与腌肉的生产设备

火腿与腌肉的设备一般只有剔骨、腌制、整形和熏制等几道工序,工艺流程比较简单,因而这方面的设备也比较少。

7.2.4.1　盐水注射机

通过注射盐水来达到腌制目的。这种腌制方法可使盐水均匀渗透到肉体的各部分,能加速肉质的乳化,腌制质量好、时间快。

目前国外使用的注射器有大型的也有小型的,有人工注射的也有机械化自动注射的。日本中、小型厂大多使用一种简便的手压式盐水注射器。这种注射器外形很像自行车用的打气筒,注射器主体是盐水缸,用胶皮管引出接头,操作时手压注射器的手柄,使盐水通过胶皮管和针头注入肉块内。这种注射器的优点是:使用方便,可随时移动。但由于只有一个注射针头,效率低。美国芝加哥机械制造厂研究制成功的自动化盐水注射器,装有 8 个针头一次能注射生肉 13.4 kg,全机自重为 180 kg。

日本研制了一种大型的自动盐水注射器。装有 204 个针头,针与针之间的间隙是 2.5～5 cm,可用来注射大片的生肉(去骨带骨皆可)。针头触到有骨的地方,能自动缩回去而不损伤针头。全机除电动机外,全由不锈钢制造,长期使用时,每年只需检修一次。盐水的注射量大体上为注射肉的 8%～12%。为使腌肉缩短时间,可连续注射几次。使用操作时应注意:

(1)针头的注射速度要慢,不要使肉留下注射痕迹。

(2)盐水要完全溶解,清澈透明,否则将会使肉出现斑点。

(3)针头的高低、盐水的注射数量和注射压力,均应调至与输送的速度一致。

图 7-18 为型号 BZSJ-52 盐水注射机。该机主要技术参数为:功率 3.1/3.6 kW,生产能力

1 000 kg/h,外形尺寸 1 600 mm×650 mm×1 880 mm,重量 500 kg,针数 52 个。

7.2.4.2　滚揉按摩机

滚揉按摩机实际上也属腌肉机,与盐水注射机配合,能加快盐水注射液在肉中的渗透。因为肉注入盐水后由于受肌纤维及血管的影响,不能迅速扩散而被吸收,所以经反复揉搓后肉变得松弛,加快盐水扩散使其腌渍均匀,滚揉按摩机一般有两种构造形式。

(1)滚揉机　它的外形就像一个卧置的大洗衣机筒,筒内装有经盐水注射后被按摩的肉,由于滚筒的转动,肉在筒内上下往复翻动,并使肉相互撞击,从而达到按摩的目的。

图 7-19 为型号 BVRJ-3000 真空滚揉机。该机主要技术参数:功率 4.5/5.5 kW,生产能力 1 800 kg/h,转速 5/8 r/min,外形尺寸 3 342 mm×1 740 mm×1 994 mm,真空度 0.055～0.08 MPa,重量 1 550 kg。

图 7-18　BZSJ-52 盐水注射机

图 7-19　BVRJ-3000 真空滚揉机

(2)按摩机　这种机器近似和面机与搅拌机。它的筒不能转动。筒内装一根能转动的翅叶,肉在筒内上下滚动,使肉相互摩擦而变松弛。

图 7-20 为型号 BAMJ-700 的按摩机。该机主要技术参数:功率 1.1 kW,生产能力 500 kg/h,转速 55 r/min,外形尺寸 1 320 mm×1 035 mm×19 503 mm,重量 450 kg。

图 7-20　BAMJ-700 的按摩机

7.2.4.3　成形机

火腿成形机实际上是一种定型包装容器。通常为圆形或方形。用铝合金铸造。外形像铁筒或铁盆,盖与盒身部分设有紧固螺栓,使用时将盒身洗涮干净,然后按盒身的大小高低垫一层白布(便于脱模)再装入肉品压紧盖子,经煮制就可送入冷库冷却成型。这种成形容器很坚固。除用于火腿成形外,也可用于午餐肉的成形。

第8章
溯源技术在肉品加工与流通中的应用

本章内容提要

欧美等发达国家已建立了比较成熟完善的食品质量安全管理体系,将可追溯技术引入肉品加工流通过程管理。改革开放以来,中国肉品加工流通业持续发展,逐渐成经济发展中的一个支柱产业(曹海禄,2013)。本章简述了国内外肉品溯源技术的历史进程,阐述了物联网技术在肉品加工流通中的应用,详解了 RFID 技术在肉加工流通的发展,并举例说明了肉品可追溯系统的理论与实践。

8.1 国内外肉品溯源技术的历史进程

8.1.1 欧盟

欧盟的畜产品可追溯系统主要应用在牛的生产和流通领域。牛肉可追溯系统是指牛肉从农场的动物养殖到运输、屠宰、分割、贮藏、加工和包装直至进入市场销售的生产链中,坚持生产和监管的透明度,并保持产品完整详尽的个体信息,防止与其他来源的产品混合,并保留相关的数据资料和检测报告及相关证书,供下游生产者及消费者查询和检查。即下游生产商及消费者,可根据系统提供的条形码,进行肉食品相关信息的检查和考证,确保肉食品的安全和优质;确保产品在意外情况下能立即回收。欧盟的可追溯系统是通过一个法律框架向消费者提供足够清晰的产品标识信息,同时在生产环节对牛建立有效的验证和注册体系。该体系包括:①标识牛的个体耳标;②数据库的处理;③牛的证照;④农场保留牛的个体注册信息。可提供动物产品源头追踪，对饲料和饲养操作透明公开。

法国猪肉标识。当猪被运到屠宰场，记录并用计算机处理所有有关养殖场和相应猪群的资料信息，在实施宰前检验时要考虑这些信息。在屠宰场，猪被分配到指定的圈舍内以避免与其他猪群混淆。印在猪右肩后面的花纹，在其褪毛后的胴体上也清晰可见。为了更进一步的标识屠宰场胴体，可有两个选择：①褪毛后，每个胴体都有一个屠宰场的编号，该号码通常连在胴体两侧的后臀或者背部；②当公司要查育成猪饲养场位置时，养殖场编号也应该写在屠宰编号的旁边。例如，胴体的四个主要部分(后背，臀部，肩膀，腹部，也就是说，在这种情况下，胴体的每一边都有四个标志)。

8.1.2　日本

作为应对疯牛病的重要手段，在政府的推进和支持下，2001 年日本在肉牛生产供应体制中全面导入了信息可追踪系统。该系统的发展，作为食品质量安全管理以及克服消费者信息不足的重要手段，已显示出巨大的有效性。2002 年 7 月日本制定法律对牛肉生产企业强制实行可追溯系统，牛饲养场必须为每头牛戴上耳标，耳标上有个体识别号，饲养者必须记录每头牛的基本信息，包括标识号、品种、性别和饲养历史信息(如出生日期，转到饲养场的日期等)。一些专家主张牛饲养者保留动物用药和用量记录，但如此详细的系统很难具体实施。目前日本对进口肉产品还没有要求可追溯性。为了恢复消费者对食品质量安全的信心，同时作为一种竞争手段，其他食品行业亦在大力推广食品信息可追踪系统。2002 年 6 月 28 日，日本将食品信息可追踪系统推广到全国的肉食产业，消费者购买商品时，通过包装可获取品种、产地和生产加工流通过程的相关信息。日本采用谁生产了优质产品，就愿意放他的照片和名字在产品上，说明这样的产品更安全。因此，一些大型超市对实施了可追溯系统的牛肉，在零售柜台有饲养员的照片(图 8-1)。有的直接把饲养员的照片印在肉品外包装的标签上，同时消费者还可看见猪肉各种检测证明：如食品检测无疯牛病的证明、无抗生素使用证明和未使用转基因饲料证明等，使得消费者可以放心购买。

图 8-1　日本超市猪肉包装上的饲养员照片

8.1.3　英国

英国政府建立了基于互联网的家畜跟踪系统(CTS)，这套家畜跟踪系统是家畜辨识与注册综合系统的四要素之一。在 CTS 系统中，与家畜相关的饲养记录都被政府保存下来，以便这些家畜可以随时被追踪定位。家畜辨识与注册综合系统的四要素是：标牌、农场记录、身份证和家畜跟踪系统。

标牌：每头家畜都有唯一的号码，家畜号码一般通过两只耳朵的耳标来进行记录。

农场记录：农场必须记录有关家畜出生、转入、转出和死亡的信息。

身份证：1996年7月1日出生后的家畜必须有身份证来记录它们出生后的完整信息，在此之前的家畜由CTS来颁发认证证书。

家畜跟踪系统：它记录了获得身份证的家畜从出生到死亡的转栏情况。农场主可以通过CTS在线网络来登记注册他们新的家畜，也可以查询他们拥有的其他家畜的情况。CTS系统可以查询如下信息：查询目前在栏的家畜情况；查询任意一头家畜的转栏情况；对处于疾病危险区的家畜进行跟踪；为家畜购买者提供质量担保，并以此来提供消费者对肉食品的信心。

英国环境、食品和农业事务部(DERFA)是英国动物标识的管理工作的主管部门，农村赔偿机构(Rural Payment Agency，RPA)是环境、食品和农业事务部的执行机构。在农村赔偿机构中，专门设立了英国牛移动局(British Cattle Movement Service，BCMS)来负责牛的标识追溯工作。动物饲养畜主负责向主管机构认可的动物标识生产厂商定订购耳标，对畜主饲养的动物进行标识，并在畜主的畜禽登记册中记录每个动物的出生、进/出饲养场及动物死亡的详细情况，登记册的保管也由畜主负责。

8.1.4 加拿大

食品安全和可追溯系统的实施离不开政府的重视和政策的落实，加拿大政府在此方面可以说是相当重视的，联邦政府、各省达成农业政策框架协议(Agricultural Policy Framework，APF)，认为家畜可追溯系统具有极大的重要性。2002年6月加拿大联邦政府、各省(地区)确定了一个宏伟的目标，到2008年加拿大80%农业食品联合体农产品可追溯源头，并为此成立了追溯专门委员会调查研究该问题，编写追溯体系的指导性文档。

加拿大家畜和产品标识计划：安大略省生猪生产者市场委员会(OPPMB)采用生猪肩部文身标记来确定屠宰生猪的畜主，每头生猪进入市场之前必须清晰地打上由该委员会分配的肩部文身数字，根据屠宰后胴体的等级标准来支付给生产者的费用，生猪文身标记就成为联系纽带，安大略省生猪生产者市场委员会对会员有偿提供文身设备和墨水，为获得最优的价格，该委员会统一采购该类文身产品。这项计划是强制执行的，但是并未立法。生猪在离开饲养场送到屠宰厂之前，要求饲养者必须给生猪打上文身标记，文身是永久性的，不会丢失，与传统的标记方法相比，该计划允许同一个生猪群使用同一个标识号，猪群标识号节省了生产者的时间和费用，成本低廉。

加拿大枫叶食品公司已经确定食品安全和外来疾病是出口的两个主要的危险因素。作为降低风险的行动，枫叶食品公司确定优先开发基于DNA的可追溯系统，实现从零售点至种母猪的追溯能力。2002年12月，枫叶食品公司与Pyxis基因公司签订了合同，开发DNA追溯系统，主要是通过单核苷酸多态性(SNPs)来区分，要鉴别同胞母猪大约需要200～300个SNP。DNA分型的成本大约每头种母猪70加元，分摊下来大概每头屠宰生猪1～2加元，随着高速SNP分型技术的发展，成本可望降至每头种母猪6加元，即每头屠宰生猪0.1加元。2004年该公司93 000头核心群母猪进行DNA分型，支撑数据存储和追踪功能的追溯数据库系统估计150万加元。

8.1.5　澳大利亚

2002 年 1 月，澳大利亚的维多利亚州率先开始推行 NLIS 计划(National Livestock Identification System，NLIS)，规定澳大利亚境内所有牛都使用全国统一编码、统一外形、内置感应芯片的耳标(有 RFID 电子耳标和瘤胃丸两种形式)，存储在耳标芯片中的号码是只读的，通过阅读器扫描记录进入全国牛的 NLIS 数据库中。在澳大利亚 NLIS 数据库贮存记录的牛达 680 万头，上溯 30 多年前牛的记录，对消除布氏杆菌和肺结核病起到重要作用。在牛实施 NLIS 系统 1 年后，推广到绵羊生产。NLIS 数据包括所有买主姓名、各个牧场地址、转卖日期以及根据经营管理需要，选择性地录入牛的年龄、体重、外形、配种和繁殖时间、产奶量等信息，如图 8-2 所示。NLIS 使澳大利亚实现了畜产品从牧场到屠宰厂的全程跟踪监测，并首先得到欧盟认可，其牛肉出口欧洲的量超过了其他任何国家，提高澳大利亚畜产品的市场竞争力。

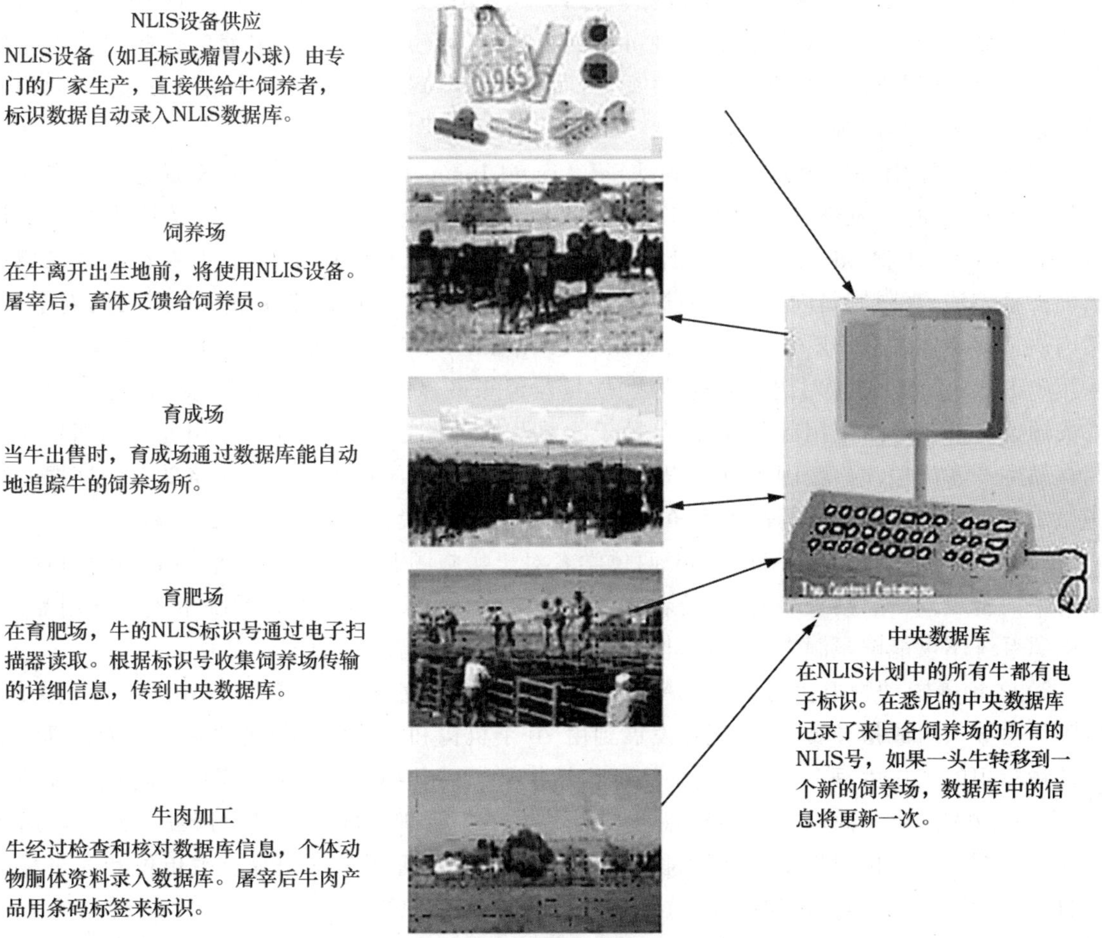

图 8-2　澳大利亚国家牲畜标识计划 NLIS 框架

NLIS是澳大利亚的牲畜标识和追溯系统，主要用于牛和羊，它能从出生到屠宰追溯动物的饲养全过程。加入NLIS系统的牛必须使用统一的电子耳标，羊使用统一的塑料耳标。而且实施NLIS系统是进入欧盟牛肉市场的必备条件。因此虽然政府并没有强制实现NLIS，但许多农场主自愿加入NLIS。随着NLIS越来越多的应用，州和地方政府开始着手制定法律支持系统的真实性。

8.1.6 美国

动物标识体系的建立与发展，来源于公众的认同和企业的需求：如动物疫病控制与消除、流行病学调查与监控、境外疫病发生时快速反应的能力、区域及全球贸易、家畜生产效率、人们对食品安全的担忧及应急处理措施。美国养猪标识系统包括三个层次：①国家强制体系。由农业大臣通过联邦立法（Code of Federal Regulations，CFR）或给出指导性文件来标识动物。以监管动物生产、交易和屠宰加工等领域中动物疫病的发生和流行，如9CFR71法令。②养猪协会（NPPC）。1984年对猪进行个体标识，1986年转向支持国家强制执行猪个体标识，增强对猪肉产品生产过程信息的记录，实现可追溯管理。③企业团体。很多养殖企业组建纵向生产链条，与屠宰厂或加工厂存在贸易关系，然而从分割肉（条形码或DNA指纹方法）到动物原始记录的追溯仍较困难。

1989年美国食品安全监测局（Food Safety and Inspection Service，FSIS）通过对猪肉加工包装厂的监测检查，发现有11%的猪肉中磺胺类药残严重超标。为此，国家猪肉生产者委员会（National Pork Producers Council，NPPC）当年制订肉品质量保障计划，并对饲养者采用适当的教育方法，来限制猪肉药残的超标，进而使政府部门能向消费者保证这些产品的安全性。猪肉质量保障体系（Pork Quality Assurance Program，PQA）重点监测关键控制点。由于美国采用了PQA系统，通过对肉食品的检测、质量监督来确保肉食品的安全，因此，虽然溯源系统在美国肉食品生产中应用起步较晚，落后于欧盟及加拿大等国，但近年来已引起了美国猪肉等肉食品生产者的关注。美国政府也积极寻找建立可追溯系统可带来巨大经济效益的证据。溯源系统在出口贸易中有效提高了竞争能力，有利于美国肉食品市场新领域的开拓。

2002年美国Dickinson和Bailey两位学者对于实施溯源系统生产的肉制品的市场可接受进行了消费者调研。结果表明，消费者愿意提高价格，来购买实施溯源系统生产的肉制品，实施溯源系统不仅能够限制食品污染，也说明该类肉制品具有较大的市场潜力。

2003年美国动物卫生协会（USAHA）会议上决定通过美国APHIS构建动物标识系统。该工作由8人组成指导委员会，现正发展到由70个机构和100多人组成的专家队伍。具体加施动物标识的工作由每个州专门的加施标识站执行。而动物标识追溯体系的运行由州和地区政府、联邦中介、生产商以及非生产性参与者共同承担管理。同时明确生产商、交易者、屠宰场、标识物制造商、标识物主管、标识物发行人、加标场、加标服务部门等有关单位和人员根据各自职责，共同完成动物标识的加施、管理和信息记录等工作。

2004年美国启动了国家动物标识系统（National Animal Identification System，NAIS），NAIS是美国农业部国家动物卫生监测和检测项目的一部分，是美国农业部动植物检疫局为了追溯动物从出栏到屠宰签发的一项州-联邦-加工厂的合作项目。NAIS开发目的：①可使州和联邦的动物卫生官员能在疾病发生并确诊后48 h内，对于暴露和感染的动物具有追溯的能力，并能鉴定内部疾病与动物外来病；②确保州间和州内动物转移的健康证明，让州和联邦动物卫生官员能够迅速了解动物的卫生状况；③对动物的有关疾病可迅速追溯；④能对直接接触外来动物病或相关动物病48 h内的动物进行追溯。

NAIS包含的内容：①养殖场标识：标识动物时，动物的出生地和移动非常重要。标识养殖场是NAIS的起点，每个养殖场将从七个方面标识，被称为养殖场标识码(PIN)；②动物标识：当动物从一个养殖场转移到另外一个养殖场时，必须有标识标准，采用动物个体标识数码(AIN)进行标识，如果动物是一群，是作为生产链来进行管理和转移，则用群标识数码(GIN)进行标识；③动物追溯：当动物从一个养殖场移动到另外一个养殖场，一些基本的信息：AIN或GIN，目的地的PIN，动物到达的日期将被上报到国家动物登记处。对于影响48 h内追溯目标的能力：最重要的是能够直接记录动物所占的百分比，以及搜集动物移动的信息。

8.1.7　中国

改革开放以来，中国畜牧业持续稳定发展，逐渐成为农业经济发展中的一个支柱产业，为发展国民经济，提高人民生活水平、农业增效、农民增收等发挥了重要作用。2006年中国肉、蛋、奶产量分别达到7 980万t、2 940万t和3 290万t。肉类和禽蛋总产量均居世界第一。人均占有量超过世界平均水平。其中猪肉类产品的绝大多数(98%左右)用于本国居民消费，出口量只占其中的很小一部分。中国猪肉类产品的外向化程度很低。据《中国统计年鉴》数据，1990年中国猪肉出口量占生产量的2.1%，1998年仅为0.9%；1999年出口活猪196万头，冻猪肉5万t；2000年出口活猪203万头，冻猪肉5万t。而丹麦1999年猪肉出口额9亿美元，占农产品出口额的43%，占世界猪肉出口总量的23%。虽然中国多年来畜产品供不应求的矛盾已基本解决，实现了畜产品从单一化向多元化的跨越，并开始出现生产型向效益型，数量型向质量型转变的巨大变化。然而，随之而来的畜禽产品的安全问题也十分突出，如何提高动物产品的安全质量，增强在国际市场上的竞争力，已成为当前中国畜牧业发展的关键。

1998年中国实施了《中华人民共和国动物防疫法》。同时，《兽药管理条例》经过20年的实践，已进入由法规上升到《动物药品法》的法律地位准备阶段。《饲料、饲料添加剂管理条例》等系列配套行政法规、规章体系日趋完善，为实施动物及动物产品安全体系提供了有力的法律依据和保障。在行政立法的基础上，国家就兽医防疫、检疫、疫病监测，以及兽药、饲料添加剂在动物食品中的残留等方面颁布了一系列技术法规。1997年，农业部实施了“动物保护工程”，投入了大量资金用于兽医与兽药立法、执法队伍建设、技术研究、实验室设备、技术队伍培训等方面，这是新中国成立以来对动物保障体系的最大的一次投入，旨在建立一个法规体系严密、人员素质高、技术设施先进、管理科学、运作协调的动物保障体系。

中国现有动物安全管理体系有两条。一条是行政管理体系，执行国家赋予的行政法律、法规；另一条是技术监督管理体系。即动物产品质量安全监测、评价体系，执行国家颁布的有关技术法规。安全是目的，监督执法是手段，监测评价是依据。行政管理部门根据技术监督部门提供的信息和数据，运用法律强制手段达到治理的结果。中国的动物及动物产品安全保障体系可用图8-3表示。

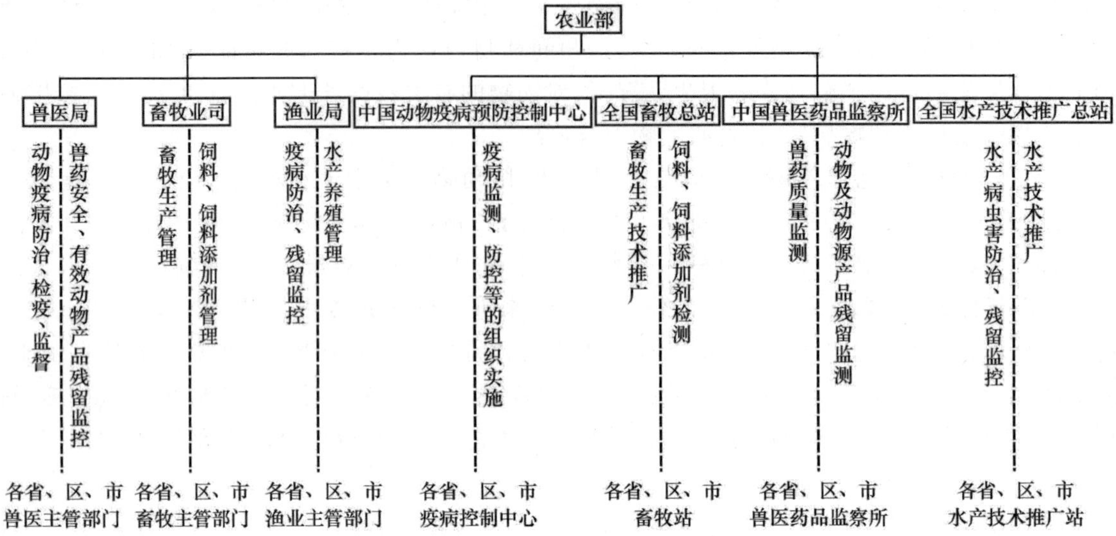

图 8-3　中国的动物及其产品的安全保障体系

中国是个养殖业大国。虽然作为农村经济重要组成部分的养殖业得到了迅猛发展、但是由于中国畜牧业建设的基础比较差,还存在不少问题。仅从动物疫病来说,虽然多种疫病发病率已有明显下降,但仍有危害较严重的疫病在流行。另外,肉蛋奶等畜产品中的药物、添加剂和违禁物质残留问题的解决刻不容缓。这些问题还没有引起普遍、足够的重视,尤其缺少强有力的政府监督和法律保证。

中国对畜产品的可追溯管理处于起始阶段,并日渐引起相关部门重视。2002 年 9 月北京畜牧兽医学会举办动物产品全程监控和可追溯制度的建立研讨会,认为在当前形势下,实施动物产品全程质量监控,并建立可追溯制度非常必要。2002 年 5 月 24 日农业部第 13 号令发布"动物免疫标识管理办法",规定对猪、牛、羊必须佩戴免疫耳标,建立免疫档案管理制度。随后内蒙古采用计算机管理动物免疫耳标。2002 年国家科技部重要技术标准研究专项设立"工厂化农业技术标准研究"课题,江苏省农科院主持承担其中的"肉用猪工厂化生产全程质量管理与畜产品可追溯计算机软件研究"子课题;2003 年国家科技部设立"863"研究课题"数字农业精细养殖平台技术研究与示范",江苏省农科院主持承担其中的"饲料和畜禽产品数字化安全监控体系研究"专题,进行了家畜和畜产品可追溯系统的研究,探索适合中国国情的可追溯技术和架构方法。2005 年上海市发布《动物电子标识通用技术规范》地方标准,为上海市采用国际先进的"牲畜识别追溯系统",严密监控每头牲畜的饲养、用药、防疫、交易等信息提供了统一的技术基础保障。2005 年 12 月 29 日第十届全国人民代表大会常务委员会通过了《中华人民共和国畜牧法》,其中,第三十九、四十一、四十五条做出规定,畜禽养殖者必须对畜禽进行标识,并建立养殖档案,在第五十五条中要求采取措施落实畜禽产品质量责任追究制度。同时,针对中国多种畜牧生产方式(散养户、养殖小区和规模化养殖场)并存,以生产水平较低,散养户占绝对优势的特点,如何有效防控动物疫病与药物残留,保障动物及动物产品的安全等问题,农业部 2006 年颁布了第 67 号令《畜禽标识和养殖档案管理办法》,并在四川、重庆、北京和上海一省三市试点《可追溯管理》。国家设立了"十二五"重点研发项目,冷鲜肉物流过程品质维持和质量安全控制技集成应用与示范(2013BAD19B09),"十三五"重点研发项目,食品全产业链智能化风险追溯技术(2017YFC1601001),表明对肉品溯源非常重视。

国内的可追溯案例可以简单分为“政府主导型”,“企业自建型”和“第三方认证型”。仅从国家层面上来讲,就有农业部的牲畜耳标标识计划,商务部的肉菜追溯系统,中国物品编码中心的食品安全追溯平台,更不要提各个省市的追溯系统了,总量不少于100个,可以说是百花齐放,百家争鸣。

☆在此举例,仅供参考☆。

①国家食品(产品)安全追溯平台

点评:中国物品编码中心,也就是你所购买产品后面贴有EAN13码的“婆家”,属于国字号单位,负责与GS1的对接。用户数量较多,一般不提供个性化定制,更别提为你“量身打造”了。

②超级码,全球领先的防伪溯源O2O系统

点评:杭州甲骨文出品,是由传统的防伪系统升级而来的,由于“财大气粗”,没有什么不可以做的。

③首页-中华优质安全食品网

点评:JAAS出品,是从第三方检测机构演化而来的,支持定制化开发,服务于各大高校和科研单位。从2002年开始涉足肉品溯源,一点一滴,从实验室走向车间,重点解决“肉品溯源”中的技术难题。

8.2　物联网技术在肉品加工流通中的应用

现代物联网产生主要有三大因素。一是经济危机下的推手,经济长波理论:每一次的经济低谷必定会催生出某些新的技术,而这种技术一定是可以为绝大多数工业产业提供一种全新的使用价值,从而带动新一轮的消费增长和高额的产业投资,以触动新经济周期的形成。过去的10年间,互联网技术取得巨大成功。目前的经济危机让人们又不得不面临紧迫的选择,物联网技术成为推动下一个经济增长的特别重要推手。二是传感技术的成熟:随着微电子技术的发展,涉及人类生活、生产、管理等方方面面的各种传感器已经比较成熟。例如常见的无线传感器(WSN)、RFID、电子标签等。三是网络接入和信息处理能力大幅提高:目前,随着网络接入多样化、IP宽带化和计算机软件技术的飞跃发展,基于海量信息收集和分类处理的能力大大提高。

8.2.1　条码技术

2005年2月,T-Engine论坛在日本东京的日本桥三越百货总店,以生肉为对象进行了食品的追溯验证实验。由于在以往的实验中是在每一个商品上装贴RFID电子标签,成本较高,因此在本实验中考虑到降低成本、易于实施等因素,在商品上采用了条码和二维条码(QR)。条形码是信息录入自动化的重要手段,它成本低廉,使用方便,一维条形码应用于牛的耳标,二维条形码应用于猪的耳标,均取得了较好的效果,但是由于其属于光学读取的范畴,易受家畜饲养和屠宰环境的影响,部分国家和地区已逐步过渡采用基于电子射频的畜体标识。加拿大

CCIA 对包装的肉制品标签采用 27 种不同大小和颜色的可读条形码标识和 7 种 RFID 电子标识。所有的标识都具有可视性,并能进行电子阅读,这些标识代码具有唯一性。

8.2.2 RFID 技术

随着信息技术等日新月异发展,20 世纪 90 年代电子标识 EID 开始用于动物管理中(如 IC 卡)。与传统方式相比较,电子标识方法能够遥感测定、收集数据及监控胴体品质,并在后继屠宰加工过程中,实现产品的可追溯性。

把条形码与耳标结合使用,或将无线射频识别技术应用于动物个体标识,可以进一步提高电子标识的使用效率(表 8-1)。该项技术的应用具有多种形式,如瘤胃丸,埋植于皮下不同部位等。Conill 等(2000,2002)采用无线射频技术,将"被动埋植无线异频发射器"(Passive InjecTable Transponder,PIT)分布于牛个体的腋窝、上唇和耳下,于屠宰前,对读取率进行了研究,取得良效。然而,家畜 PIT 埋植标识方法存在如下缺陷:①标识物作为外来物件,必然会出现动物机体组织排斥的反应;②受埋植位置等因素影响,存在掉标与破损的问题,甚至在畜体内发生位移。所以,埋植位点的选择需要充分考虑上述因素,并易于读取和屠宰时回收。

表 8-1 国内外部分家畜标识研究结果比较

标识物	动物对象	施加部位	掉标率	读取率	资料来源
普通塑料耳标	猪	耳廓	1.1%	—	Caja 等(2005)
普通塑料耳标	牛	耳廓	5%	—	Fallon(2001)
射频瘤胃丸	奶(肉)牛	瘤胃	<1%	100%	Fallon(2001)
射频标识	奶山羊	腋窝下埋置	1.94%	98.01%	Caja 等(1998)
电子耳标	猪	耳廓	8.8%	85.7%	Caja 等(2005)
二维条码塑料耳标	猪	耳廓	—	86%	陆昌华等(2005)
电子耳标	肉牛	耳廓	<1%	>99%	Basarab(1997)
射频标识(34 mm)	猪	耳廓基部/腹膜下埋置	72.5%/0%	22.5%/100%	Caja 等(2005)
射频标识(32 mm)	猪	耳廓基部/腹膜下埋置	46.3%/0%	51.2%/100%	Caja 等(2005)
射频标识(23 mm)	猪	耳廓基部/腹膜下埋置	29.8%/0%	70.2%/100%	Caja 等(2005)
射频标识(12 mm)	猪	耳廓基部/腹膜下埋置	17.1%~19.4%/1%	80.5%~80.6%/98%	Caja 等(2005)

在动物个体识别中,特别是牛的饲养上,目前应用最多的就是 RFID 技术。应用形式有 4 种:①项圈电子标签、②纽扣式电子耳标(the electronic button rag)、③耳部注射式电子标签、④通过食道放置的瘤胃(网胃)电子胶囊(the electronic rumen bolus)。电子瘤胃主要应用于反刍动物。项圈式电子标签能够容易地从一头动物身上换到另一头动物身上,主要应用于断

栏中的自动饲料配给，以及测定牛奶产量。耳部注射式电子标签已应用 10 年之久，它利用一个特殊的工具将电子标签放置在动物皮下，要撤销这个标签，必须通过手术取出。所谓的瘤胃电子胶囊是将电子标签安装在一个耐酸的圆柱形外壳内，大多是陶瓷的，再经这个外壳通过动物食道放置到反刍动物的瘤胃液内。一般情况下，这种电子标签将会终身停留在动物的瘤胃内。

随着被动式电子异频雷达收发机（passive electronic transponders）的出现，已应用于牛的电子标识，电子标识与动物附着方法争议较多，包括纽扣式电子耳标、耳部植入式电子芯片以及通过食道放置的瘤胃（网胃）电子胶囊（electronic bolus）。通过对电子芯片不同植入位置效果对比，以耳部下面位置最合适，这个位置安全、保存率高，但触摸不到异频雷达收发机。由于射频标识耳标内有电子芯片，它可与手持读取设备通信。

屠宰后注射式异频雷达收发机的取出是个问题，它有可能进入食物链的潜在危险，因此，不推荐注射式或植入式的方法。大体来说，纽扣式电子耳标的丢失率稍高于所报道的电子瘤胃胶囊。电子瘤胃球主要应用于反刍动物，均采用与注射式异频雷达发射机相同的技术，并包装于陶瓷柱形物中；美国 AVID ID Systems 以及 EZ ID 公司正在共同开发一种新的单片集成电路瘤胃球；荷兰 Nedap Agri 开发一种不锈钢瘤胃球。其优点可提供一种安全、防篡改（除非动手术取出）的电子标识方法，每年保留率达 99%以上。但价格比电子耳标或注射式异频雷达收发机更昂贵，而日常管理尚需其他标识方法，宰后收回比电子耳标取出更为困难。D. Garin 研究表明，小型电子瘤胃球对山羊的健康和育肥性能没有负面影响。R. J. Fallon 对瘤胃球的研究比较了不同强度、尺寸和材质的保留率和读取率、读取距离以及不同年龄的家畜均做了报道。

为验证电子标识系统引入欧盟的可行性，1998—2001 年法国、德国、意大利、荷兰、葡萄牙和西班牙联合实施了家畜电子标识（IDEA）项目，涉及这 6 个国家 100 万头家畜。联合研究中心根据电子标识装置的测试和认证，提供技术支持，建立中央数据库，记录和传输数据，并进行结果评估。已在肉牛、羊和水牛使用 3 种电子耳标（瘤胃球、耳标和注射式电子芯片），根据对性能的评估，为追踪动物从出生到屠宰的系统提供建议。自 1999 年起，IDEA 项目参与者提供的数据包括 285 000 头牛、435 000 只绵羊、27 000 只山羊和 11 000 头水牛，电子标识方法分别为瘤胃球 550 000 只、电子耳标 182 000 只以及注射式电子芯片 916 000 个。其结果表明，与注射式电子芯片 2%的丢失率相比，电子耳标和瘤胃球的丢失率最低，只有 0.5%，这样的保留率比日常观测到的塑料耳标要高。起初电子标识的总的饲养期回收率（76.4%）和屠宰其回收率（83.3%）没有差别。电子耳标的回收率 82.1%，瘤胃球的回收率 85.9%，均比注射式电子芯片 61.7%的回收率要高。饲养期电子耳标 92.5%的回收率比瘤胃球 74.1%要高。饲养期瘤胃球不能回收的主要原因是动物的健康问题（如传染性疾病导致的动物死亡）、销售以及动物的埋葬，并没有技术上的问题。在屠宰期，与电子耳标 81.5%回收率、注射式电子芯片 63.8% 回收率相比，瘤胃球的回收率达 91.7%，表明瘤胃球电子标识在屠宰期回收没有问题。归纳起来，作为标识物的瘤胃球和电子耳标是有效和可信赖的动物标识方法。IDEA 项目仅实现农场主屠宰厂的追溯，屠宰厂关于销售点和消费者之间的追溯正在后续的已批准的项目中研究。

8.2.3 生物识别技术

生物识别技术(biometric identification technology)是通过计算机与光学、声学、生物传感器和生物统计学原理等高科技手段密切结合,基于生物特征用自动化方法予以辨识或认证的技术。生物特征是唯一的(与他人不同),可以测量或可自动识别和验证的生理特性或行为方式,分为身体特征和行为特点两类。身体特征包括:指纹、掌型、眼睛(视网膜和虹膜)、人体气味、脸型、皮肤毛孔、手腕/手的血管纹理和DNA等;行为特点包括:签名、语音、行走的步态和击打键盘的力度等。目前发展较为成熟的包括DNA识别、语音识别、指纹识别、掌纹识别、面部识别、虹膜识别、视网膜识别和签字识别等。广泛应用于出入境管理、金融、社会福利发放、军队、刑侦、有效证件和门禁管理等(张耀军,2017)。生物识别系统对生物特征进行取样,提取其唯一的特征并且转化成数字代码,并进一步将这些代码组成特征模板,同识别系统交互进行身份认证时,识别系统获取其特征,并与数据库中的特征模板进行比对,以确定是否匹配。

8.2.3.1 虹膜识别

虹膜是瞳孔与巩膜之间的环形可视部分,具有终生不变性和差异性。人眼中的虹膜是由随瞳孔直径变化而拉伸的复杂纤维状组织构成。人在出生前的随机生长过程,造成了各自虹膜组织结构的差异。虹膜总体上呈现一种由里到外的放射状结构,包含许多相互交错的类似斑点、细丝、冠状、条纹、隐窝等形状的细微特征。这些特征信息对每个人来说都是唯一的,其唯一性主要是由胚胎发育环境的差异所决定的。通常人们将这些细微特征信息称为虹膜的纹理信息。与其他生物特征相比,虹膜是一种更稳定、更可靠的生理特征。而且,由于虹膜是眼睛的外在组成部分,因此基于虹膜的身份鉴别系统对使用者来说可以是非接触的。唯一性、稳定性和非侵犯性,使得虹膜识别技术具有广泛的应用前景。

8.2.3.2 视网膜识别

视网膜是一些位于眼球后部十分细小的神经(1/50英寸),它是人眼感受光线并将信息通过视神经传给大脑的重要器官,它同胶片的功能有些类似,用于生物特征识别的血管分布在神经视网膜周围,即视网膜四层细胞的最远处,在采集视网膜的数据时,扫描器发出一束光射入使用者的眼睛,并反射回扫描器,系统会迅速描绘出眼睛的血管图案并录入到数据库中。眼睛对光的自然反射和吸收被用来描绘一部分特殊的视网膜血管结构。

虹膜识别和视网膜识别的方法,消除其他动物标识系统中的异常现象。如:耳标以及植入性标识会丢失、移动或被重新编码;植入性标识还可能被纤维性结缔组织覆盖,从而导致数据不能读出;血样DNA测试也可能丢失和调换。

8.2.3.3 DNA标识

DNA标识是动物天生固有的条形码,利用它能够实现从餐桌肉品到饲养场种畜的追溯,肉品可以是新鲜的、加工的甚至是烹调过的。

Jeffreys(1985)等发现当利用特定的酶消化DNA时,凝胶电泳分解的结果DNA片段模式,对于每个个体均是特定的。这项DNA指纹识别技术已应用于法医研究。Mullis(1986)等发展了新的处理方法,即聚合物链反应(PCR),随着技术的不断进步,微卫星方法(micro satellites)和一种称作单核苷酸多态性(SNP)标识方法已经出现并获得应用,利用微卫星标志和单核苷酸多态性进行家畜个体追溯方法是可行的,与微卫星方法有许多等位基因相比,单核苷酸多态性(SNP)方法仅有两个等位基因,技术相对简单,成本相对低廉,这有益于全自动SNP分析,在基于DNA的可追溯系统中将更多地采用SNP分析方法。

爱尔兰学者20世纪90年代中期开始从事DNA分析研究,并于1998年开始了首次超市供应链追溯应用,2001年通过DNA序列分析对欧洲牛的近东起源进行了研究。新西兰学者研究利用DNA微卫星标志进行牛肉绞肉源头追溯时,发现如果10头以上的牛肉绞和在一起或者不同的批次绞肉使用了同一头牛的牛肉,追溯将出现限制。

西班牙Oviedo大学进行了4年利用DNA指纹进行肉牛追踪的研究,建议采用3个多态微卫星标识来进行日常检测,此时两个体检测标识信息相同的概率为千分之一。2003年加拿大枫叶公司联合Pyxis基因公司、Orchid生物科学公司以及IBM公司,研究利用SNP技术,实现猪肉或肉制品到饲养场种母猪的追溯目标。目前,每头母猪DNA分型成本35加元,按每只种母猪总共生产50头仔猪计算,则平均每头肉猪0.7加元,大批量可降低经济成本,高速SNP分析成本可大幅度降低至每基因2分钱或者每头种母猪6加元,分摊到屠宰肉猪每头10分钱。但基于DNA的追溯系统也有缺点,从超市到分销商到加工商到屠宰场之间不可追溯,但是可追溯至农场以及种畜。其优点是,它有非常高的准确率,对疾病控制有重要意义。

欧盟对牛和猪肉追溯系统进行双标识制度(EID+DNA,EID是eletronic identification的缩写)的可行性研究,一个是电子标识,一个是DNA标识。电子标识用于养殖场到屠宰场阶段的猪或牛个体标识,而DNA标识用于胴体和分割肉,这样两种标识结合可实现猪肉或牛肉的全程追踪。DNA识别最大的优点是有非常高的准确率。但由于技术原因,还未能做到实时取样和迅速鉴定,由于价格昂贵,目前难以进行推广应用。

美国Optibrand公司运用生物测定技术以及GPS技术,研制成功标识、跟踪动物个体的设备和技术,系统有助于保证食物安全,控制动物疾病的暴发,管理动物信息,实现动物产品的增值。

8.2.4　识别技术的比较

通过前面对条形码技术、RFID技术的阐述,整理归纳出可视化方法、生物识别方法和可视化设备等的优缺点(表8-2)。

表8-2　传统动物识别与几种自动识别法的优缺点比较

1.可视化方法		优缺点
文身	牛、羊耳朵的刺墨法 马上唇内部的刺青	随时间推移,其清晰程度会降低 文身号码位数较少,无法容纳位数较长的统一标准编码 文身部位如嘴唇和耳朵内部,只能近距离察看,难以远距离识读
热烙	受火烫伤的皮肤结痂康复后再生长出来的被毛变为白色	热烙号码位数较少,无法容纳位数较长的统一标准编码 基于动物福利,在比利时和荷兰等国家被禁止使用,在欧盟即将立法禁止 热烙标识可能会被疤痕或伤口破坏

续表 8-2

1. 可视化方法		优缺点
冷烙	利用化学冷冻剂破坏皮肤中生产色素的色素细胞，而不致损伤毛囊。以后烙号部位长出来的新毛是白色的	热烙号码位数较少，难以容纳位数较长的统一标准编码 毛发的颜色会影响其清晰程度 冷烙标识可能会被疤痕或伤口破坏 局部脱毛会影响其清晰程度 基于动物福利，热烙已在一些国家被禁止，冷烙将来有被禁的潜在可能性
2. 生物识别方法		优缺点
虹膜识别	用专用摄像机记录虹膜特有的纹理信息，记录在数据库中，与动物的编号相对应 被动式虹膜扫描需要动物静立在固定摄像机 1 m 远处；主动式虹膜扫描需要动物在摄像机 2～5 m 远处前后移动头部	马的虹膜纹理在出生几个月内不是稳定的 马的虹膜纹理特征信息较少，不足以区分其个体 马的瞳孔在收缩和扩张时，尺寸差别极大 扫描时，动物很难维持静止不动，导致扫描图像质量差 虹膜纹理可能因感染或受伤而改变 扫描设备成本大，便携性不好
视网膜识别	用专用摄像机记录视网膜血管结构模式 扫描时要求动物距离摄像机 10 cm 以内，头和眼睛维持静止不动约 45 s	扫描时，动物很难维持静止不动，导致扫描图像质量差 扫描设备成本大，便携性不好
DNA 标识	利用聚合酶链式反应和单核苷酸多态性分析方法的 DNA 指纹技术对动物进行标识	目前还没有快速 DNA 标识检测方法 现有的 DNA 分析用于亲缘鉴定，但检测结果不能得出一个独立的数字标识
3. 可视化设备		优缺点
外部耳标	塑料或金属耳标，可附加条形码、字符、符号和/或射频识别装置	可能掉标或撕裂动物耳朵 可能被替换
4. 不可视或植入设备 RFID		
RFID 的两种类型：主动式和被动式		

塑料耳标与条形码的整合应用，价格低廉，读取容易，但与电子耳标相比读取方式还不够灵活；植入式电子芯片有可能迁移，不管是植入式还是瘤胃球，都需要另外的可视的标识；应用于角或皮上的热烙印或冷烙印是一种廉价的标识方法，标志阅读容易，但在注册或数据传递时容易发生错误；血液分型应用于品系的注册，但也需要采用可视的标识方法；视网膜识别对于家畜活体的识别可行，但对屠宰后家畜的识别就困难。DNA 分型是一种精确的、防篡改的方法，在日常的管理中也需要额外的可视标识，这种技术的发展和将来的传播必须考虑动物克隆技术的出现，因为他们拥有相同的基因组成。

除塑料耳标和烙印之外，电子方法和生物学测定方法都存在成本高、设备要求高、操作人员技术要求高等不足之处。表 8-3 显示几种自动识别技术的性能比较结果。

表 8-3　几种自动识别技术的性能比较

类别	信息	信息量	读/写性	读取方式	保密性	智能化	环境适应能力	寿命	ISO 标准	成本
一维条码	数字、字母	小	只读	光电转换	差	无	差	较短	有	低
二维条码	数字、字母、文字、符号	大	只读	光电转换	差	无	差	较短	有	低
磁卡	数字	较小	读/写	电磁转换	一般	无	较差	短	有	低
IC 卡	数字	大	读/写	电擦写	好	有	好	长	有	较高
RFID	数字、字母	大	读/写	无线通信	好	有	最好	长	不全	较高
生物识别	生物特征图像	大	只读	图像识别	好	有	好			较高
OCR	文字	大	只读	图像识别	好	有	好			较高

8.3　RFID 技术在肉品加工流通中的发展

RFID 技术最早的应用可追溯到第二次世界大战中飞机的敌我目标识别，但是由于技术和成本原因，一直没有得到广泛应用。近年来，随着大规模集成电路、网络通信、信息安全等技术的发展，RFID 技术进入商业化应用阶段。由于具有高速移动物体识别、多目标识别和非接触识别等特点，RFID 技术显示出巨大的发展潜力与应用空间，被认为是 21 世纪的最有发展前途的信息技术之一(任守纲，2010)。

8.3.1　RFID 技术发展历史

RFID 技术涉及信息、制造、材料等诸多高技术领域，涵盖无线通信、芯片设计与制造、天线设计与制造、标签封装、系统集成、信息安全等技术。一些国家和国际跨国公司都在加速推动 RFID 技术的研发和应用进程。在过去 10 年间，共产生数千项关于 RFID 技术的专利，主要集中在美国、欧洲和日本等国家(地区)。

RFID 技术的发展可按每 10 年期划分：

1940—1950 年：雷达的改进和应用催生了 RFID 技术，哈里·斯托克曼发表的“利用反射功率的通信”奠定了 RFID 技术的理论基础。

1950—1960 年：早期 RFID 技术的探索阶段，主要处于实验室研究。

1960—1970 年：RFID 技术的理论得到发展，开始进行应用的尝试。

1970—1980 年：RFID 技术与产品研发处于一个大发展时期，各种 RFID 技术测试得到加速。出现最早的RFID应用。

1980—1990年:RFID技术及产品进入商业应用阶段,各种规模应用开始出现。

1990—2000年:RFID技术标准化问题日趋得到重视,RFID产品得到广泛采用,RFID产品逐渐成为人们生活中的一部分。

2000年后:标准化问题日趋为人们所重视,RFID产品种类更加丰富,有源电子标签、无源电子标签及半无源电子标签均得到发展,电子标签成本不断降低,规模应用行业扩大。

至今,RFID技术的理论得到丰富和完善。单芯片电子标签、多电子标签识读、无线可读可写、无源电子标签的远距离识别、适应高速移动物体的RFID技术与产品正在成为现实并走向应用。

8.3.2 RFID技术发展趋势

RFID技术的发展,一方面受到应用需求的驱动,另一方面RFID技术的成功应用反过来又将极大地促进应用需求的扩展。从技术角度说,RFID技术的发展体现在若干关键技术的突破。从应用角度来说,RFID技术的发展目的在于不断满足日益增长的应用需求。

RFID技术的发展得益于多项技术的综合发展。所涉及的关键技术大致包括:芯片技术、天线技术、无线收发技术、数据变换与编码技术、电磁传播特性。

随着技术的不断进步,RFID产品的种类将越来越丰富,应用也越来越广泛。可以预计,在未来的几年中,RFID技术将持续保持高速发展的势头。RFID技术的发展将会在电子标签(射频标签)、阅读器、系统种类等方面取得新进展。

在电子标签方面,电子标签芯片所需的功耗更低,无源标签、半无源标签技术更趋成熟。其作用距离将更远,无线可读写性能也将更加完善,并且能够适合高速移动物品识别,识别速度也将更加快,具有快速多标签读写功能。与此同时,在强场强下的自保护功能也会更加完善、智能性更强,成本更低。

在识别器方面,多功能识别器,包括与条码识别集成、无线数据传输、脱机工作等功能将被更多的应用。同时,多种数据接口包括RS232、RS422/485、USB、以太网口、红外和蓝牙等将得到应用。识别器将实现多制式多频段兼容,能够兼容读写多种标签类型和多个频段标签。识别器会朝着小型化、便携式、嵌入式和模块化方向发展,成本将更加低廉,应用范围更加广泛。

在系统方面,低频近距离系统将具有更高的智能、安全特性,高频远距离系统性能将更加完善、成本更低。2.45 GHz和5.8 GHz系统将更加完善。同时,无芯片系统将逐渐得到应用。

8.3.2.1 RFID技术原理

RFID系统通常由两部分组成,即电子标签(应答器,Tag)和阅读器(读头,Reader)。电子标签内保存约定格式的电子数据,作为待识别物品的标识性信息,应用中将电子标签附着在待识别物品上,作为待识别物品的电子标记;当带有标签的被识别物体通过阅读器的可识别范围时,阅读器自动以非接触方式将信息读出,从而实现自动识别(图8-4)。

电子标签和阅读器之间通过耦合元件实现射频信号的空间耦合,在耦合通道内,根据时序关系,实现能量的传递和数据的交换。发生在阅读器和电子标签之间的射频信号的耦合有两种:

(1)电感耦合　依据的是电磁感应定律的变压器模型,通过空间高频磁场实现耦合。一般适用于中、低频工作的近距离RFID系统。

(2)电磁反向散射耦合　依据电磁波空间传播规律的雷达原理模型,发射出的电磁波碰到目标后反射,同时携带回目标信息。一般适用于高频、微波工作的远距离 RFID 系统。

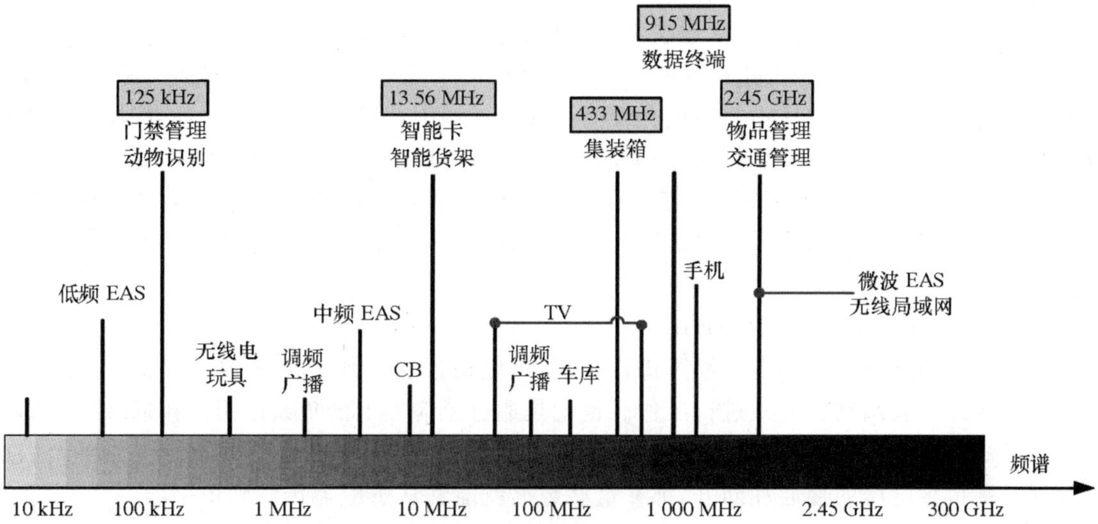

图 8-4　RFID 工作频率

8.3.2.2　RFID 工作频率与典型应用

对一个 RFID 系统来说,它的频段概念是指识别器通过天线发送、接收并识读的标签信号频率范围。从应用概念来说,射频标签的工作频率也就是 RFID 系统的工作频率,直接决定系统应用的各方面特性。在 RFID 系统中,射频标签和识别器必须调制到相同频率才能工作。

射频标签的工作频率不仅决定着 RFID 系统工作原理(电感耦合还是电磁耦合)、识别距离,还决定着射频标签及识别器实现的难易程度和设备成本。RFID 应用占据的频段或频点在国际上有公认的划分,即位于 ISM 波段。典型的工作频率有:125 kHz、133 kHz、13.56 MHz、27.12 MHz、433 MHz、902～928 MHz、2.45 GHz 和 5.8 GHz 等,见图 8-4。

按照工作频率的不同,RFID 标签可以分为低频(LF)、高频(HF)、超高频(UHF)和微波等不同种类。不同频段的 RFID 工作原理不同,LF 和 HF 频段 RFID 电子标签一般采用电磁耦合原理,而 UHF 及微波频段的 RFID 一般采用电磁发射原理。表 8-4 概括各种频率下电子标签的特性。

表 8-4　各种频率下电子标签的特性

频率	波长	耦合方式	距离	数据速率
125～150 kHz	2 400 m	近场	＜0.5 m	低
13.56 MHz	22 m	近场	＜1 m	低至中
433.93 MHz(有源)	69 cm	远场	＜100 m	中
860～960 MHz	33 cm	远场	2～5 m	中至高
2.45 GHz	12 cm	远场	1～2 m	高
2.45 GHz(有源)	12 cm	远场	100 m	高

1. 低频(从125～134 kHz)

RFID技术首先在低频得到广泛的应用。在该频率主要通过电感耦合的方式工作，即在识别器线圈和感应器线圈间存在着变压器耦合作用。感应器天线中感应的电压被整流，可作供电电压使用，磁场区域能够很好地被定义，但是场强下降得太快。

低频段射频标签，典型工作频率有125 kHz和133 kHz。低频标签一般为无源标签，其工作能量通过电感耦合方式从阅读器耦合线圈的辐射近场中获得。低频标签与阅读器之间传送数据时，低频标签需位于阅读器天线辐射的近场区内。低频标签的阅读距离一般情况下小于1 m。除金属材料影响外，一般低频能够穿过任意材料的物品而不降低它的读取距离。低频标签的典型应用有：动物识别、容器识别、工具识别和电子闭锁防盗(带有内置应答器的汽车钥匙)等。

2. 高频(工作频率为13.56 MHz)

在该频率的感应器不再需要线圈进行绕制，可以通过腐蚀或者印刷的方式制作天线。感应器一般通过负载调制的方式进行工作。也就是通过感应器上的负载电阻的接通和断开促使识别器天线上的电压发生变化，实现用远距离感应器对天线电压进行振幅调制。如果人们通过数据控制负载电压的接通和断开，那么这些数据就能够从感应器传输到识别器。

高频段射频标签的典型工作频率为13.56 MHz。除金属材料外，该频率的波长可以穿过大多数的材料，但是往往会降低读取距离。感应器需要离开金属一段距离。高频段射频标签多为无源设计，工作能量是通过电感(磁)耦合方式从阅读器耦合线圈的辐射近场中获得。标签与阅读器进行数据交换时，标签必须位于阅读器天线辐射的近场区内。阅读距离一般情况下小于1 m。标签可方便地做成卡状，广泛应用于电子车票、电子身份证、电子闭锁防盗(电子遥控门锁控制器)、小区物业管理和大厦门禁系统等。

3. 超高频(工作频率为860～960 MHz)和微波(工作频率为2.4 G和5.8 G)

超高频系统通过电场来传输能量。电场的能量下降的不是很快。该频段读取距离比较远，无源可达10 m左右。主要是通过电容耦合的方式进行实现。该频段，全球定义不尽相同：欧洲和部分亚洲定义的频率为868 MHz，北美定义的频段为902～905 MHz，日本建议的频段为950～956 MHz。超高频频段的电波不能通过许多材料，特别是水、灰尘和雾等悬浮颗粒物资。相对于高频的电子标签来说，该频段的电子标签不需要和金属分开来。

超高频与微波频段的射频标签，简称为微波射频标签，其典型工作频率有433.92 MHz、862(902)～928 MHz、2.45 GHz和5.8 GHz。微波射频标签可分为有源标签与无源标签两类。工作时，射频标签位于阅读器天线辐射场的远区场内，标签与阅读器之间的耦合方式为电磁耦合方式。阅读器天线辐射场为无源标签提供射频能量，将有源标签唤醒。相应的RFID系统阅读距离一般大于1 m，典型情况为4～6 m，最大可达10 m以上。阅读器天线一般均为定向天线，只有在阅读器天线定向波束范围内的射频标签可被读/写。由于阅读距离的增加，应用时有可能在阅读区域中同时出现多个射频标签的情况，从而提出了多标签同时读取的需求。目前，先进的RFID系统均将多标签识读问题作为系统的一个重要特征。超高频标签主要用于铁路车辆自动识别、集装箱识别，还可用于公路车辆识别与自动收费系统中。

不同频率的标签有不同的特点，例如，低频标签比超高频标签便宜，节省能量，穿透废金属物体力强，工作频率不受无线电频率管制约束，最适合用于含水成分较高的物体，如水果等；超高频作用范围广，传送数据速度快，但是比较耗能，穿透力较弱，作业区域不能有太多干扰，适用于监测港口、仓储等物流领域的物品；而高频标签属中短距识别，读写速度也居中，产品价格也相对便宜，比如应用在电子票证一卡通上。

中国已经规划的 RFID 频段有 50～190 kHz、(13.56±7) kHz、432～434.79 MHz。此外，900 MHz、910 MHz、910.1 MHz 三个频点已广泛应用于列车车辆识别，5.72～5.85 GHz 应用于不停车收费管理。今后，中国还将根据实际情况进行 RFID 频率规划。

8.3.3　RFID 技术标准体系

关于 RFID 的标准，从内容、技术、性能和应用方面均有相应的国际标准。本节重点列出与畜牧业相关的 RFID 标准，包括国际、国内、部级标准和地方规范。

8.3.3.1　标准体系

RFID 标准体系中，可分为如下几类标准：

RFID 数据内容标准(data content standards)：主要涉及数据协议、数据编码规则及语法；

RFID 技术标准(technical standards)：主要定义了不同频段的空中接口及相关参数；

RFID 性能标准(conformance standards)：主要涉及设备性能及一致性测试方法；

RFID 应用标准(application standards)：主要涉及特定应用领域或环境中 RFID 的应用规则。

目前随着 ISO18000 标准的正式颁布，国际上的 RFID 技术标准体系已基本形成，应用标准还会随着应用领域的扩展不断丰富。中国目前尚没有完善的 RFID 技术标准体系，部分核心标准的制定已纳入国家标准制定的议事日程。一般而言，RFID 数据内容标准、RFID 技术标准(technical standards)和 RFID 性能标准(conformance standards)这三类标准会采取与国际标准完全兼容的路线，即国家标准等同或等效采用国际标准，以保证标签、识读器的通用性，而在 RFID 应用标准(application standards)的制定过程中，则要充分考虑中国国情和利用中国市场的优势，还要充分考虑和引用其他全球组织目前已经制定的标准，制定出符合中国市场的新标准，新标准的主要方向应该是“以应用为主导”，在特定的应用环境中，对识别对象的编码、RFID 技术的应用做出具体的约定。

目前 RFID 存在两个技术标准阵营：一个是总部设在美国麻省理工学院的 Auto-ID Center；另一个是日本的 Uniquitous ID Center(UID)。

Auto-ID 的领导组织是美国的 EPC(电子产品代码)环球协会，提出了 EPC 电子产品编码标准。旗下有沃尔玛集团、英国 Tesco 等 100 多家欧美的零售流通企业，同时有 IBM、微软、飞利浦、Auto-IDLab 等公司提供技术研究支持。UID 主要由日系厂商组成，有日本电子厂商、信息企业和印刷公司等，总计达 352 家。该识别中心实际是日本有关电子标签的标准组织，提出了 UID 编码体系。

日本 UID 标准和欧美 EPC 标准在使用无线频段、信息位数和应用领域等存在诸多差异。

2006 年 6 月，中国国家科技部会同国家发改委、信息产业部等 15 个部委，联合编写发布《中国 RFID 政策技术白皮书》。这从政策上为 RFID 产业发展提供了保证。

8.3.3.2　技术标准

目前国际上与 RFID 相关的通信标准主要有：

1. ISO11784 和 ISO11785

ISO11784 和 ISO11785 分别规定了动物识别的代码结构和技术准则，标准中没有对应答器样式尺寸加以规定，因此可以设计成适合于所涉及的动物的各种形式，如玻璃管状、耳标或项圈等。

2. ISO10536、ISO15693 和 ISO14443

ISO10536 标准主要发展于 1992—1995 年间，由于这种卡的成本高，与接触式 IC 卡相比优点很少，因此这种卡从未在市场上销售。

ISO14443 和 ISO15693 标准在 1995 年开始操作，单个系统于 1999 年进入市场，两项标准的完成则是在 2000 年之后。二者皆以 13.56 MHz 交变信号为载波频率：ISO15693 读写距离较远，当然这也与应用系统的天线形状和发射功率有关；而 ISO14443 读写距离稍近，但应用较广泛，目前的第二代电子身份证采用的标准是 ISO14443 TYPE B 协议。

ISO14443 定义了 TYPE A、TYPE B 两种类型协议。通信速率为 106 kbits/s，它们的不同主要在于载波的调制深度及位的编码方式。

ISO15693 标准规定的载波频率亦为 13.56 MHz，VCD 和 VICC 全部都用 ASK 调制原理，调制深度为 10%和 100%，VICC 必须对两种调制深度正确解码。

3. ISO18000

ISO18000 是一系列标准（表 8-5）。此标准是目前最新的也是最热门的标准，原因是它可用于商品的供应链，其中的部分标准也正在形成之中。

表 8-5　ISO18000 标准组成

标准号	内容	应用领域
18000-1	一般参数定义	
18000-2	135 kHz 以下空气接口参数	适合短距离纸类标签，如门禁卡
18000-3	13.56 MHz 空气接口参数	适合中距离使用，如货架
18000-4	2.45 GHz 空气接口参数	适合较长距离使用
18000-6	860～930 MHz 空气接口参数	适合较长距离使用
18000-7	433.92 MHz 空气接口参数	只是作为一种选择，易被其他通信器材干扰

8.3.3.3　与畜牧行业相关的标准

1. 国际标准

1996 年制定的国际标准 ISO11784：1996—Radio Frequency Identification of Animals—Code Structure 和 ISO11785：1996—Radio Frequency Identification of Animals—Technical Concepts，为动物的跟踪识别确立了全球统一的数据代码和技术准则：前者确定 64 位数据代码结构（表 8-6），后者则制定了全双工（Full Duplex，FDX）和半双工（Half Duplex，HDX）数据传输时的各项技术准则（表 8-7）；而作为 ISO11784、ISO11785 的进一步扩展的 ISO14223，则用于确定针对动物识别的高级应答器（advanced transponders）的编码结构，该标准除适宜唯一识别码的发送外，还利于综合数据库（intergrated database）等信息的存储和检索，以及认证鉴别的实现和集成传感器数据的读取等（表 8-8）。2003 年颁布的 ISO14223-1 已定义了阅读器与“高级应答器”间的“空气接口”（air interface），未来的 ISO14223-2 和 ISO14223-3 部分将涉及编码、命令结构和应用等。

表 8-6 ISO11784 的数据代码结构

位序号	信息	注释
1	动物(1)或非动物(0)	说明该应答器是否用于动物
2～15	保留	将来使用
16	后跟数据(1)/无后跟数据(0)	说明识别代码后是否跟附加数据
17～26	国家代码	900～998 为厂商代码,999 为测试应答器
27～64	国内识别代码	国内专有的唯一注册号

表 8-7 ISO11785 的 FDX 和 HDX 系统概要

参数	FDX 系统	HDX 系统
激活频率	134.2 kHz	134.2 kHz
调制	AM～PSK	FSK
返回频率	129.0～133.2 kHz 135.2～139.4 kHz	124.2 kHz(逻辑“1”) 134.2 kHz(逻辑“0”)
编码	变型 DBP	NRZ
位速率	4 194 bps	7 762.5 bps(逻辑“1”) 8 387.5 bps(逻辑“0”)
报文结构:		
——头标	11	8
——识别代码	64	64
——CRC 错误检测码	16	16
——尾标	24	24
——控制位	13	—

表 8-8 ISO14223 的 FDX 和 HDX 系统下行链空气接口

参数	FDX-B20	FDX-B100	HDX
下行链频率	134.2 kHz	134.2 kHz	134.2 kHz
调制(深度)	ASK(10%～25%)	ASK(90%～100%)	ASK(90%～100%)
编码	曼彻斯特	二进制脉冲宽度	PWM
位速率	4 194 bps	典型 6 000 bps	500 bps

与动物识别相关的标准的制定和采纳是国际大流通和普及应用的前提,是系统设计制造和使用者应与关注,并尽可能遵循的要素。由于其仅对工作频率、调制方式、编码类型、数据代码和报文结构给予描述,对应答器的外应尺寸和采用材料未加限定,因此增大了制造使用的选择灵活性和使用便利性。

2. 国家标准

尽管中国政府早在1993年就制订了“金卡工程”实施计划，但在RFID技术尤其是可用于植入动物体内的RFID芯片方面，一直未能取得突破性的进展。由于国外畜牧业采用集约化管理，因此已经广泛采用的动物识别，尤其是商品用动物识别技术。然而在国内RFID应用并不广泛，实现起来有一定难度。但随着中国畜牧业的发展，管理也会越来越科学、规范，动物身份识别技术也开始被一些企业所采用，尤其是《动物RFID-代码结构》标准的出台，将对此产生巨大的促进作用。

2006年12月1日，中国国家标准《动物RFID-代码结构》(GB/T 20563—2006)出台。在这个标准中，采用了与国际接轨的编码方式，既保证了每一个动物编码的唯一性，也保证了编码的通用性。标准是根据ISO11784:1996《RFID-动物代码结构》的总体原则，并结合中国动物管理的实际编制而成的。这首先保证了编码具有国际流通的功能。在最核心的编码部分(相当于人的身份证号码)，动物代码由64位二进制数组成，二进制代码位置序号简称位序号，位序号以左边位为低序位。64位二进制代码分为3个具有特定含义的代码段，分别是控制代码段、国家或地区代码段、国家动物代码段。其中前16位是控制代码、17～26位为国家或地区代码，27～64位为国家动物代码，适用于家禽、家畜、家养宠物、动物园动物、实验室动物、特种动物的识别，也适用于动物管理相关信息的处理与交换。

3. 农业部规范

从2006年7月1日起，农业部开始实施《畜禽标识和养殖档案管理办法》(即农业部第67号令)。在第67号部令中，农业部同样推行给家畜、家禽等农场动物的编码方法，与国家标准不同，采用的是由畜禽种类代码、县级行政区域代码、标识顺序号共15位数字及专用条码组成。据悉，目前农业部已经开始对猪、牛、羊三类数量最大的家畜实行编码。具体的编码方法是猪、牛、羊的家畜种类代码分别为1、2、3。编码形式第1位为种类代码(目前只有3类)，2～7位为县级行政区域代码，8～15位为标识顺序号。

农业部规范仅针对农场动物进行编码，不包括野生动物、实验动物和宠物等，标识载体也限定为二维条码牲畜耳标。因其公布和使用的时间均早于国家标准GB/T 20563－2006，未来应用中的兼容性和升级方案尚需进一步探讨。

4. 地方标准

上海市质量技术监督局则于2005年正式颁布了《动物电子标识通用技术规范》地方标准，规定了动物电子标识的特性、环境适应性、封装和安全要求、信息编码与存储格式，以及数据传输信号接口和操作指令等。该标准依据ISO11784、ISO11785、ISO14223-1和ISO18000-2，结合当地应用制定。

8.4 肉品可追溯系统的理论与实践

随着计算机技术、动物个体标识、条形码技术和RFID技术的发展，生猪质量安全追溯系统也随之诞生。在生猪GMP规程的基础上，构思猪肉工厂化生产全程卫生质量控制规范，进行数字化溯源系统的总体设计，建立有效的畜产品安全跟踪系统框架，确保养殖、屠宰、加工、运输和储存等生产过程的安全性，从而提高消费者对猪肉安全消费的信心，使中国猪肉食品数字化安全监控体系与发达国家水平接轨(赵智晶，2013)。

8.4.1 肉品质量安全信息可追溯系统技术要求

《肉品质量安全信息可追溯系统技术要求》规定了生猪屠宰、批发(配送)、零售、团体采购信息追溯子系统及数据中心技术管理规则。适用范围:定点屠宰场、定点肉类批发市场、肉品配送中心、集贸市场、大卖场、团体采购、市级数据中心。

8.4.1.1 术语和定义

(1)肉品质量安全信息可追溯系统 指在一定区域内,按生猪养殖、屠宰加工、肉品流通环节,运用信息化手段,将各环节加工及流通的信息相关联,形成完整的信息追溯链。通过建立生猪屠宰、肉品批发(配送)交易、零售、团体采购等环节四个子系统,及市级肉品质量可追溯数据中心,实现从生猪养殖到肉品零售终端相关信息的正向跟踪;肉品零售终端到生猪养殖相关信息的逆向溯源;对生猪产品经营者的有效约束;生猪及肉品流通的监管与综合分析。

(2)交易凭证 在屠宰厂(场)或批发市场交易过程中系统打印的印有追溯功能标识的肉品流通单证,在一定区域内具有唯一性。

(3)零售凭证 指零售环节由标签电子秤实时打印或其他方式输出的具有追溯码的凭证。

(4)批次管理 在屠宰加工环节,是指来自同一张生猪产地检疫证的生猪经屠宰加工后的肉品为一批次。在批发、配送环节,是指在进行肉品来源信息登记时将来自屠宰场的同一交易凭证肉品作为同一批次,在批发(配送)交易信息登记中将同一经营者、同一流向的肉品作为同一批次。在零售环节,是指将来自批发(配送)环节的同一交易凭证的肉品作为同一批次。

(5)追溯码 指在交易凭证或零售凭证上所标识的编码,编码经各子系统按照相关规则自动生成,在一定区域范围内具有唯一性。

(6)肉品流通 IC 卡 指存储肉品经营者基本信息及肉品交易信息的载体。主要是确认肉品经营者身份,传递、关联肉品各流通环节的交易信息。

8.4.1.2 技术原则

(1)实用性 针对猪肉流通环节多、流通时间短,猪肉经营者大多小而散,消费者传统“现斩现卖”消费习惯,实现猪肉流通各环节监管信息相连接,真正做到信息可追溯。

(2)适用性 系统采用技术成熟、成本易控制的肉品流通 IC 卡为信息载体,标签电子秤作为信息追溯输出终端。信息通过互联网、企业局域网、IC 卡、标签电子秤有序集成。以企业信息实时采集、电子结算为基础;生猪检疫证为源头信息凭证;交易凭证为批发流通环节交易凭证;零售凭证为零售环节消费者购买肉品追溯凭证;从而实现以信息追溯链为基础的肉品监管溯源网络平台。

(3)共享性 为政府部门提供信息监管平台,实现监管信息共享;为肉品加工经营企业提供数字化管理,提升企业管理水平;为消费者提供肉品信息查询平台,保障肉食消费安全。

8.4.1.3 编码规则

(1)追溯码编码(交易凭证号)原则。在省市级城市内具有唯一性,由静态码与动态码组成。为便于操作,追溯码长度不宜过长,控制在 10 位以内。

(2)省市级下属区县码、企业码、经营者码、产品码由各市自行定义。

8.4.1.4 肉品质量可追溯系统数据中心

将屠宰加工、批发配送、团体采购、零售终端各子系统相联结提供猪肉流通全程信息,包括监管、追溯、溯源、召回、分析等,并提供全国、全省数据中心的接口,根据全国、全省数据中心的统一要求，对省、市级数据中心数据进行标准化处理、导出，系统对接全国数据中心平台。

8.4.2 可追溯系统的构成要素

8.4.2.1 养殖阶段的关键因素

养猪场作为追溯系统的源头信息，至少应包括兽药（疫苗）信息、饲料信息、养殖环境等安全信息。

1. 兽药（疫苗）信息

人为用药不当，缺乏停药期知识是导致药物残留的重要原因。饲料投药的管理：①饲料标签要正确标识适用动物种类和停药期。②生产中避免投错药。生产后要对饲料进行检测，以保证正确的用药水平。③猪场内自混料、不加药的产品，应明确标识用药仓，避免错误混合料的产生。④自混料要制定不同种类饲料生产方案，通过记录来管理和控制饲料。

例如使用何种药物、添加量、责任人、混合配方、使用对象等。

2. 饲料信息

饲料作为猪肉食品的生产原料，其安全问题与畜产品的食用安全密切相关。猪的饲料添加剂是指猪基础日粮中添加的微量成分。饲料添加剂通常有两类：一类是营养性添加剂，如氨基酸、维生素、非蛋白氮、油脂和微量元素添加剂；另一类是非营养性添加剂，如中草药制剂、酶制剂、抗生素、激素、保健驱虫剂、抗氧化剂、调味剂及防霉剂等。养猪生产中，补充何种饲料添加剂及补充多少量，主要取决于猪的日粮状况和实际需要。同时，饲料添加剂的选用还应符合安全性和经济性要求。使用前要考虑添加剂的效果和有效期，并注意用量、用法、限用和禁用等规定。

根据饲料使用流程和各数据之间的关系，将饲料追溯关键因素分为饲料说明、饲料领取、饲料抽检和饲料使用四个部分。

3. 养殖环境

猪的生长环境，直接影响猪的安全品质，特别是工厂化养猪条件下，饲养密度大，集约化程度高，环境的作用更为重要。通过环境控制，创造良好的猪只生存和生产环境，保持猪群健康，提高生产力，增加猪场经济效益。为此环境因素在猪肉产品国际贸易对猪生长的作用与影响逐渐被人们认识和重视。系统主要从环境检测的角度分析生猪环境追溯的关键因素。

8.4.3 生猪屠宰阶段的关键因素

生猪在屠宰前以及屠宰后进行检疫，是保证上市猪肉质量安全的最主要的措施。因此系统在屠宰阶段追溯的重点在于检验检疫结果是否符合标准。

在生猪饲养、运输、屠宰、深加工及销售的全过程，均采用动物个体标识。养殖阶段采用“家畜二维条码耳标”实用新型专利；在屠宰阶段，生猪去头前用二维条码阅读器读取条码信息，作为猪耳标号，同时自动采集对应电子挂钩和电子托盘的条码，从而精确定位猪只在流水线中的位置，加工后的猪胴体在进入预冷库之前，加挂射频卡或标签，标明猪耳标号及胴体相关信息；分割肉或超市出售时，将胴体上的猪耳标号打印到零售标签；利用家畜饲养屠宰源头信息互联网查询系统或基于移动设备的短信和WAP源头查询系统，实现从零售产品向源头信息的追溯能力（图8-5）。

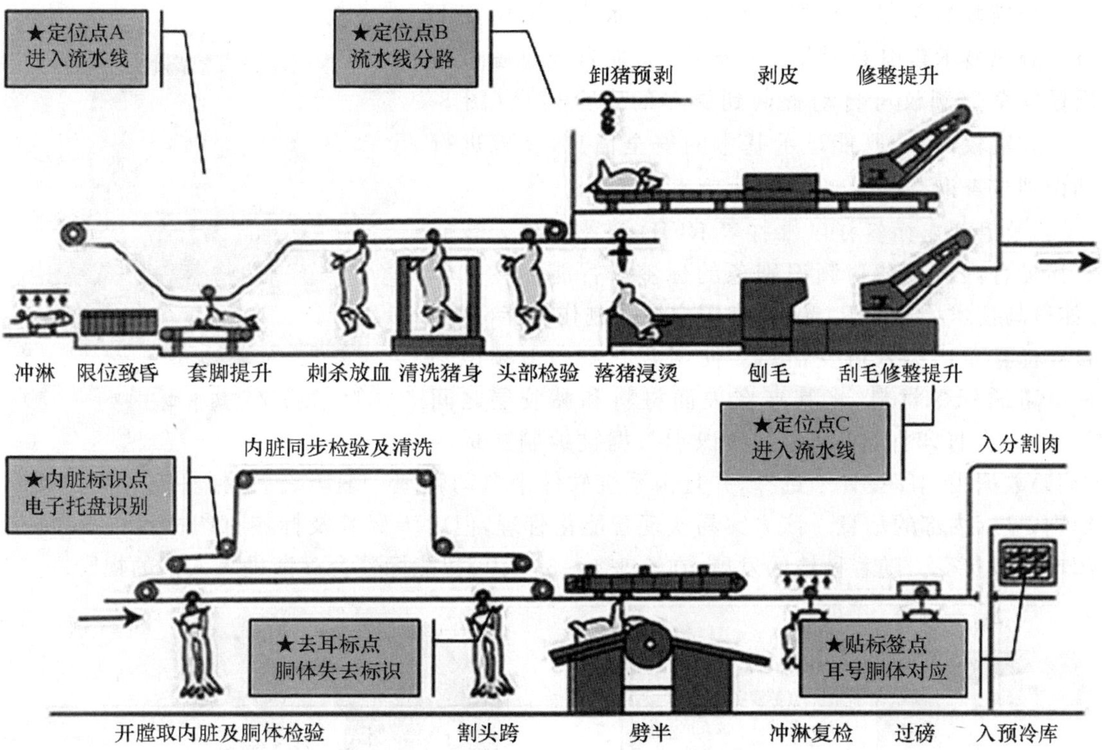

图 8-5　屠宰线技术工艺点与数据采集工艺点

8.4.4　猪肉销售阶段的关键因素

销售阶段是指从屠宰场运输猪肉到消费者购买猪肉这个阶段。

1. 生猪终端产品分割的超市和专卖店的动物标识及识别方案

超市和专卖店是把猪肉送到消费者手中的最后一个环节，通常在超市中还要进行肉品的分割和包装过程，超市分割间的温度、分割刀具、操作人员的卫生状况等也对消费者购买的最终产品有影响。在猪肉的销售阶段，需要对销售人员健康状况、猪肉存储卫生条件以及猪肉分割点的卫生条件进行记录和监督。

目前，在超市现有的条件下，一般对肉品采用三种标识方案。

(1)利用超市电子秤直接在原有标签上打印追溯码　超市电子秤具有可称量、打印商品名、单价、重量、合计等信息的功能。通过设置电子秤，可在标签上增加"追溯码：123456789012345"一项，消费者通过该号码可追溯产品质量。销售员先把不同 ID 的猪肉当作不同的商品，提前输入猪肉 ID 号到电子秤，然后在打印时输入或选择商品编码，即可获得相应的结果(图 8-6)。现有的超市电子秤上最多可选择 40 种不同类型的商品，手工输入则势必影响到了工作效率，且打印的标签不能自动识别，总之，该方案简单易行，但操作复杂，不能记录超市的详细信息，无法自动识别。

(2)使用普通打印机打印"安全追溯码"标签　无线扫描枪和普通打印机可组成条码快速复制装置，通过软件编程就可实现批量复制条码。先把不同 ID 的猪肉贴上相应的标签，然后用条码扫描装置批量生成“安全追溯码”标签。该标签不仅可直观地显示猪肉的饲养场和屠宰场，而且通过超市猪肉质量安全追溯仪可自动查询到更多的安全信息（图 8-7）。该方案较简单，既能显示基本的安全信息，又可进行自动识别与查询。

图 8-6　超市电子秤

（3）采用智能标签打印机打印 RFID 智能标签　智能标签指带有内嵌超薄射频识别条的标签。智能标签打印机，如斑马技术公司的 R400，允许用户按需制作智能标签，并且在标签条内编入可变信息。使用含有空白射频识别集成电路的标签材料，将其夹在表面材料和黏胶层之间（图 8-8）。在打印标签以前，射频识别数据被编制在标签上，编码数据由程序设计来选择，并且由系统软件来自动管理。编码之后，标签被专用的阅读器识别，显示内部的信息。该方案易实现智能化管理，但由于标签及标签打印机价格昂贵，当前超市难以接受。随着科技的发展，在未来 3～5 年内，智能标签会逐渐进入人们的视野。

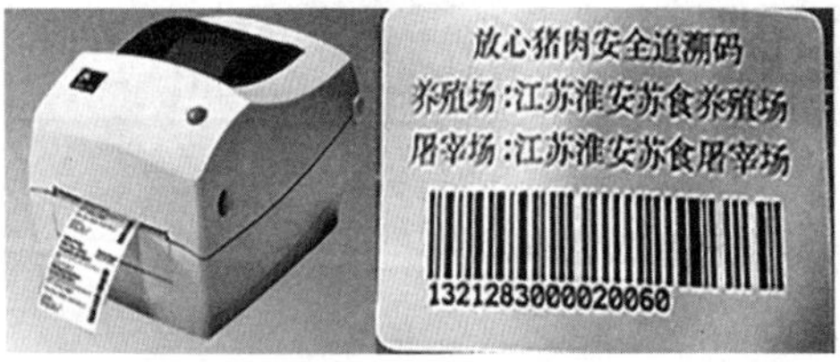

图 8-7　普通打印机和安全追溯码标签

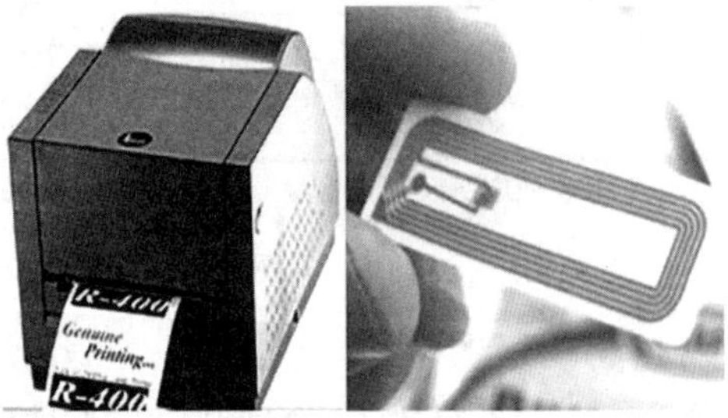

图 8-8　智能标签打印机打印和 RFID 智能标签

8.4.5　消费者查询系统的关键因素

综合考虑成本和性能，我们采用第二种方案来开发超市专用型猪肉质量安全追溯仪。该追溯仪至少应具自动扫描、快速检索和多媒体显示的功能。

超市追溯仪从原理上讲就是一台超微型电脑。它具有自动链接远程 SQL Sever 服务器和显示多媒体的功能。把贴有安全猪肉追溯码的盒装猪肉在超市追溯仪前一扫描，就可获得查询的结果（图 8-9）。超市追溯仪在没有提交查询的情况下，则自动播放电脑中存储的宣传视频，起到了广告机的作用。

图 8-9　超市追溯仪原理图

8.4.6 肉品追溯系统的建立

8.4.6.1 系统框架

基于物联网的猪肉质量安全追溯系统，是一个猪肉质量安全监测监控溯源的公共查询平台。系统采用RFID技术和无线通信技术，通过条形码、RFID、无线传感网和人工录入等手段，完整记录农产品生产过程（养殖、屠宰、加工、储运、销售等）的安全信息。消费者可通过查询机、网页、短信或电话的方式获取所购买产品的安全信息。

该系统基于猪肉产品供应链，从生猪供应链的最前端，即种猪养殖开始，经商品猪的出栏，到生猪屠宰，猪肉分解加工过程，运输配送环节，连锁专卖店或大客户的配送环节，直到最终的消费者，采用严谨、科学的食品安全管理体系，监控完整链条中的各个环节（图8-10、图8-11）。

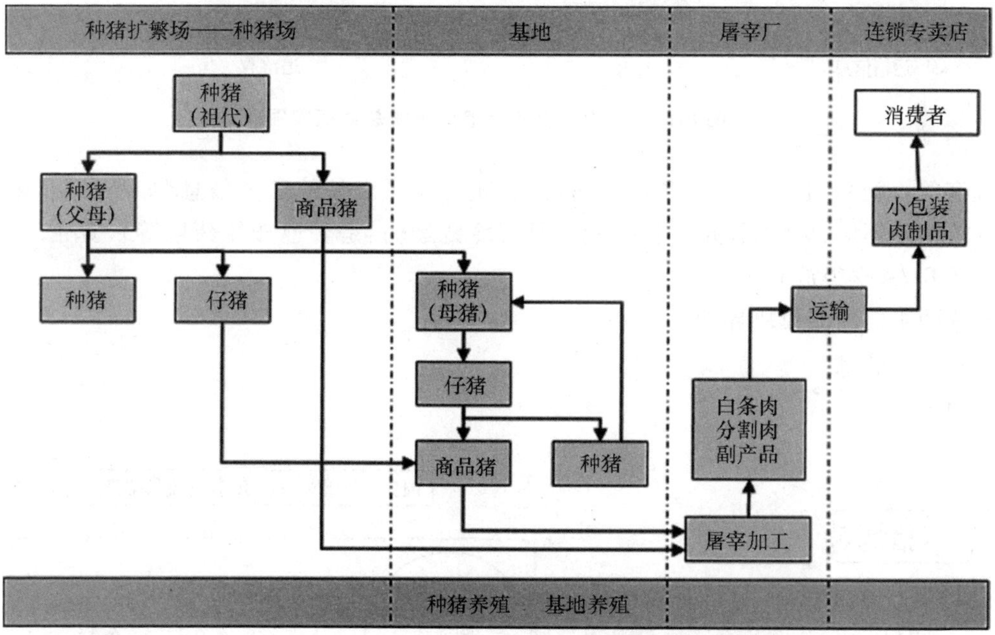

图8-10　猪肉产品供应链

在种猪的扩繁阶段以及基地饲养阶段，对养殖环境如水、土、气等环境因素进行标准、严格的管理，严格遵循国家对畜产品的标准养殖环境标准的要求；在基地及养殖小区的饲养环节，对饲料制品、饲料添加剂、饮水以及兽药（包括疫苗）供药环节等关键点进行监控；在饲养管理标准方面，对饲料、分群、免疫、停药期管理等环节进行监控；在疫病控制方面，对猪场进行重点疫病检测、严格执行国家对疫情、免疫程序的监控措施；在商品猪回购环节，对商品猪回购标准严格进行监控；在屠宰环节、肉类销售环节也将按国家对肉类加工、肉类销售的规定实施严格的管理。

8.4.6.2 系统功能与组成

猪肉质量安全追溯系统包括养殖场管理、屠宰厂管理、分割加工厂管理和查询管理4个独立的模块。系统基于Web Service进行信息交互，使用SQL Server 2005作为数据库，借用VS2005开发而成。系统提供的查询接口有：Web查询、手机查询、短信查询、二维码扫描、查

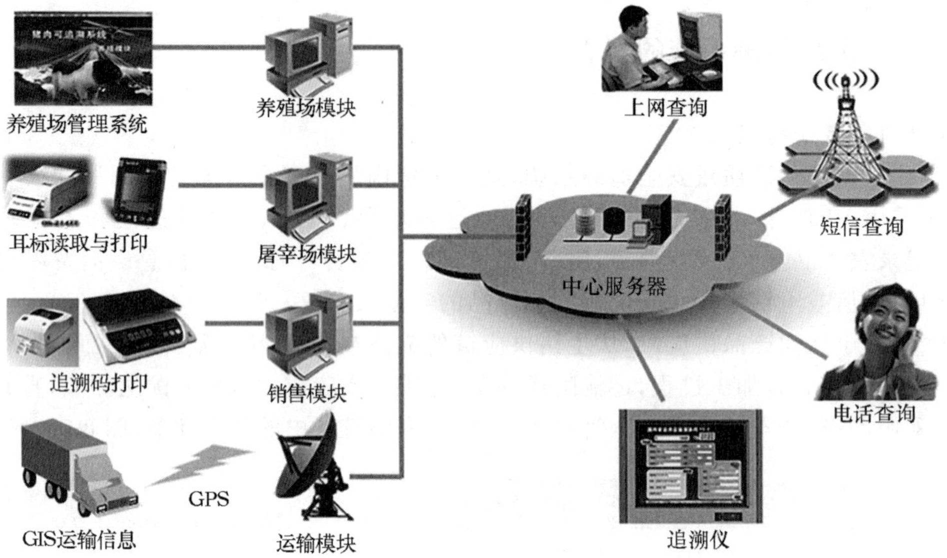

图 8-11 猪肉质量安全追溯系统总体框架图

询机查询等。消费者可手机二维码扫描，快速获得购买产品的安全信息(如品种、日龄、养殖场、饲料、饲养环境、免疫、检疫、屠宰检验、是否冷链运输、是否遵守休药期等)，真正实现让老百姓买得开心，吃得放心。

系统的主要功能模块界面：

1. 养殖场管理

见图 8-12。

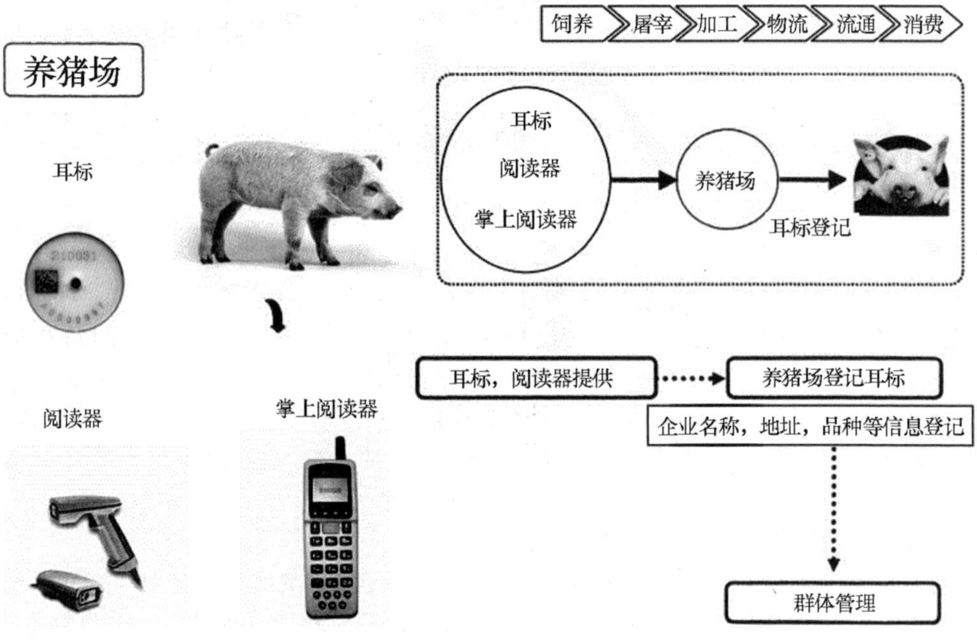

图 8-12 养猪场管理

2. 屠宰厂管理

见图 8-13。

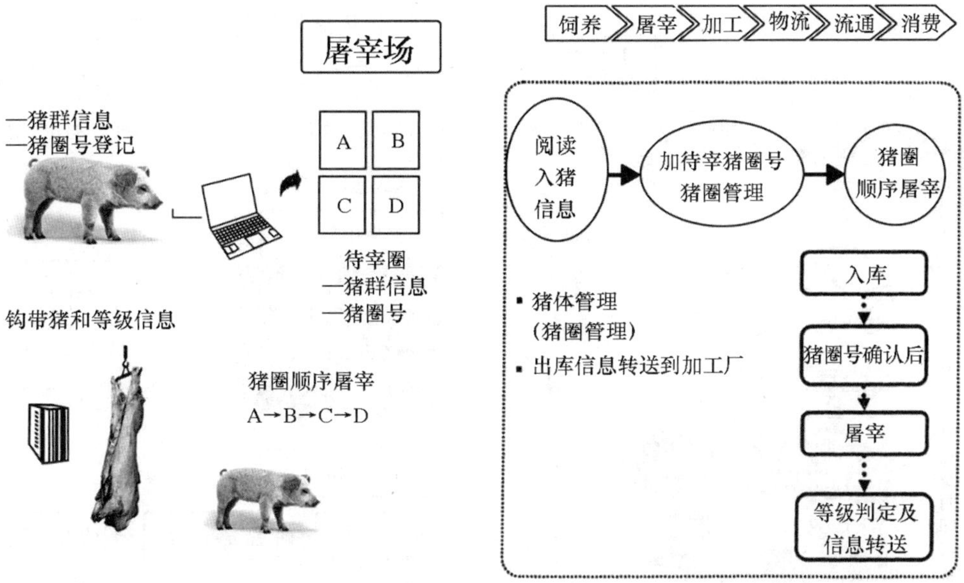

耳标	标签号	批次	企业ID	屠宰厂名称	屠宰时间	屠宰方式
1321283000...	1234567890...	2008060714	1	云南滇东公...	2008-06-07...	剥皮
9999999999...	9530126100...	2008061602	1	昆明市肉类...	2008-06-16...	烫毛
0000000000...	9530126100...	2008061602	1	昆明市肉类...	2008-06-16...	烫毛
1320116000...	1321283000...	2008060616	1	云南滇东公...	2008-06-06...	剥皮
1321283000...	9530126000...	2008061014	1	云南滇东公...	2008-06-10...	剥皮
1321283000...		2008060714	1	云南滇东公...	2008-06-07...	剥皮
1321283000...	9530126000...	2008061117	1	云南滇东公...	2008-06-11...	剥皮
1320116000...	9530126000...	2008061013	1	云南滇东公...	2008-06-10...	剥皮
7895462134...	9530126000...	2008061504	1	昆明肉类联...	2008-06-15...	烫毛
5965452648...	9530126000...	2008061504	1	昆明肉类联...	2008-06-15...	烫毛
9530126000...	9530126000...	2008061521	1	昆明肉类联...	2008-06-15...	剥皮
9530126000...	9530126000...	2008061521	1	昆明肉类联...	2008-06-15...	剥皮
9530126100...	9530126100...	2008061521	1	昆明肉类联...	2008-06-15...	剥皮

图 8-13　屠宰厂管理

3. 分割加工厂管理

见图8-14。

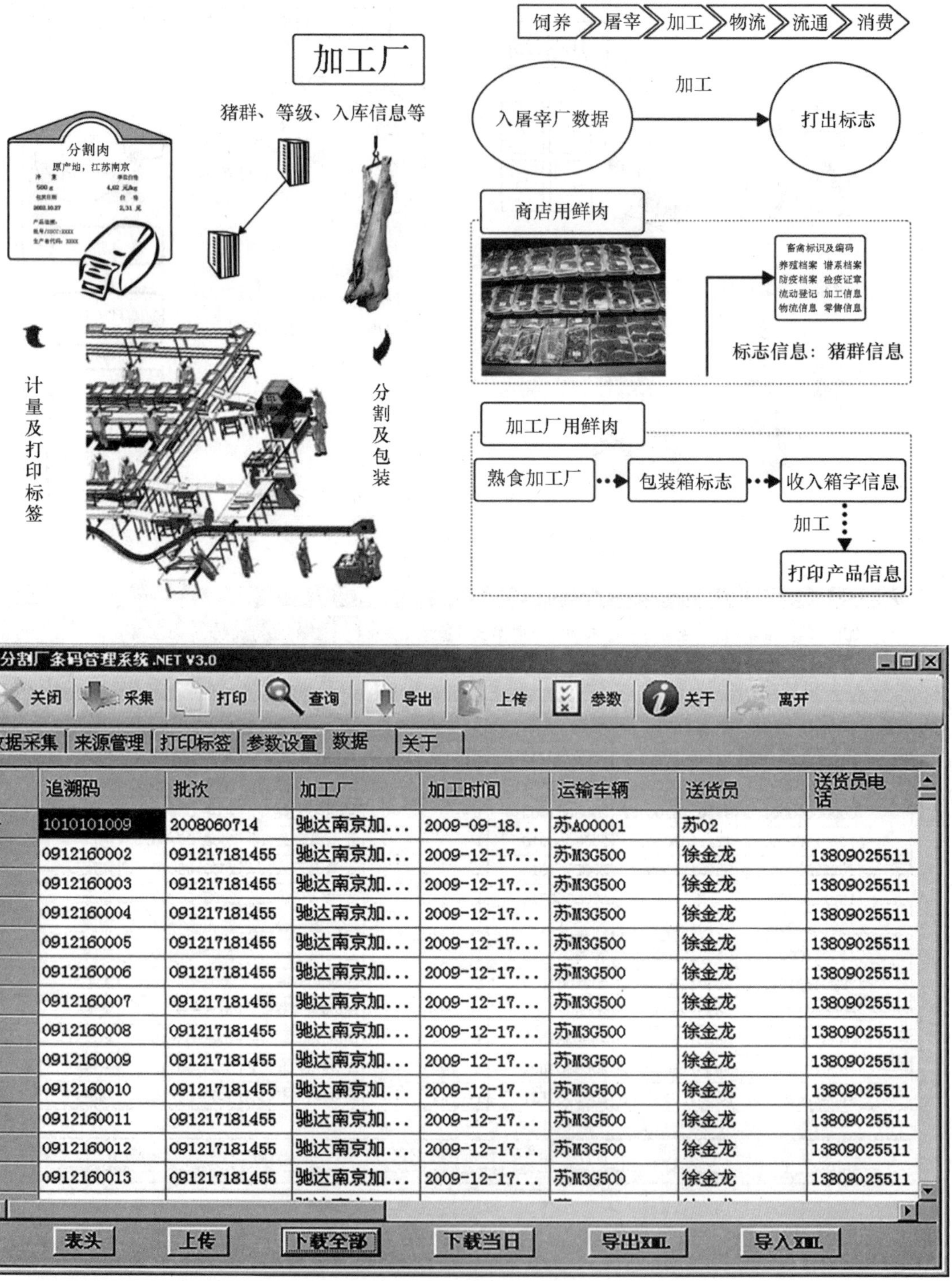

图8-14 分割加工厂管理

8.4.6.3　实现要点

1.个体标识

考虑猪群日常管理中喂料和疫苗注射，转群等均以群体为对象，因此以猪批次为识别标志，对个体行为如疾病治疗等则以猪耳标号作为识别标志。在全进全出饲养方式条件下，以首次转群时间为批次，具有唯一性，而批次与猪耳标是一对多的关系。在猪饲养的某个阶段，由批次可获得这批猪所有的耳标号。通过批次与耳标号的转换，最终群体信息统一到个体档案信息，确保个体信息的完整和系统的实用性。

2.数据库设计

良好的可追溯系统离不开高质量的数据库，饲养期的源头信息获取、屠宰阶段的信息转换以及运输销售至最终消费者都需要数据库的支撑。根据系统的功能模块和组件结构，本系统数据库主要表包括养殖数据表、屠宰数据表、加工数据表、销售数据表等。

3.猪耳标号与条形码标签的转换

生猪屠宰时，在断头工位，工作人员通过无线扫描枪识读耳标后，系统自动打印出猪胴体标签，在入库工位，按顺序绑扎在猪胴体的后腿上。当然需要选用无毒防水的带状条形码标签。同理，在分割车间，通过扫描猪胴体上的条形码标签，自动批量打印出一定量的分割包装标签，用于小分割包装上。

第9章
猪肉产品加工与流通大事记
（1978—2018年）

本章内容提要

改革开放以来，经过40年的洗礼，猪肉加工产业的发展过程中取得了许多优秀的成果，积累了丰富的经验教训。肉类食品卫生管理和卫生标准的制定得到了进一步的加强，更专业化的标准化技术体系逐步建立，开展科技成果评选和技术职称评定，组建国家肉类加工工程技术研究中心等，这些举措对促进我国猪肉加工业的繁荣发展起到了重大的作用。

9.1 肉类科技与标准化工作的推进

猪肉产品加工与流通方面科技进步可以追溯到20世纪80年代。

9.1.1 加强肉类食品卫生管理

1978年，商业部、轻工部、卫生部等11个部门召开全国食品卫生工作会议，制定防止食品污染规划，修订了《食品卫生管理条例》。1979年国务院发布《中华人民共和国食品卫生管理条例》。1986年商业部下达了《商业部门肉蛋食品卫生监测管理试行办法》。

9.1.2 建立专业标准化技术体系

1979年国务院发布《中华人民共和国标准化管理条例》，规定：凡正式生产的工业产品、重要的农产品、各类工程建设、环境保护、安全和卫生条件,以及其他应当统一的技术要求,都必须制定标准,并贯彻执行。按照这一规定,1980 年商业部确定与肉类食品有关的冷藏局、设计院等单位为专业标准化技术归口单位,明确了归口范围和工作细则。同年,商业部还印发了《商业企业职工业务技术等级标准》,其中包括食品经营、兽医卫生、冷藏加工、脏器生化制药等部分。1987 年商业部颁发肉类加工、冷藏等 7 个行业的国家二级企业标准。1989 年商业部首次组织了鲜冻猪肉、分割冻猪肉部优产品评比。

9.1.3　开展科技成果评选和技术职称评定

继 1978 年全国科学大会上商业部门 33 项科技成果(其中包括猪的屠宰加工机械研制等)受奖之后,为贯彻国务院《发明奖励条例》,1981 年商业部成立了科技发明评选委员会,负责商业系统重大科技成果、发明项目以及优质产品的审查评选。当年,浙江省食品公司的特级金华火腿和江苏靖江食品厂的双鱼牌猪肉脯获得了全国金质奖。1982 年商业部印发了《商业科学技术成果管理试行办法》、《商业科学技术成果奖励试行办法》和《商业部系统科技成果有偿转让意见》;同年,商业部还成立了"全国肉类加工和冷藏工业技术职称评定委员会""全国卫生检疫技术职称评定委员会""全国生化制药技术职称评定委员会",负责有关专业高级工程师、工程师和技师职称的考核评定工作。

9.1.4　建立中国肉类食品综合研究中心,加强肉类科学研究

1979 年,中国现代肉类科技先行者王英若的论文《试论肉类冷冻工艺的发展方向之一——大量生产冷却肉》发表。随后,"冷却肉工艺及设备研究项目"申请并获批了我国第一个肉类加工国家发明专利,并获得北京市科技进步三等奖。剔骨分割肉工艺以及剔骨机的研究项目开展后,在北京肉联厂建立了全国第一个分割肉车间。1980 年北京食品研究所动物蛋白研究室首次独立开发出西式火腿加工技术。这就从生鲜肉和熟制品两个方面拉开了现代肉类加工技术研究的序幕。随着改革开放推进,王英若等萌发了利用外资创办科研基地的设想,1982 年 3 月在商业部和北京市二商局的领导支持下,在北京食品研究所动物蛋白研究室的基础上,借助日本对华援助之机,历经 4 年的艰苦谈判和工程建设,综合了日本农水省畜产试验场、日本食品综合研究所、高崎火腿厂、食肉技术学校、食肉协会检测所等科研、加工、培训、检测单位的功能特点,于 1986 年建成了当时亚洲最大的肉类食品综合性专业研究机构——中国肉类食品综合研究中心。

9.1.5　成立中国畜产品加工研究会

1984 年 11 月在南昌召开中国畜产品加工研究会第一届理事会暨第一届全国畜产品加工学术研讨会,选举骆承庠教授为第一届理事长。该研究会是由畜产品加工领域的科技工作者、企业家和有关单位自愿组成的全国性、学术性、非营利性社会组织,具有社会团体法人资格,是党和政府联系全国畜产品加工业科技工作者及生产企业的桥梁和纽带。中国畜产品加工研究会成立,开创了"产、学、研"相结合的肉类科研新机制。1986 年,洛阳肉联厂(春都的前身)率

先引进第1台西式火腿肠生产线，研制出我国历史上的第1根火腿肠。

9.2 肉类科技与标准化工作的新发展

9.2.1 组建国家肉类加工工程技术研究中心

1993年国内第一家低温肉制品生产厂家雨润食品集团成立，成为中国低温肉制品的市场开创者和冷鲜肉市场领导者。1996年经国家科委批准，以中国肉类食品综合研究中心为依托，开始组建"国家肉类加工工程技术研究中心"。该中心以调整科研结构和产业化结构为重点，带动科研、产业化和技术服务，在科研领域开展了肉品保鲜、猪血利用以及环境工程等方面的重要实用课题研发和推广，率先为冷却肉在全国的普及做了大量具体工作，并同时对肉研中心原有的添加剂生产进行技术改造，装备了机械化生产线，提高了产品的标准化水平。伴随着复配添加剂新产品的不断上市，肉制品的加工工艺大大简化，产品质量产生了质的飞跃。目前中心在肉类添加剂方面的研究达到了国内领先水平，肉品添加剂产业也已发展成为我国最大的肉品添加剂供应商之一。2000年9月，"工程中心"组建项目通过了国家科技部组织的专家组验收，获得了"优良"的结论，相关课题相继得以实施并鉴定验收。

9.2.2 成立全国肉禽蛋制品标准化技术委员会

2008年7月，经国家标准化管理委员会批准，全国肉禽蛋制品标准化技术委员会正式成立，秘书处设在中国商业联合会。标委会的主要职责是，负责禽畜肉制品门类(腌腊制品类、酱卤制品类、熏烧制品类、干制品类、油炸制品类)和蛋制品门类(再制蛋类、蛋粉类、冰全蛋类、蛋黄类)等领域的国家标准的制订工作，包括制修订产品质量标准、检测标准、基础标准等。该标委会已制订出肉禽蛋制品标准体系框架草案，并按照计划分期分批组织制修订《肉禽蛋制品检测方法》等30多项标准，以及《肉与肉制品术语》《肉松》《肉干》《中式香肠》《酱卤肉制品》等国家标准；建立肉制品安全体系的《肉与肉制品的射频识别码(RFID)追溯技术要求》国家标准和《肉禽蛋制品分类》标准。

9.2.3 组建国家肉品质量安全控制工程技术研究中心

2009年2月，经国家科技部批准，由南京农业大学食品学院和江苏雨润食品产业集团有限公司共同组建国家肉品质量安全控制工程技术研究中心。总投资建设经费3 000万元，组建期限为3年。该中心目前已在冷却肉加工质量控制、传统肉制品现代化加工、低温肉制品加工与质量控制、肉类分级等行业共性技术问题，以及肉的成熟机理、传统肉制品风味形成机理及食品凝胶形成机制等肉品科学前沿问题开展了系列工作，多项成果处于国内领先、国际先进水平。以首席科学家周光宏教授为首的研究团队先后获得部省级奖9项，鉴定技术成果和新产品22项、专利39项，制定国家和行业肉类标准9项和国际标准5项。在现有的基础上，该中心将进一步集成肉制品质量安全控制相关技术,通过工程化技术创新和机制创新,建成国内外先进肉品质量安全控制工程技术创新的主体。

9.2.4　建立肉类加工产业技术创新战略联盟

2009 年 9 月 5 日,由中国肉类食品综合研究中心和南京农业大学共同牵头,联合行业 21 家骨干企业、9 所大学、3 家研究机构共 33 家单位,根据国家科技部《关于推动产业技术创新战略联盟构建的指导意见》和《实施办法》,发起成立了"肉类加工产业技术创新战略联盟"。该联盟针对肉类企业之间市场竞争失序、产品高度同质化、行业效益低下的问题,建立了以企业为主体、市场为导向、科学技术为支撑的产学研长效合作机制,充分利用各成员单位所具有的国家工程技术研究中心、省部重点实验室、科研机构、大学、企业技术中心等现有科研条件和产业优势,面向肉类产业重大技术需求,建设公共技术创新平台,整合行业创新资源,加快科研成果转化,增强产业核心竞争力,推动我国肉类加工产业提质升级。

9.2.5　建设肉品加工与质量控制国家重点实验室

2010 年,由雨润食品集团承担建设的我国肉品加工领域第一个企业国家重点实验室"肉品加工与质量控制国家重点实验室"获科技部立项批准建设,并与 2015 年通过科技部验收,徐宝才研究员任首任实验室主任。实验室主要研究方向是原料肉质量控制技术、肉品加工质量控制技术和肉品贮运质量控制技术。主要研究成果:针对低温肉制品保质期短,在货架期内易腐败变质、质量安全隐患大的情况研究开发了低温肉制品综合保鲜技术该技术,使低温肉制品的保质期从 0～4℃条件下 30 d,提高到 0～4℃条件下保质期≥45 d,10℃条件下保质期≥30 d,大大提高了产品的安全性;专门针对我国生猪情况设计了 600 头/h 大型复式隧道脱毛生猪屠宰线,该设备使用更加方便高效,逃逸率大大降低,生产能力得到显著提高,基本消除了因应急反应造成的猪肉品质问题,自动化程度高,极大减少了产品与操作人员的接触,产品质量和安全水平稳步上升,为广大消费者提供营养、安全的分割肉制品。推动了我国屠宰规范化发展,提高我国冷却肉质量安全品质,并带动了周边地区的养殖业、饲料业、屠宰业等相关行业的发展。

2013 年,南京农业大学、江苏雨润肉类产业集团有限公司和江苏省食品集团有限公司周光宏、祝义亮、徐幸莲、彭增起、李春保、徐宝才、张楠、章建浩、高峰和黄明等共同完成"冷却肉品质控制关键技术及装备创新与应用"的项目获国家科技进步二等奖,编号:2013-J-211-2-03。

9.2.6　成立农业部农产品加工标准化技术委员会肉蛋制品加工分技术委员会

2012 年 6 月,为加强农产品加工领域的标准化工作,充分发挥农产品加工科研、教学、生产、流通、检测等方面专家的作用,建立健全农产品加工标准体系,提高我国农产品加工标准化水平,经农业部研究,决定成立农业部农产品加工标准化技术委员会。委员会由 37 名委员组成。秘书处承担单位为中国农业科学院农产品加工研究所。委员会下设粮食加工分技术委员会、油料加工分技术委员会、果品加工分技术委员会、蔬菜加工分技术委员会、肉蛋制品加工分技术委员会、乳制品加工分技术委员会、茶叶加工分技术委员会、特色农产品加工分技术委员会、农产品加工装备分技术委员会。农业部农产品加工标准化技术委员会按照《全国专业标准化技术委员会章程》和农业部标准化工作的有关规定进行管理，主要负责农产品加工领域标准的研究、拟定、审定、宣贯、国际合作交流等工作。其中，肉蛋制品加工分技术委员会秘书处承担单位为中国肉类食品综合研究中心。

9.2.7 召开中国肉类科技大会

中国畜产品加工研究会自1997年10月在南京召开首届中国肉类科技大会以来，至2017年11月已经举办了15届全国肉类科技大会。历届中国肉类科技大会涉及肉类产业发展的议题十分广泛，包括肉品科学基础；肉品药物残留分析技术；肉类生产可追溯体系及保障技术；肉品清洁生产、保鲜及贮运技术；肉品安全法律、法规、标准；传统肉制品加工、现代化装备与质量控制技术；肉品加工副产物综合利用；肉品加工机械、包装新技术；肉品分级、品质检验、风味分析；肉品添加剂开发与应用；肉品营养与人类健康；肉品工业发展政策与新举措；基因与肉类品质；饲养与肉类品质等，在促进我国肉类科技进步方面发挥了重要作用。

9.2.8 设立中国肉类协会肉类科技与标准化专业委员会

1992年经国务院民政部批准登记成立中国肉类协会，是由全国肉类（禽蛋）生产、经营、屠宰、加工、冷藏、冷冻、批发、配送、机械制造等企业及相关科研、事业、新闻单位、大专院校、地方社团自愿结成的跨地区、跨部门、不受所有制限制的非营利性的具有法人资格的全国性社会团体。依托肉研中心的力量，为行业开展科技服务。2013年国务院机构改革和职能调整后，肉类行业管理体制的演变进入了一个新阶段，肉类科技与标准化工作也面临着新的机遇和挑战。

参考文献

[1] 工业和信息化部消费品工业司. 食品工业发展报告(2016 年度). 北京:中国轻工业出版社,2017:17-26.
[2] 张佳敏,王卫. 中国肉类生产、加工和产品安全现状及发展趋势. 食品科技,2010, 35(07):171-175.
[3] 周映霞. 我国肉类加工的现状与研究. 肉类研究,2009,120(02):3-6.
[4] 罗欣. 国内外肉类加工技术的现状和发展趋势. 四川畜牧兽医,2013,279(12):9-11.
[5] 王卫. 四川生猪产业现状及加工技术发展研究. 四川农业科技,2017(06):54-56.
[6] 零陇地区行署商业局. 旋转式生猪宰杀机. 商场现代化,1980,6:1.
[7] 秦如钢,陈祥艺. 生猪定点屠宰管理办法. 广西商专学报,1991(7),35-36.
[8] 王世桃,周成稳. 自动控制喷淋装置在生猪屠宰流水线上的应用. 肉类工业, 1989(5):18.
[9] 杨清安. 商品生猪分级标准. 现代商业,1995(7):37-38.
[10] 钟石. 国家国内贸易局屠宰技术鉴定中心正式成立. 肉品卫生,2000(9):42.
[11] 王盼盼. 肉及肉制品保藏技术. 肉类研究, 2010(3):60-69.
[12] 杨远剑. 肉类保藏技术(一)肉类保藏技术概论. 肉类研究, 2008(10):76-81.
[13] 刘琳. 栅栏技术在肉类保藏中的应用. 肉类研究, 2009(6):66-70.
[14] 马俪珍,蒋福虎, 刘会平. 肉品现代保藏技术的研究进展. 肉类研究, 1997(4):41-44.
[15] 邓富江. 包装为中国肉类行业带来新的发展契机. 当代畜禽养殖业, 2006(zl):10-10.
[16] 魏天飞,郭江彦, 张俊翠. 未来冷鲜肉包装何去何从. 中国包装工业, 2014(13).
[17] 阎高峰,马丽珍. 肉类食品的保鲜技术. 食品工程, 2002(3):24-25.
[18] 甘伯中. 包装材料对猪肉保鲜效果的影响. 甘肃农业大学学报, 2001, 36(3):282-287.
[19] 孙京新,李汉昌. 21 世纪我国肉品贮藏保鲜技术展望. 肉类工业, 2000(1):31-35.
[20] 刘琳. 肉类保藏技术(六) 辐照技术及其在肉类食品保藏中的应用. 肉类研究, 2008(12):69-73.

[21] 凌静. 活性包装在肉类保藏中的应用. 肉类研究，2009(2):72-76.
[22]张培培，刘媛，方春，等. 主要食源性致病菌的PCR检测方法优化及在冷鲜猪肉病原污染调查中的应用. 中国食品学报，2012，12(06)141-147.
[23]张磊，刘凤美. 影响猪肉质量安全的重要因素及控制措施. 河南畜牧兽医，2015，36(11):39-40.
[24]曹文彬，张微. 突发质量事件对猪肉市场的影响机制. 江苏农业学，2015，43(3):420-422.
[25]杨东，王纪华，陆安祥. 肉品质量无损检测技术研究进展. 食品安全质量检测学报，2015，6(10):4083-4090.
[26]刘洋，李苗苗. 核酸探针和PCR技术在食品致病菌检验中的应用. 食品安全导刊，2016，(7):14.
[27]罗欣. 国内外肉类加工技术的现状和发展趋势(下). 四川畜牧兽医，2014，40(1):9-11.
[28] 韩青荣. 肉类加工机械设备的发展与未来. 中国畜牧业，2005(16):6-8.
[29] 苏春山，王银龙，闵连吉，等. 肉制品加工技术经验交流(之十) 肉制品加工机械简介. 食品科学，1983(4):47-52.
[30] 韩青荣. 肉制品加工机械设备. 中国农业出版社，2013.
[31] 曹海禄，焦炜，黄璟，等. 国内外农产品质量安全追溯体系建设概述. 中国现代中药，2013，15(03):233-237.
[32] 宋宝娥. 食品供应链质量安全可追溯系统构建研究. 物流工程与管理，2017，39(03):57-61.
[33] 张耀军，王道大. 基于物联网技术的农产品质量安全追溯体系. 信阳农林学院学报，2017，27(03):104-107.
[34] 任守纲，徐焕良，黎安，周光宏. 基于RFID/GIS物联网的肉品跟踪及追溯系统设计与实现. 农业工程学报，2010，26(10):229-235.
[35] 赵智晶，吴秀敏. 消费者追溯猪肉信息的行为研究——基于成都市395名消费者的实证分析. 农业技术经济，2013(06):73-82.